精益生产

主 编 刘 铭 毛清华 王秋雨
副主编 邵长春 张锦惠 肖 艳 李佑长
参 编 龚木英 汤晓燕 李俊松 李玉霞 王雪峰 葛翔飞
　　　 陈 标 倪炳林 陈江虎 徐 鹤 王浩澂 邱 云
　　　 陆雨薇 王洪广 王 东 张小春 吴中芳 韦柏志

机械工业出版社

本教材从系统、方法、人员三个维度编写，重点介绍精益生产基础知识；精益生产中的生产安全管理、5S 管理、目视管理、标准化工作、全员生产维修、现场质量管理、工厂物流、智能制造、PDCA 与一页纸报告；实际问题解决、现场改善、价值流改进、班组管理的方法；以及先进制造等内容。

本教材遵循理实一体、专职融合的编写原则。教材共十五个项目，每个项目由思维导图、学习目标、水平检测、现象评析、知识链接、联系实际、开始行动七部分构成，既有理论，又有实训。在专业知识讲解过程中注重融入职业文化、工匠精神、岗位职责等职业能力元素。

本教材适用于应用型本科、职业本科、高职高专等相关专业师生，也可用于企业基层员工培训学习。

图书在版编目（CIP）数据

精益生产 / 刘铭，毛清华，王秋雨主编 . —北京：机械工业出版社，2023.2（2025.3 重印）

ISBN 978-7-111-72274-8

Ⅰ.①精… Ⅱ.①刘… ②毛… ③王… Ⅲ.①精益生产 – 生产管理 – 教材 Ⅳ.① F273.2

中国国家版本馆 CIP 数据核字（2023）第 022732 号

机械工业出版社（北京市百万庄大街 22 号　邮政编码 100037）
策划编辑：陈玉芝　张雁茹　　责任编辑：陈玉芝　张雁茹　郎　峰
责任校对：肖　琳　梁　静　　封面设计：马若濛
责任印制：任维东
北京中科印刷有限公司印刷
2025 年 3 月第 1 版第 4 次印刷
184mm×260mm・16.5 印张・417 千字
标准书号：ISBN 978-7-111-72274-8
定价：55.00 元

电话服务　　　　　　　　　网络服务
客服电话：010-88361066　　机工官网：www.cmpbook.com
　　　　　010-88379833　　机工官博：weibo.com/cmp1952
　　　　　010-68326294　　金书网：www.golden-book.com
封底无防伪标均为盗版　　机工教育服务网：www.cmpedu.com

前言 Preface

本教材由路创团队联合十五所高校老师共同编写，是产教融合、校企合作的典型成果。

从 2002 年至今，路创团队为上汽通用五菱、燕京啤酒、东风小康、真功夫餐饮、柳工集团、宗申集团、奇瑞汽车等中大型企业提供长期的精益生产与信息化工作、咨询服务，有比较深入的观察和思考。

从 2013 年开始，我们秉持"企业元素融入实践教学"的理念，以互联网＋精益生产为主线，将企业实践应用经验与专业建设结合，帮助学校建设实训基地、开发课程资源，取得了比较良好的效果，培养的人才受到了企业的欢迎。本书的实训教学场景均来源于这些合作案例。

我们与学校合作开发的课程资源，尽管有与学校实训场景结合紧密的优点，但并不能替代教材。我们查阅市面上流行的精益生产书籍后发现：这些书籍要么是面向企业中高层，阐述精益生产系统方法论的书籍，过于宏观，不适用于在校学生；要么是专注于某个具体精益生产工具、方法的书籍，如 5S、目视管理等，过于精细，知识面太窄。于是，我们决定写一本面向在校学生的精益生产教材。

本教材由重庆工程职业技术学院刘铭教授、广西路慧科技有限公司（路创科技）毛清华老师、广西职业技术学院王秋雨老师任主编，柳州铁道职业技术学院邵长春老师、成都工业职业技术学院张锦惠副教授、重庆工程职业技术学院肖艳老师、玉林师范学院李佑长高级工程师任副主编，他们共同负责统筹规划、审稿完善工作。参编老师及其编写分工如下：项目一由重庆城市管理职业学院邱云老师编写、项目二由广西淘慧科技有限公司（路创实训）龚木英老师与广西生态职业技术学院徐鹤老师编写、项目三由南宁职业技术学院张小春教授编写、项目四由重庆工程职业技术学院汤晓燕教授编写、项目五由广西机电职业技术学院倪炳林老师编写、项目六由柳州铁道职业技术学院王洪广教授编写、项目七由湖南汽车工程职业技术学院陈标老师编写、项目八由成都纺织高等专科学校王浩濋教授编写、项目九由广西机电职业技术学院陈江虎老师编写、项目十由成都工业职业技术学院李俊松老师编写、项目十一由玉林师范学院李玉霞高级工程师编写、项目十二由广西科技大学陆雨薇博士编写、项目十三由佛山职业技术学院葛翔飞老师编写，项目十四由重庆电子工程职业技术学院王雪峰教授编写、项目十五由广西职业技术学院王东老师编写，插图由广西淘慧科技有限公司（路创实训）韦柏志老师设计，统稿由广西淘慧科技有限公司（路创实训）吴中芳老师完成。

本教材按照实践教学设计分为十五个项目，每个项目都是经过精心挑选，企业基层普遍应用的精益方法。任务由水平检测、现象评析、知识链接、联系实际，以及开始行动等紧密衔接

的内容构成。水平检测用于测试学生课前对知识的了解程度；现象评析用于引导学生从典型现象入手，把握课程主题；知识链接用于阐述系统理论，让学生掌握相关知识；联系实际用于讲述实践案例，让学生加深知识理解；开始行动用于指导学生如何在实训中体验知识内涵。

  本教材得到教育部国家级职业教育教师教学创新团队课题——《职业院校教师发展中心建设重点任务及功能》（课题号：YB2020010203）、全国职业院校教师教学创新团队建设体系化课题——《机电一体化技术专业（工业机器人方向）"双师"队伍建设发展规划研究与实践》（课题号：TX20200201）和重庆市高等教育教学改革研究重大课题《"1+X"证书制度下机电一体化技术专业群"双元"育人模式改革研究与实践》（课题号：201037）三个研究项目的支持，在编写过程中参考和借鉴了相关研究成果。在此表示感谢！

  由于编者学识有限，书中不足之处在所难免，敬请广大读者批评指正。

编 者

前言

项目一　走进精益生产　/ 1

思维导图　/ 2
学习目标　/ 3
水平检测　/ 3
现象评析　/ 3
知识链接　/ 4
　　一、什么是精益生产　/ 4
　　二、生产方式发展历程　/ 4
　　三、精益经营理念　/ 7
　　四、消除浪费　/ 10
　　五、精益生产五大目标　/ 11
联系实际　/ 15
　　【实例1】精益生产如何救活这家老牌企业　/ 15
开始行动　/ 16
　　【实战1】精益诊所游戏　/ 16

项目二　生产安全管理　/ 19

思维导图　/ 20
学习目标　/ 21
水平检测　/ 21
现象评析　/ 21
知识链接　/ 22
　　一、安全是怎么回事　/ 22
　　二、安全预防　/ 24
　　三、安全控制　/ 29
　　四、安全防护　/ 33
　　五、应急处置　/ 36

联系实际　/ 40
　　【实例2】中暑事故应急预案　/ 40
　　【实例3】冲压车间危险源辨识、风险评价及控制　/ 43
　　【实例4】检修车间触电事故报告　/ 44
开始行动　/ 45
　　【实战2】机械企业安全道场体验　/ 45
　　【实战3】旅游安全主题馆体验　/ 47

项目三　5S管理　/ 50

思维导图　/ 51
学习目标　/ 51
水平检测　/ 51
现象评析　/ 52
知识链接　/ 53
　　一、整理　/ 53
　　二、整顿　/ 55
　　三、清扫　/ 56
　　四、清洁　/ 57
　　五、素养　/ 59
　　六、5S管理延伸　/ 60
联系实际　/ 61
　　【实例5】家电企业5S应用　/ 61
开始行动　/ 62
　　【实战4】红单作战　/ 62

项目四　目视管理　/ 63

思维导图　/ 64
学习目标　/ 64
水平检测　/ 64

　　现象评析 / 65
　　知识链接 / 65
　　　一、目视管理的作用 / 66
　　　二、目视管理的三个层次 / 68
　　　三、看板管理 / 68
　　　四、颜色管理 / 71
　　　五、识别管理 / 74
　　　六、暗灯系统 / 76
　　联系实际 / 78
　　　【实例6】目视管理要以人为中心 / 78
　　　【实例7】注重细节，科学管理 / 79

项目五　标准化工作　/ 80

　　思维导图 / 81
　　学习目标 / 81
　　水平检测 / 81
　　现象评析 / 82
　　知识链接 / 82
　　　一、什么是标准化工作 / 82
　　　二、标准化工作的主要术语 / 83
　　　三、建立标准化工作文件的步骤及表单 / 85
　　　四、工作观察 / 86
　　　五、制作标准化操作单 / 92
　　　六、不断改进 / 97
　　联系实际 / 100
　　　【实例8】标准化工作需要四个求同 / 100
　　开始行动 / 101
　　　【实战5】编写车模装配标准化操作单 / 101
　　　【实战6】编写蛋炒饭标准化操作单 / 102

项目六　全员生产维修　/ 104

　　思维导图 / 105
　　学习目标 / 105
　　水平检测 / 105
　　现象评析 / 105
　　知识链接 / 106

　　　一、什么是全员生产维修 / 106
　　　二、自主保全 / 108
　　　三、专业维修 / 111
　　　四、应急维修 / 113
　　联系实际 / 114
　　　【实例9】燕京漓泉洗瓶机的故事 / 114
　　　【实例10】叉车岗位维护基准书 / 115
　　　【实例11】单点教育案例 / 116
　　开始行动 / 116
　　　【实战7】数控加工自主保全 / 116

项目七　现场质量管理　/ 118

　　思维导图 / 119
　　学习目标 / 119
　　水平检测 / 119
　　现象评析 / 120
　　知识链接 / 120
　　　一、过程质量控制 / 120
　　　二、现场质量常用工具 / 124
　　　三、统计过程控制 / 128
　　联系实际 / 132
　　　【实例12】质量是由客户定义的 / 132
　　　【实例13】质量是制造出来的 / 133
　　开始行动 / 133
　　　【实战8】车模装配过程质量体验 / 133
　　　【实战9】投飞镖游戏 / 135

项目八　工厂物流　/ 137

　　思维导图 / 138
　　学习目标 / 138
　　水平检测 / 138
　　现象评析 / 139
　　知识链接 / 139
　　　一、单一零件规划 / 139
　　　二、生产与物流计划 / 141
　　　三、存储管理 / 143
　　　四、物料拉动系统 / 144

五、随线配送系统 /146
六、排序送料系统 /149
七、物料索取系统 /149
联系实际 /150
【实例 14】汽车总装物流配送优化实践 /150
【实例 15】某汽车工厂 PFEP 清单 /151
开始行动 /152
【实战 10】汽车总装物流集配 /152

项目九　智能制造 /154

思维导图 /155
学习目标 /155
水平检测 /155
现象评析 /156
知识链接 /157
　一、四次工业革命 /157
　二、制造业发展趋势 /157
　三、什么是智能制造 /158
　四、虚拟制造技术 /159
　五、智能制造装备 /161
　六、制造执行系统 /163
联系实际 /167
【实例 16】看得见的工厂信息化 /167
开始行动 /168
【实战 11】智能制造实训中心 /168

项目十　PDCA 与一页纸报告 /170

思维导图 /171
学习目标 /171
水平检测 /171
现象评析 /172
知识链接 /172
　一、PDCA /172
　二、一页纸报告 /174
联系实际 /179

【实例 17】一页纸报告改变了一个公司 /179
开始行动 /180
【实战 12】用一页纸报告书写社团活动建议报告 /180

项目十一　实际问题解决 /181

思维导图 /182
学习目标 /182
水平检测 /182
现象评析 /183
知识链接 /183
　一、什么是问题 /183
　二、用系统的眼光对待问题 /184
　三、实际问题解决漏斗 /184
　四、PDCA 与实际问题解决 /184
　五、问题描述 /185
　六、问题定义 /185
　七、确定原因所在 /186
　八、原因调查 /186
　九、补救措施与长期对策 /187
　十、跟踪及验证 /187
联系实际 /188
【实例 18】现场是解决问题最好的地方 /188
开始行动 /189
【实战 13】写一份问题交流报告给老师 /189

项目十二　现场改善 /191

思维导图 /192
学习目标 /192
水平检测 /192
现象评析 /193
知识链接 /193
　一、什么是现场改善 /193
　二、维持与改进 /194
　三、三现主义 /194

　　四、改善与 PDCA　/ 194
　　五、改善提案　/ 195
　　六、一周改善　/ 196
　　七、专题改善　/ 200
联系实际　/ 202
　【实例 19】日本直列发动机改进的
　　　　　　故事　/ 202
　【实例 20】提建议更是提士气　/ 202
开始行动　/ 203
　【实战 14】分组设计专题改善方案　/ 203

项目十三　价值流改进　/ 205

思维导图　/ 206
学习目标　/ 206
水平检测　/ 206
现象评析　/ 207
知识链接　/ 208
　　一、什么是价值流　/ 208
　　二、学会观察　/ 208
　　三、让价值更好地流动　/ 208
　　四、企业价值流图　/ 209
联系实际　/ 215
　【实例 21】谁是混乱的根源　/ 215
　【实例 22】真功夫餐饮价值流改进　/ 216
开始行动　/ 217
　【实战 15】模拟快餐店价值流改进　/ 217

项目十四　班组管理　/ 219

思维导图　/ 220
学习目标　/ 221
水平检测　/ 221
现象评析　/ 221
知识链接　/ 222
　　一、什么是班组　/ 222
　　二、什么是班组管理　/ 222
　　三、班组管理的核心理念　/ 222
　　四、员工绩效积分　/ 223
　　五、岗位指导培训　/ 225
　　六、业务计划执行　/ 232
　　七、卓越班组长　/ 237
联系实际　/ 241
　【实例 23】让员工动起来　/ 241
开始行动　/ 242
　【实战 16】模拟班前会　/ 242

项目十五　筑梦先进制造　/243

思维导图　/ 244
学习目标　/ 244
水平检测　/ 244
现象评析　/ 244
知识链接　/ 245
　　一、企业转型升级　/ 245
　　二、三化融合　/ 246
　　三、柔性制造　/ 246
　　四、敏捷制造　/ 246
　　五、绿色制造　/ 247
　　六、先进制造实践　/ 248
　　七、灯塔工厂　/ 248
联系实际　/ 249
　【实例 24】三一重工"灯塔工厂"　/ 249
　【实例 25】模拟工作环境生产实训
　　　　　　体验　/ 250
开始行动　/ 253
　【实战 17】互联网＋精益实训工厂
　　　　　　运行实训　/ 253

参考文献　/ 255

项目一
走进精益生产

思维导图

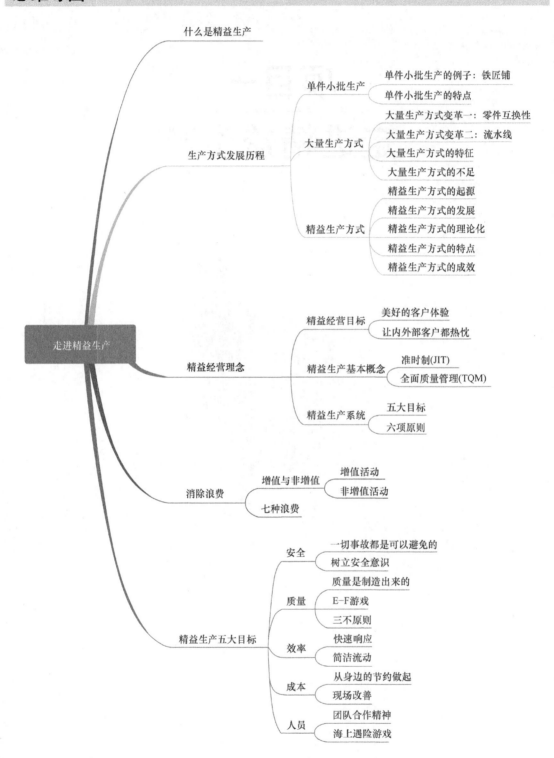

学习目标

1. 掌握精益生产的基本理念及内涵。
2. 学会用七种浪费辨识现场问题。
3. 理解精益生产五大目标的概念及应用。

水平检测

1. 流水线是由（　　）发明的。<单选>
   A. 通用汽车公司　　B. 福特汽车公司　　C. 丰田汽车公司　　D. 奔驰汽车公司
2. 精益生产方式的创造者是（　　）。<单选>
   A. 通用汽车公司　　B. 福特汽车公司　　C. 丰田汽车公司　　D. 奔驰汽车公司
3. 浪费是指（　　）。<单选>
   A. 客户不愿意付费的活动　　　　B. 企业认为不必要的活动
   C. 费力不讨好的活动　　　　　　D. 客户不愿意付费、企业认为不必要的活动
4. 精益生产系统包含（　　）四个层面。<单选>
   A. 文化、理念、目标、原则　　　B. 理念、原则、目标、方法
   C. 文化、原则、目标、方法　　　D. 文化、理念、原则、方法
5. 精益生产五大目标是指（　　）。<单选>
   A. 质量、效率、成本、利润、员工　B. 安全、质量、效益、成本、员工
   C. 安全、质量、效率、利润、人员　D. 安全、质量、效率、成本、人员
6. 精益生产六项原则是指（　　）。<单选>
   A. 安全、整理、整顿、清扫、清洁、素养
   B. 制造质量、流畅制造、全员参与、标准化、信息化、持续改进
   C. 制造质量、流畅制造、全员参与、标准化、问题解决、持续改进
   D. 制造质量、流畅制造、员工参与、标准化、信息化、持续改进

现象评析

厂长每天为应付各种客户需求忙得焦头烂额，客户却并不买账，还常常因为质量问题退回交付的产品。更让厂长苦恼的是，工厂正处在亏损的边缘。

工人对工厂经营漠不关心。由于工资不高，工人工作没有什么积极性，隔三岔五有人离职。工厂的生产现场一片混乱，如图1-1所示。

图1-1　某车间现场

厂长准备先对生产现场进行改善，请根据图 1-1 的现象做简要的评析，并填入表 1-1 中。

表 1-1 评析表

问　　题	评　　析
你认为造成这种局面的原因是什么	
如果你是该厂厂长，你打算怎么办	

知识链接

一、什么是精益生产

精益生产是一个外来词，英文是"Lean Manufacturing"，其中"Lean"在这里被称为"精益"，其作为形容词时的英文原意为瘦且健康的；脂肪少的；精干的。

精益生产是一种经营思想，它激励人们在所做的任何事情上消除浪费，在尽可能短的时间内对客户需求做出响应，从而实现利润最大化。

丰田汽车公司将经营思想定义为做同样的事情，比对手做得更好！

关键词一：激励人，即调动人的积极性，而非强迫命令。

关键词二：消除浪费，发现生产过程的浪费，并想办法消除。

关键词三：快速响应客户，为客户创造价值。

> 我们的体型要保持精干，就需要经常锻炼；
> 同样，企业要保持精益，就需要不断消除浪费。

二、生产方式发展历程

人类从手工打制第一件石器开始，就开始了劳动生产。人们在作坊里手工劳作，称之为单件小批生产；进入机器大生产时期，规模迅速扩大，诞生了大量生产；二次世界大战后，需求的个性化和市场变化加剧，催生了精益生产。

生产方式发展历程如图 1-2 所示。

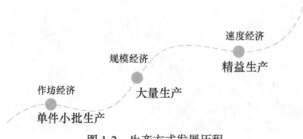

图 1-2　生产方式发展历程

（一）单件小批生产

铁匠铺，单件小批生产的活化石，如图1-3所示。

图1-3　铁匠铺式的单件小批生产

单件小批生产的特点如下：
（1）采用的设备、工具简单，并且都是通用设备。
（2）要求工人具有高度熟练设计、加工、装配的技艺。
（3）产量低，质量没有保证，价格高。

（二）大量生产方式

以T型车为标志，工业进入大量生产时代。20世纪20年代福特汽车生产现场如图1-4所示。

图1-4　福特汽车生产现场

福特汽车公司对大量生产方式作出了巨大的贡献。其中两项重大创新（即零件互换性和流水线）为大量生产方式的发展奠定了坚实的基础。

1. 零件互换性

要实现批量生产，就必须将所有零件的公差控制在一定的范围内，使零件的连接非常方便，这就是所谓的零件互换性。

1908年，福特汽车公司率先突破难关，对每个零件建立统一的计量系统，实现零件的互换。这一项创新让一个装配工的平均工作周期从514min降为2.3min。

2. 流水线的出现

随着生产规模的扩大，工厂变得越来越繁忙。看着工厂里穿梭不断的人流，福特又想：工人从一个装配工位走到另一个工位，耽误了不少时间，也造成了工作的混乱。是不是可以反过来，车走人不走？

1913年，福特汽车公司在底特律海兰公园的新厂房里又实践了一个创举，建设了世界上第一条流水线。流水线的出现，又使工人的工作周期从2.3min缩短为1.9min。

3. 大量生产方式的特征

（1）由精通业务的专业人员对产品进行规范设计。
（2）采用高效率的专用设备，流水线生产。
（3）产品型号统一规范，生产线固定。
（4）产量大，效率高，成本低。
（5）最大限度的分工。
（6）采用非熟练与半熟练的工人，工人容易更换。

4. 大量生产方式的不足

（1）产品型号少，不能满足消费者个性化的需要。
（2）缺乏柔性，对市场需求反应不及时。
（3）生产过程中存在着大量的浪费。
（4）压抑积极性、创造性。

（三）精益生产方式

今天，我们能够体验购买的快乐，享受丰富多样的现代工业产品，不能不感谢精益生产。20世纪60年代丰田汽车生产现场如图1-5所示。

1. 精益生产方式的起源

在大量生产方式中，为了不影响生产，企业普遍设立专门的质量部门，对生产的产品进行检验。

二战期间，美国军工企业为提高炮弹的质量，在生产过程中引入统计方法，减少变差，从而达到提升质量、稳定生产的目的。

图1-5 丰田汽车生产现场

这种将质量检验职能融入生产过程的做法，产生了精益生产方式的萌芽。

2. 精益生产方式的发展

二战后，日本的工业基础倒退了几十年，工业基础薄弱，技术水平落后，产品质量非常差。美国学者戴明将"减少变差、稳定生产"的理论带到日本，引起了日本企业强烈的兴趣。

1950年春，丰田英二和大野耐一到福特汽车公司考察，认为大量生产方式很难模仿；同时也发现大量生产方式浪费严重。

丰田汽车公司决心走一条适合自己的道路。经过20余年的探索实践，逐步形成以准时制、全面质量管理为核心的丰田生产方式。

3. 精益生产方式的理论化

20世纪70年代,日本的汽车进入美国市场,并且取得了成功。这一重大的市场变化,引起了美国工业界、学术界的重视与思考。

1985年,由麻省理工学院(MIT)以丹尼尔·鲁斯(Daniel Roos)为首的"技术、政策与工业发展中心"主持,发起了"国际汽车计划",对汽车制造业作了世界范围的透彻研究。

1990年,此项计划获得成效,发表了著作《改变世界的机器》,将日本企业创造的这种生产方式总结为精益生产方式。

4. 精益生产方式的特点

(1)客户需求拉动生产,只生产客户需要的产品。
(2)在工序中控制质量,不让问题留到下道工序。
(3)注重基层员工士气。
(4)小组工作方式。
(5)年功序列制。

5. 精益生产方式的成效

(1)生产时间减少75%。
(2)库存减少90%。
(3)到达客户手中的缺陷减少50%。
(4)废品率减少50%。
(5)与工作有关的伤害减少50%。

三、精益经营理念

精益不是工具方法,而是一种经营思想,是以客户为中心,需求拉动企业价值创造的过程。

(一)精益经营目标

客户在购买产品/服务的时候,他们对产品/服务有一个期望值;而企业提供的产品/服务也有一个实际水平。

当实际水平低于客户的期望值时,客户就会表现失望;当实际水平与客户的期望值相当时,客户就会感到满意;当实际水平高于客户的期望值时,客户则会热忱洋溢,如图1-6所示。

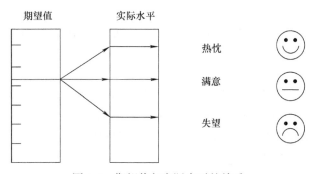

图1-6 期望值与实际水平的关系

一个客户感到满意时,未必会交口称赞,因为企业只是向其提供了所预期的东西。只有超越客户的期望时,客户才能表现出巨大的热情,从而成为企业的忠实客户。

精益经营的目标是:

超越客户期望,赢得客户热忱。

1. 美好的客户体验

客户的热忱源于美好的购买体验和美好的拥有体验,如图1-7所示。

例如,一个客户去4S店购车,受到友善、真诚的接待,并得到所需的帮助。他将为一切事物都进展得如此顺利而惊叹,这时他的感觉会相当美好。

美好的拥有体验从他购买了这辆车开始。首先是车辆安全保障,然后是驾驶体验和使用可靠性,这些都取决于车辆的设计和制造。

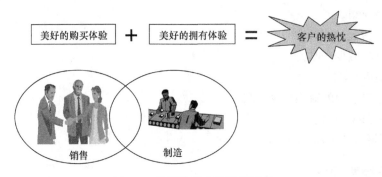

图1-7 美好的客户体验的组成

2. 让内外部客户都热忱

在讨论如何赢得客户的热忱的时候,客户指商品购买者,这是外部客户。但从价值创造的角度,还应该包含企业内部客户。从大的层面来讲,销售是生产的客户,生产是采购的客户;从小的层面来讲,员工是班组长的客户,班组长是车间主任的客户。

公司每个员工都有自己的客户,他们必须努力做好自己的工作,赢得客户热忱。

这就是客户链,从商品购买者,一直延伸到公司的每一个人!

(二)精益生产基本概念

以客户为中心,丰田汽车公司创造性地实践出了准时制和全面质量管理两个重要方法,在提升了效率的同时,还提高了质量,降低了成本。

1. 准时制

准时制(Just In Time,JIT)的基本理念是"只在需要的时候,按需要的量,生产所需的产品",也就是追求一种无库存,或库存达到最小的生产系统。

准时制的目的是彻底消除无效劳动和浪费。具体目标如下。

(1)废品量最低(零废品)。

(2)库存量最低(零库存)。

(3)准备时间最短(零准备时间)。

(4)生产提前期最短。
(5)减少零件搬运,搬运量低。
(6)机器损坏低。
(7)批量小。

2. 全面质量管理

全面质量管理(Total Quality Management,TQM)是指企业以质量为中心,以全员参与为基础,让顾客满意,让员工、股东、社会受益,从而赢得企业长期成功的管理方式。

全面质量管理的基本原则包括以下几点。
(1)以客户为中心。
(2)全员参与质量管理。
(3)预防为主。
(4)用数据说话。
(5)将质量注入过程中。

(三)精益生产系统

精益生产系统是一个指导精益生产实践的理论体系,包含文化、理念、目标、原则四个层面,可形象化表示为精益屋,如图1-8所示。

文化,即企业长期发展形成的价值体系、行为方式、历史传承等精神财富。理念,即超越客户期望,赢得客户热忱。目标包括安全、质量、效率、成本、人员五个方面。原则包括流畅制造、制造质量、全员参与、标准化、信息化、持续改进六个方面。根据作用的不同,在精益屋中形象地分为两大支柱、四个基础。

图1-8 精益屋

1. 五大目标

(1)安全,即安全的工作环境、安全的工作过程,以及安全的产品和服务,在一切经营活动中坚持安全优先。
(2)质量,即为客户提供需要的高品质产品和服务,让客户拥有美好的购买体验和拥有体验。
(3)效率,即快速响应客户并及时交付产品和服务,让客户感觉你始终在他的身边。

（4）成本，即消除一切浪费，让客户获得物超所值的产品和服务。

（5）人员，即坚持以人为本，让员工与企业共同成长。

2.六项原则

流畅制造和制造质量是精益经营的两个支柱。一者支撑企业按照市场节拍向客户提供需要的产品，一者支撑企业为客户提供卓越品质的产品和服务。

全员参与、标准化、信息化以及持续改进是精益经营的基础。只有全员积极参与企业经营管理，并建立明晰、具体、科学的管理标准，借助信息化手段提升管理水平，并致力于持续改进，才能实现精益生产，如图1-9所示。

四、消除浪费

丰田汽车公司在经营实践中发现，大量活动对客户没有价值，并且侵吞了来之不易的利润。

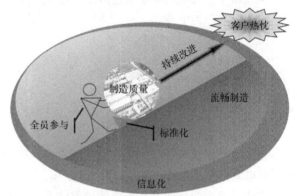

图1-9 六项原则

（一）增值与非增值

1.增值活动

增值活动指活动增加了产品/服务的价值，客户也愿意为这种价值付费，如零件装配、给车身喷漆等。

2.非增值活动

非增值活动指客户不愿意为此付费的活动，分为必要的非增值和浪费两种。

（1）必要的非增值。必要的非增值指活动不能增加产品价值，但在生产过程中是必不可少的，如挑选工具、检验等。

（2）浪费。浪费指完全不必要的非增值活动，如返修、等待等。

（二）七种浪费

七种浪费是大野耐一在消除浪费中总结出来的，是企业普遍存在的浪费。

1.过量生产浪费

（1）超出需求量生产。

（2）提前生产。

（3）生产速度过快。

2.过度库存浪费

（1）过多的原材料。

（2）交货周期过长。

（3）订货量过多。

（4）过多的产品。

（5）生产过剩。

（6）生产安排不合理。

3.不合理运输浪费

（1）零件放到地上，又从地上拿起。

（2）物流布局不合理。
（3）过多的搬运环节。

4. 纠正错误浪费
（1）原材料不合格。
（2）操作失误。
（3）不按标准化工作要求作业。
（4）设计错误。

5. 过度加工浪费
（1）超出产品特定需求的精度。
（2）多余的作业项目。

6. 多余动作浪费
（1）动作太大。
（2）单手空闲。
（3）转身动作过大。
（4）操作不流畅。
（5）重复的动作。
（6）不必要的弯腰。

7. 等待浪费
（1）工作分配不均衡。
（2）设备故障。
（3）物料短缺。

五、精益生产五大目标

无论是一线生产的操作工，还是指导工作的管理者，必须明白：从事精益生产的目标，绝不是完成生产任务，而是达到安全、质量、效率、成本、人员五个方面的优秀。

（一）安全

要为客户提供安全的产品。员工的工作环境必须是安全的。员工要有强烈的安全意识，在工作中处处注意安全。

1. 一切事故都是可以避免的

危险金字塔（见图1-10）告诉我们，事故隐患容易被忽视，也很容易升级。为了减少事故，必须识别安全隐患。

根据有关安全事故的统计，每30000起险肇事故中有3000起急救事故、300起损失工作日事故和1起死亡事故。

2. 基本术语

险肇事故：可能造成安全事故的危险事件。
急救事故：需要急救处理，但不影响工作的

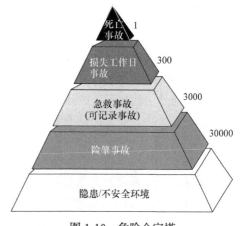

图1-10 危险金字塔

安全事故。

损失工作日事故：造成超过 1 个工作日不能工作的安全事故。

死亡事故：造成人员死亡的安全事故。

3. 树立安全意识

安全意识是保障安全最重要的因素。如果没有安全意识，一个不经意的安全隐患很可能造成安全事故。

现在员工路过一个走道，走道上有一个障碍物，是一个安全隐患，如图 1-11 所示。

图 1-11 一个不经意的安全隐患

（1）员工和经理都没意识到危险，没人受伤，所以经理愉快，员工也愉快。

（2）员工和经理都意识到了危险，但未采取行动或对策以消除危险。不过，经理和员工仍很愉快，因为很幸运，尚未发生事故。

（3）员工和经理意识到了危险并躲过了危险，但未探究其根本原因。

（4）员工不小心碰到了障碍物，受了伤，但经理仍很愉快，因为该事故未导致工时的损失，所以未影响到他；但员工不再愉快了。

（5）员工受了伤，并有工时损失。现在经理也不愉快了，因为他少了一个人干活，而员工则感到非常倒霉。

（6）员工和经理都意识到了安全隐患，并一起采取主动措施探寻其根本原因，且采取对策以防止事故发生。

（二）质量

质量就是客户满意的产品与服务。质量是由客户定义的，而不是由工程师定义的。

1. 质量是制造出来的

领导再能干，决定不了产品质量；设计再优秀，决定不了产品质量。

产品在我心中，质量在我手中。

2. 基本术语

一次检验合格率：指一次检验就合格的产品比率，英文为 First Time Quality，简称 FTQ。

直通率：指一次通过各质量确认站点的比率，英文为 Direct Run，简称 DR。DR 的值为经过各质量确认站点的 FTQ 的乘积（$DR=FTQ_1 \times FTQ_2 \times \cdots \times FTQ_n$）。

单位缺陷数：指每个产品的平均缺陷数量，英文为 Defect Per Unit，简称 DPU。

3. E-F 游戏

假设你是生产 E 的工厂的检验员，F 是有缺陷的 E。现在给你 60s 时间数出图 1-12 中的 F 的数量。

```
FFEEEFEFFEEEEFEFEFEEFEFE
EEFEEEFEEEFEFEEFEFEEEFFEE
EEEFEEEEFEEEEEEEFEEEEFEFE
EEEEEEEEEEEFEEEEFFEEEEEE
EEEEEEEEEEEEEEEEEEEEEEFE
EEEEEEEEFEEEEEEEEEEEEEEE
EEEFEEEFEEEEEFFFEEEEEEEF
EEEEEEEEEEEEEEEEEEEEEEEE
FFFEFEEEEEEEEFEFEEFEFEFE
FEEEEEEEEEEFEEEEFEEEEFEFE
```

图 1-12　E-F 游戏

（1）如果你没有数完，说明你的速度太慢，这会被解雇。
（2）如果你数出的 F 比图 1-12 中的 F 多，说明你扔掉了好的产品。
（3）如果你数出的 F 比图 1-12 中的 F 少，说明你把有缺陷的产品提供给了客户。

如果你数出的数目正确，你认为你能保持 8 个小时都正确吗？
你认为检验是一种保证质量的好方法吗？

4. 三不原则

三不原则（见图 1-13）即在生产的每个工序有以下要求。
（1）不接受有缺陷的产品。
（2）不制造有缺陷的产品。
（3）不向下个工序传递有缺陷的产品。

（三）效率

做客户需要的产品/服务。将客户需要的产品/服务做好。

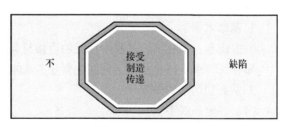

图 1-13　三不原则

1. 基本术语

计划完成率：指完成生产计划的比率。
计划完成率小于等于 100%；超额完成记为 100%。
品种满足率：指各品种完成率的平均值。
制造周期：指计划指令下达到产品交付的时间周期。

2. 快速响应

（1）快速响应客户。企业的理想状态是客户有足够的耐心，企业有足够长的时间制造产品，然后向客户发货收款。可实际情况是客户没有足够的耐心等待，很快改变了主意，购买其他企业的产品，如图 1-14 所示。

（2）快速响应现场。企业的产品都是在现场生产出来的。当现场发现问题时，如果不能快速响应现场，而是在会议室讨论来讨论去，不仅白白浪费时间，而且降低质量、增加成本。

3. 简洁流动（见图1-15）

（1）简洁的工艺流。工艺流程简单、紧凑、流畅。

（2）简洁的物流。物流布局、路线、配送方式简洁。

（3）简洁的信息流。信息沟通与传播快速、通畅。

图1-14　快速响应客户

图1-15　简洁流动

（四）成本

低成本制造是市场占有率的保护伞。降低成本，"要把干毛巾拧出水来"。真正的成本"只有酸梅核这样大"。

1. 基本术语

制造成本：指在生产过程中消耗的直接材料、直接工资，以及制造费用。

库存周转率：指企业一定期间主营业务成本与平均库存余额的比率。

2. 从身边的节约做起

（1）节约一双手套。

（2）少用一点耗材。

（3）杜绝"跑冒滴漏"。

（4）坚持人走灯灭。

3. 现场改善

（1）发动员工提出改善意见。

（2）现场班组针对本区域开展自主改善。

（3）针对现场突出问题开展专题攻关。

（五）人员

培育充满士气的自主团队，与企业共同成长。

1. **基本术语**

岗位柔性：指一个员工掌握多个岗位作业的能力。

职业素养：指个人在职场中表现的道德、思想、习惯以及技能等。

2. **团队合作精神**

（1）明确角色职责，充分融入团队。

（2）构建无障碍的沟通环境。

（3）共同参与决策。

（4）共享工作成果。

3. **海上遇险游戏**

假设你在南太平洋中的一个私人游艇上漂流。由于不明原因的火灾，大部分艇身和其中的设施都已毁坏。现在游艇正在慢慢地下沉。你的位置不明，这是因为关键的航海设备已经损坏，并且你和游艇上的其他船员在力图控制火势时迷失了方向。你们估算你们离最近的陆地约有1609km。

游艇上有火灾后未受损的15件物品。除了这些物品之外，你还有一个可以使用的带桨橡皮救生筏，它大得足够装下你和这15件物品。所有幸存者口袋中的全部物品只有一盒卷烟、几盒火柴和5张一元的纸币。

你的任务是将这15件物品按其对于你生存的重要性进行排序。将最重要的物品编为1号，第二重要的编为2号，依此类推，将最不重要的编为15号。

请微信扫描图1-16所示的二维码，打开海上遇险小程序，组成团队共同完成游戏。

图1-16 海上遇险游戏二维码

游戏告诉我们：团队智慧高于个人智慧！

联系实际

【实例1】精益生产如何救活这家老牌企业

重庆有一家为摩托车减震器生产弹簧的企业，连续亏损5年了。由于是老板创立的第一家企业，比较有感情，不想关闭它，于是请咨询顾问来看看有什么办法。

顾问到工厂一看，现场非常零乱。工人们扎在零件堆里干活，一副典型的乡下作坊样子。

看完后，顾问告诉老板："工厂的改进空间很大，但需要按照精益的原则重新布局。"老板很高兴地同意了顾问的建议。

经过一周的调研和交流，顾问确定了将孤岛作业改成流水作业的方案。由于企业老板很重视，方案很快获得一致通过。

顾问交代完实施注意事项后便离开了。等过了两周，顾问回到工厂，却发现什么都没动。"里面一定出了什么问题"，顾问决定静下心来，重新开始调研。

顾问首先找到项目团队中比较活跃的基层员工。经过一番谈心引导，终于发现：员工不支持。好的员工不支持，原因是自己干得快，得的工资高，干完了还可以提前下班，改成流水线生产，大家都按照统一的节拍干活，觉得自己吃亏了；差的员工也不支持，他们认为这明显是搞人的，等效率上去了，他们就被裁掉了。

接下来顾问又找了车间主任谈话，他也不愿意。原因是现在工时定额比较松，改成流水线生产后，工时定额的问题就会暴露出来，如果调工时员工肯定有意见，到时吃不了兜着走。

后来顾问又找了工厂厂长交流，他也有顾虑。工厂产品质量不稳定、设备故障比较多，采用现在这种方式固然浪费大，但是库存多，还可以勉强满足客户交付。如果改成流水线，任何一个问题都会导致生产线停产，怎么保障产品交付？

他们说的都有道理。于是，顾问再次找到老板，经反复协商，最后决定约法三章：首先，承诺不裁员，优秀的可以提拔当班长或者调到汽车事业部；其次，半年内不动工时定额，还根据实际成效适当给予奖励；第三，因改革带来的问题不追究责任，管理人员只需放手去干。

思想问题解决后，项目推进非常顺利。短短两个月，产能从8000支提升到12000支，库存积压从30万支降到2万支，人员从每班17人降到每班12人。企业一举扭亏为盈，车间改进前后对比如图1-17所示。

图 1-17 车间改进前后对比

开始行动

【实战1】精益诊所游戏

1. 实训目标

（1）能力：通过游戏结果分析存在的精益问题。

（2）知识：理解在制品、合格率、制造周期等精益概念。

（3）素质：在游戏过程中锻炼开放创新、高效沟通的职业素养。

2. 实训道具

精益诊所以医院就诊过程为场景，由学生扮演不同角色参与演练，从中直观体会工厂在制品、合格率、制造周期等典型问题，从而加深对这些精益概念的理解。

精益诊所道具由 APP 软件和沙盘构成。主要包括：

（1）游戏沙盘胶垫：用于布置游戏道具。

（2）Android 平板计算机：安装了游戏服务程序（扫描图 1-18 二维码下载），用于运行游戏服务功能。

（3）微信小程序：用手机微信扫码（见图 1-19）可参与游戏。

图 1-18　精益诊所游戏下载

图 1-19　微信小程序二维码

（4）蓝牙打印机：用于打印挂号二维码。

（5）岗位牌：明确各岗位角色。

精益诊所实训场景设计为 60~80m²，包含 4~6 组道具。每组演练包含挂号、候诊、分诊、X 光、验血、诊断、归档、督导八个岗位，如图 1-20 所示。

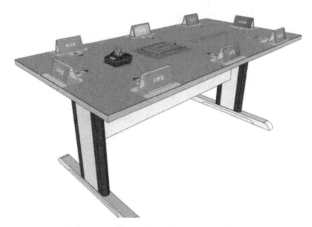

图 1-20　精益诊所实训场景设计图

3. 实训流程

精益沙盘实训模拟病人从挂号、候诊、分诊、检查、诊断，直到出院全流程。实训演练分三局进行，第一局按照常规的医院看病流程，暴露看病过程中的问题；第二局由小组成员讨论改进方案，并按照改进方案重新设置看病流程，体验新流程带来的改善；第三局系统改变游戏规则，增加诊断通过率，再体验游戏规则改变带来的看病效率提升。通过三局游戏，充分体验流程和系统改进带来的改变，从而让学生直观理解精益改善的成果和价值。精益沙盘实训场景如图1-21所示。

图1-21 精益沙盘实训场景

实训过程包含五个实训任务，设计课时50min，具体流程见表1-2。

表1-2 精益诊所游戏实训流程

序号	实训任务	实训要点	课时/min
1	游戏准备	1）老师讲解精益沙盘游戏原理及使用方法 2）老师将学生分成小组，每组8人 3）老师指导学生打开平板计算机服务程序	10
2	第一局	1）老师讲解第一局规则及要领 2）学生按照岗位职责开始游戏	8
3	第二局	1）老师讲解第二局规则及要领 2）各小组研讨第一局问题，提出改进方案 3）各小组按照改进方案开始第二局游戏	10
4	第三局	1）老师讲解第三局规则及要领 2）各小组研讨第二局问题，提出改进方案 3）各小组按照改进方案开始第三局游戏	10
5	游戏总结	1）各小组报告游戏结果，结合游戏谈对精益的理解 2）老师总结游戏	12

项目二
生产安全管理

思维导图

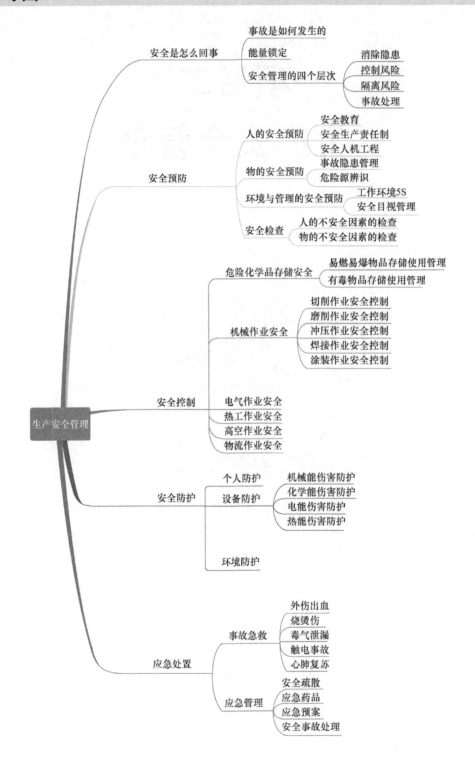

项目二 生产安全管理

学习目标

1. 了解安全的基本概念，理解安全管理的工作目标。
2. 掌握安全预防、安全控制、安全防护和安全处置的常用方法和流程。
3. 能够结合实际，对实训现场开展安全检查和报告。
4. 促进养成生命至上、安全第一的安全意识。

水平检测

1. 中国国家标准 GB 2893—2008 中规定的四种安全色是（　　）。<单选>
   A. 红、蓝、黄、绿　　　　　　B. 红、蓝、黑、绿
   C. 红、青、黄、绿　　　　　　D. 白、蓝、黄、绿
2. 电焊作业可能引起的疾病主要有（　　）。<多选>
   A. 电焊工尘肺　　　　　　　　B. 气管炎
   C. 电光性眼炎　　　　　　　　D. 皮肤病
3. 漏电保护装置主要用于（　　）。<单选>
   A. 减小设备及线路的漏电　　　B. 防止供电中断
   C. 减少线路损耗　　　　　　　D. 防止人身触电事故及漏电火灾事故
4. 在密闭场所作业，当氧气浓度为 18%，有毒气体超标且空气不流通时，应选用的个体防护用品为（　　）。<单选>
   A. 防毒口罩　　　　　　　　　B. 有相应滤毒罐的防毒口罩
   C. 供应空气的呼吸保护器　　　D. 防尘口罩
5. 在下列绝缘安全工具中，属于辅助安全工具的是（　　）。<单选>
   A. 绝缘棒　　　　　　　　　　B. 绝缘挡板
   C. 绝缘靴　　　　　　　　　　D. 绝缘夹钳

现象评析

图 2-1 所示为某焊接车间现场，车间主任看到现场的情景非常头疼，安全事故频频发生。试试看，你能发现几处不安全行为？

图 2-1　某焊接车间现场

图 2-1 中主要存在人和物的不安全行为各 6 处，见表 2-1。

表 2-1 某焊接车间现场人和物的不安全行为

序号	人的不安全行为	物的不安全行为
1	安全帽佩戴不规范，作业人员都未系好安全帽帽带	箱式消防栓不能落地，应距地 1.1m，便于操作
2	磨边女工的头发须盘入安全帽内，且须戴口罩	各种气瓶设标不符合标准；氧气、乙烯瓶距离过近，且不得低于 5m
3	电焊工没有面罩防护设备	堆放物品过高，不整齐，有倒塌风险
4	所有人员未佩戴入场许可证	柜的顶部不应堆放材料和物品
5	非紧急情况，不要跑步	物品应存放整齐有序
6	电焊等危险工作活动位置相距太近	存放物品应遵循"低重高轻"的原则，柜应高于拿放物品

知识链接

一、安全是怎么回事

"无危则安，无缺则全"，这就是安全。安全主要有五个层次的含义。
（1）危险性不超过允许的限度。
（2）使人不受伤害和危害的影响。
（3）没有危险或灾难的威胁。
（4）不受财产损失的威胁。
（5）没有危险，不产生伤害。

基于此，企业安全生产提出了"三不伤害"的要求，即不伤害自己、不伤害他人、不被他人伤害。这意味着"我的安全我负责，别人的安全我有责"。那么如何保证安全呢？

（一）事故是如何发生的

请观察图 2-2，思考事故是如何发生的？

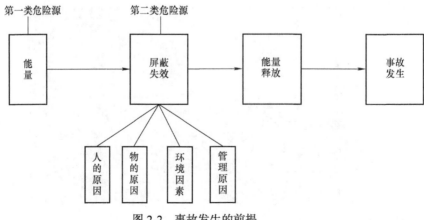

图 2-2 事故发生的前提

事故发生有三个必要的前提：首先是存在能量，其次是屏蔽失效，第三是能量释放。杜绝安全事故，关键是防止能量释放，这就需要找出危险源。

危险源就是可能造成人员伤害、职业病、财产损失、作业环境破坏的根源或状态。一般分为以下两大类：第一类危险源指可能意外释放的能量或危险物质；第二类危险源指导致能量或危险物质的约束或限制措施破坏或失效的各种因素。一起事故的发生是两类危险源共同作用的结果。

第一类危险源的存在是发生事故的前提，第二类危险源的出现是第一类危险源导致事故的必要条件。它们分别决定事故的严重程度和可能性大小，共同决定危险源的危险程度。其中第二类危险源又存在人的原因、物的原因、环境因素和管理原因四大类。

（二）能量锁定

能量意外释放是事故发生的直接原因，对能量进行有效的隔离、防护、控制是保障安全的关键措施。

能量锁定是在生产作业、设备检修维护和安装调试期间的一种能量隔离管理控制方法，能有效防止能量意外释放造成的人员伤害或财产损失。

能量锁定主要通过上锁、挂牌和测试等方法，对设备中危险能量可能意外释放的关键点或部位进行控制。其中，上锁可实现能量隔离，防止有人错误操作；挂牌可实现安全警告，防止能源系统意外启动造成事故。危险能量一般有电、机械、水力、气动、化学、热能等。

（三）安全管理的四个层次

安全管理的核心是预防风险。根据事故发生的原理，可以将安全管理分为四个层次，如图 2-3 所示。

第一个层次是消除隐患，即消除可能造成安全事故的能量。这是最理想的，也是最根本的。例如在家具生产中采用绿色环保工艺，不使用含甲醛的工艺。

第二个层次是控制风险，即在不能消除能量的情形下，退而求其次，通过相应的安全控制措施降低安全风险。例如高空作业时必须挂好安全绳。

第三个层次是隔离风险，即采取隔离防护措施，在发生能量释放时能有效保障安全，如穿戴劳保用品。

图 2-3　安全管理的四个层次

第四个层次是事故处理，即造成安全事故后，实施应急措施进行救援，将危害降到最低。例如有员工割破手指，实施急救包扎。

二、安全预防

安全预防就是针对人的原因、物的原因、环境因素和管理原因四个方面开展的各项预防工作。

（一）人的安全预防

1. 安全教育

实施安全教育就是要培养员工的安全意识，让员工头脑中建立起来"生产必须安全"的观念。在企业中不仅要明确每个员工的安全责任，还要提升员工的安全责任意识。

加强员工的安全意识，重点要做好工厂、车间部门、班组岗位的三级安全教育。

2. 安全生产责任制

安全生产责任制是企业岗位责任制的一个组成部分，是企业中最基本的一项安全制度，也是企业安全生产、劳动保护管理制度的核心。

安全生产责任制的核心是解决"谁来管，管什么，怎么管，承担什么责任"的问题。做到"纵向到底、横向到边、不留死角"，形成全员、全方位、全过程的安全管理责任体系。

安全生产责任制可以根据区域和组织两种方式划分：区域安全生产责任制是按照地域分配责任；组织安全生产责任制是按照组织机构分配责任。例如，某车间建立的组织安全生产责任制分为以下几种。

（1）员工岗位工人安全职责。

（2）工班（组）长安全职责。

（3）车间/工段负责人安全职责。

（4）车间安全员安全职责。

（5）主管安全员安全职责。

3. 安全人机工程

安全人机工程是运用人机工程学的理论和方法研究"人—机—环境"系统，使三者在安全的基础上达到最佳匹配。较为常见的是作业姿势和噪声强度的研究与改善。

（1）作业姿势。作业中常采用的作业姿势有立姿、坐姿、坐—立姿等，安全人机工程就是保证人在作业中的舒适和不易疲劳。三种不良作业姿势如图2-4所示。

a）侧向的弯腰大于20°　　b）别扭的姿势对下背部产生重压　　c）蹲着作业容易疲劳

图2-4　三种不良作业姿势

（2）噪声强度。超过50dB的声音为噪声。噪声会使听力受到损害。噪声还可直接或间接地影响工作效率。常见的噪声防护装置如图 2-5 所示。

a) 隔音墙

b) 防护耳塞

c) 工厂里的隔音板

图 2-5　常见的噪声防护装置

（二）物的安全预防

1. 事故隐患管理

隐患是指可能导致人员伤亡、环境污染、财产损失或造成重大社会影响的显现和潜在的缺陷及问题。

事故隐患管理是指安全部门要周期性地对作业场所中设备及设施的不安全因素进行检查、排除，以达到"预防为主"的作用。否则，小小安全隐患容易变成某次安全事件，诱发安全事故。

隐患常见的 16 种现象可以归结为：

破：如设备残破、仪表破损、安全帽破损等。

缺：如特种作业人员无操作证、特种设备没有定期检验、危险作业无许可证等。

裸：如电线裸露、危险部件裸露等。

乱：如乱拉电线、乱接管道等。

挤：如仓库物料拥挤、作业通道拥挤等。

堵：如安全通道堵塞、应急门打不开、应急通道堵塞等。

晃：如高空作业梯子因固定不稳摇晃、起重吊运物料摇晃等。

闪：如指示灯异常闪烁、报警灯异常闪烁等。

多：如长发不扎入安全帽、作业时戴围巾易缠绕等。

悬：如高空作业人员不戴安全带等。

错：如油门踩错、皮带轮装反等。

超：如车辆超载、物料超高、工艺参数超限等。

漏：如漏水、漏油、漏气等。

仿：如假材料仿制、危险动作模仿等。

歪：如设备固定歪斜、安全楼梯歪斜、逃生指示歪斜等。

瞒：如小事故瞒报、设备故障瞒报等。

为防患于未然，安全部门应该定期组织安全隐患排查活动。安全排查按周期、对象和范围划分通常有以下几类：日常排查（班组人员）；专业性排查（特种设备）；季节性排查（责任部门）；节假日排查（责任部门）；综合性排查（管理部门）。

安全排查工作中一般需要用到安全事故/隐患整改信息反馈表，如图 2-6 所示。针对安全排查过程中发现的安全隐患,由相关负责人制定短期措施和长期措施,以便对安全隐患问题进行有效整改跟进。

_____ 安全事故/隐患整改信息反馈表

日期	问题提出者	问题描述	短期措施	完成时间	负责人	长期措施	完成时间	负责人	完成情况 ⊕

注明:⊕ 问题提出并采取短期措施; ⊕ 短期措施有效,制定长期措施; ⊕ 长期措施实施且长期措施有效;⊕ 问题解决。

图 2-6 安全事故/隐患整改信息反馈表样式

2. 危险源辨识

危险源指可能导致人身伤害或健康损害、财产损失、工作环境破坏或这些情况组合的根源或状态。常见危险源见表 2-2。

表 2-2 常见危险源

序号	类别	危险源	工作活动或场所
1	物理危害	车辆伤害	机动车辆驾驶
2		机械伤害	存在机械设备的场所
3		起重伤害	起重、提升作业
4		物体打击	产生物体落下、抛出、破裂、飞散的操作或场所
5		高处坠落	人员在落差大的场所开展作业活动
6		触电	存在电气设备的区域
7		灼烫	存在热源设备、加热设备、炉、灶、发热体的场所
8	化学危害	火灾	存在可燃物、助燃物的场所
9		中毒	产生、贮存、聚集有毒有害物质的场所
10	行为危害	操作失误	误操作、违章操作、违章指挥等

危险源辨识的常用方法是作业条件危险性分析法（LEC）。利用它可以评价危险发生的可能性及其后果的严重程度，以寻求最低事故率、最少的损失、环境的最低破坏。所谓LEC，就是用与系统危险性有关的三种因素指标值之积来评价系统人员伤亡危险的等级。

L：作业活动发生事故的可能性大小。

E：人体暴露在危险环境中的频繁程度。

C：一旦发生事故所造成后果的严重程度。

根据L、E、C，可计算危险性分值D，即 $D = L \times E \times C$。

危险源辨识与评价过程包含以下六个步骤。

第一步：界定作业岗位。

第二步：列出各岗位作业工序清单。

第三步：逐步分解作业活动。

第四步：分析每一步骤可能产生的危害。

第五步：评审现有防范措施的有效性。

第六步：改善措施建议。

以上几步的工作内容，可以用"危险源辨识、风险评价及控制表"直观描述（见【实例3】）。

开展危险源辨识和风险评价工作时要注意以下几个要点。

（1）对象上，重点从工作场所、操作程序、工艺流程以及作业人员几个方面开展危险源辨识。

（2）内容上，既要考虑过去、现在和将来三种时态，也要考虑正常、异常和紧急三种状态，综合了解物理性、化学性、心理、生理性、行为性及其他危险、有害因素六类危险源。同时记得考虑可能导致的事故和职业病。

（3）范围上，要对作业活动，所有进入作业场所的人员（包括供方、分包方、参观访问者）的活动，以及作业场所内的设施进行识别、评价。

（4）必要时，组织员工、专家等对作业过程中的危害进行分析、评价，形成公司重要危险源清单并制定对应监控措施。

（三）环境与管理的安全预防

1. 工作环境5S

5S（即整理、整顿、清扫、清洁、素养）是维持环境安全的有效方法。整理可以消除大量安全隐患，整顿可以有效控制安全风险，而清扫、清洁可以及时发现和遏制安全风险。例如，对车间现场进行区域画线、物品定置，以及设置人行通道和物流通道等，可以极大地防范安全事故发生。

2. 安全目视管理

安全目视管理主要通过安全色、安全线、安全标志等方式，明确人员的资质和身份、工器具和设备设施的使用状态，以及生产作业区域的危险状态，提示危险和方便现场的安全管理，促进作业现场标准化，提高现场管理水平。

（1）安全色。中国国家标准GB 2893—2008规定红、蓝、黄、绿四种颜色为安全色，目的是使人们能够迅速发现或分辨安全标志，提醒人们注意安全，预防事故发生。

（2）安全线。安全线用于标示作业现场、物流车辆及行人的行走区域及路线。有了安全线的标示，就可以轻易地区分安全区域和危险区域，有利于对危险区域的认识和判断。通常用绿色区域表示人行通道，黄色区域表示物流通道。

（3）安全标志。安全标志由图形符号、安全色、几何形状（边框）或文字构成，用以表达特定的安全信息。使用安全标志的目的是提醒人们注意不安全的因素，防止事故的发生，起到保障安全的作用。当然，安全标志本身不能消除任何危险，也不能取代预防事故的相应设施。安全标志的类型见表2-3。图2-7所示是工厂中的安全目视案例。

表2-3 安全标志的类型

序号	标志名称	含义	颜色
1	禁止标志	禁止人们不安全行为的图形标志	红色
2	警告标志	提醒人们对周围环境引起注意，以避免可能发生危险的图形标志	黄色
3	指令标志	强制人们必须做出某种动作或采用防范措施的图形标志	蓝色
4	提示标志	向人们提供某种信息（如标明安全设施和场所等）的图形标志	绿色

通道安全标志

区域线安全标志

标志牌

停车标志

警示标志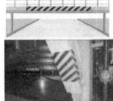

设备指示牌

定点点检标志

安全人

图2-7 工厂中的安全目视案例

（四）安全检查

安全检查是预防安全事故的重要方法。下面重点从人和物两个方面讲述检查要点。

1. 人的不安全因素的检查

（1）劳保用品穿戴是否充分、正确。重点检查需要特别安全防护的岗位，如酸碱池作业点、粉尘作业点、噪声作业点、电焊作业点、打磨作业点等，必须充分配备劳保用品，且保证所有劳保用品在有效期内。

所有劳保用品能够提供给使用者安全防护的前提是按照规范正确穿戴。工作现场特别注意检查员工是否穿戴规范，如是否存在安全帽紧固带朝后、安全带锁扣松开、工作服敞开、耳塞外置等现象。

（2）有没有违反标准化操作。工作中各岗位工种都有具体的安全操作规程，其中包含设备操作规程、标准化作业、上岗安全检查等标准化内容。应检查员工是否执行到位，特种岗位是否持证上岗。

2. 物的不安全因素的检查

（1）工作现场的安全防护检查要点如下。

将产生相同职业危害因素的作业相对集中，且与其他作业区域分开。

员工休息间、会议室等聚集场所与作业区域隔离。

人车分离，车行道和人行道宽度符合要求：行人通道 ≥ 0.8m；叉车单向行驶宽度 ≥ 2m；通道线明显清晰。

（2）工作现场的设备、工具检查要点如下。

设备设施操作点应齐全完好，牢固可靠，且有防滑措施。

防护网、防护罩等材质有足够的强度和刚度，无明显的锈蚀或变形；安装应牢固，工作时不应与可动部件有接触或产生摩擦，机械运转时防护装置无振动或松动。

急停开关完好有效，可以保证瞬时动作时能终止设备的一切运动。汽、气、水、料等各类管道应完好，无跑、冒、滴、漏；管道各类阀门完好，启闭灵活，性能可靠。

各类维修、检测、工装工具应该定置管理，一物一位，标识明确。

（3）危险品的检查要点如下。

根据危险品性能分区、分类、分库储存，各类危险品不得与禁忌物料混合储存。例如，易燃液体、遇湿易燃物品、易燃固体不得与氧化剂混合储存，具有还原性的氧化剂应单独存放。

储存易燃易爆化学危险品的建筑，必须安装避雷设备。

储存化学危险品的建筑必须安装通风设备，并注意设备的防护措施。储存化学危险品的建筑的通排风系统应设导除静电的接地装置。

修补、换装、清扫、装卸易燃易爆物料时，应使用不产生火花的铜制、合金制或其他工具。

危险化学品必须有安全数据单和安全标签，公司应对员工进行危险特性宣传教育，并教会其正确使用。

生产中使用危险化学品，必须严格执行安全操作规程，采用正确的使用方法及可行的防范措施。使用危险化学品的岗位必须有紧急洗眼器和冲淋设备。

三、安全控制

安全控制可降低安全风险，控制安全事故的发生。下面介绍生产活动中常见的危险化学品存储、机械作业、电气作业、热工作业、高空作业、物流作业等方面的安全控制措施。

（一）危险化学品存储安全

常用危险化学品按照危险特性分为八类：爆炸品、压缩气体和液化气体、易燃液体、易燃固体和自燃物品及遇湿易燃物品、氧化剂和有机过氧化物、有毒品、放射性物品、腐蚀品。

首先，在日常工作中要学会辨识危险化学品标志，避免对人体、物品及环境造成危害或破坏。危险化学品标志分为主标志16种和副标志11种，标志样式如图2-8所示。

标志1 爆炸品标志　　　标志2 有毒标志　　　标志3 易燃标志　　　标志4 助燃标志

图 2-8　危险化学品标志样式

其次，需要建立危险化学品安全数据单，如图 2-9 所示，并现场张贴，为危险化学品事故预防和控制提供技术、信息支持。安全数据单主要信息包括以下几项。

（1）分类和标签信息，物理、化学性质，主要用途，危险特性。
（2）可能产生的危害、防范措施、急救措施。
（3）出现危险情况的应急处置措施等。

名称	酒精(乙醇)	类别	易燃液体	外观	无色液体	气味	酒香
危害类型	可能的危害/症状		防范措施		急救/消防		
吸入			一般不需要		迅速脱离现场至空气新鲜处，就医		
接触皮肤	长期接触引起干燥、破裂、皮炎		戴一般PVC或橡胶手套		脱去被污染衣服，用流动清水冲洗		
溅入眼睛			一般不需要		用流动清水或生理盐水冲洗，就医		
摄食	兴奋、催眠、麻醉、窒息		作业时禁食		饮足量温水，催吐，就医		
火灾	易燃，与氧化剂接触会引起燃烧		禁火，防静电，避免与氧化物接触		用泡沫、干粉、CO_2灭火器及砂土灭火		
泄漏处置	禁火，用砂土吸附或大量水冲洗						
废弃物处置	与化学品管理xxx公司联系						
其他							

图 2-9　危险化学品安全数据单

再次，根据危险特性对危险化学品进行分类存放，并做好相应的安全防护，配备适当的应急设备。

1. 易燃易爆物品存储使用管理

（1）易燃易爆物品需要按毒性、燃烧爆炸特性以及灭火方法的不同，分别设置专库分间、分类，专柜贮存，现场张贴安全数据单，并在物品包装上张贴安全标志。

（2）库房要有明显的安全标志和防火措施，与民用建筑间距不低于30m，库房之间有防火墙，消防通道畅通，消防器材随时启用。

（3）库房设专人管理，并对管理人员和操作人员严格考核。配备化工专业技术等级高、有实际经验、责任心强的人，经安全教育考核合格后上岗，同时要登记造册，建立安全档案。

（4）建立规范的领用审批制度，确保过程受控、随用随领，剩余量及时退库。

（5）管理人员对库房开展日常安全检查，每天不少于两次，对性质不稳定的易燃、易爆物品，要有专人定期进行测温、化验并做好记录。

2. 有毒物品存储使用管理

（1）有毒物品作业场所应当设置黄色区域警示线。现场张贴安全数据单，并在物品包装上张贴安全标志。

（2）对于可能突然泄漏大量有毒物品或者易造成急性中毒的作业场所，设置自动报警装置和事故通风设施。

（3）作业中应使用中毒危害防护设施和个人防护用品。

（4）现场配备监护人员和现场救援设备。

（二）机械作业安全

常见的高风险机械作业场景有切削、磨削、冲压、焊接、涂装等。

1. 切削作业安全控制

金属切削常见危险源有金属屑侵入眼里、工件夹固不牢、衣服/头发缠进设备等。必须做好以下安全措施。

（1）穿戴好工作服、手套、帽子（女士要将头发盘起，塞进帽子里）、护目镜等。

（2）设备起动前检查设备的完好状态，检查工件的紧固情况。

（3）严禁刀具和工件接触时起动设备；严禁设备没有完全停止运动时，测量工件或者清理金属屑。

2. 磨削作业安全控制

磨削作业常见危险源有砂轮碎屑的飞蹦、磨屑侵入眼里、工件夹固不牢、粉尘侵入肺、人体触碰砂轮等。必须做好以下安全措施。

（1）设备的砂轮要有保护罩，粉尘大的要配吸尘器。

（2）穿戴好工作服、手套、帽子（女士要将头发盘起，塞进帽子里）、护目镜、口罩（防止吸入粉尘）等。

（3）设备起动前检查设备的完好状态，检查工件的紧固情况。

3. 冲压作业安全控制

冲压作业常见危险源有加工时伤手指、工件坠落伤脚、安全止动装置失灵、操作装置失灵、发生连冲现象、高压射流体喷伤、工件的利口割伤手等。必须做好以下安全措施。

（1）设备安装安全光栅装置，防止误操作割伤手指。

（2）穿戴好工作服、手套，以及带钢板的劳动保护鞋。

（3）设备起动前检查设备的完好状态，空车检查安全止动和操作装置是否完好。

（4）多人操作时，要相互提醒、确认安全时才能操作按钮。

（5）严禁设备没有完全停止运动时取加工工件。

4.焊接作业安全控制

焊接作业常见危险源有电击伤、粉尘、化学伤害、灼伤、非电离辐射等。必须做好以下安全措施。

（1）规范气瓶现场存放、供气管的管理。

（2）穿戴好工作服、手套、口罩，以及带钢板的劳动保护鞋。

（3）开展电缆、焊炬、灭火器等的日常检查。

（4）严禁电缆挂在身上焊接。

（5）在潮湿场所焊接要设绝缘材料，在通风条件差的地方施工要安排好通风。

5.涂装作业安全控制

涂装作业常见危险源有粉尘、振动和噪声、飞出物件击伤、化学伤害、灼伤等。必须做好以下安全措施。

（1）作业现场配置消防设施。

（2）穿戴好防静电服、防静电鞋、橡胶手套、防护眼镜和防毒口罩。

（3）日常检查气管和喷嘴；定期清理喷台、风管。

（三）电气作业安全

在电气作业过程中，人体触及带电体后，电流对人体会造成伤害。电气作业安全控制措施如下。

（1）保证绝缘良好。所有的电气设备、电气线路都必须有和电压等级相符的良好绝缘，并与使用环境和运行条件相适应。

（2）设置屏护和间距。屏护是采用栅栏、护罩、护盖、箱柜等设施，把危险的带电体与外界隔离开。

（3）保护接地与保护接零，采用安全电压，采用漏电保护装置。

（4）使用电气安全用具与安全标志。

（5）采用电气隔离，即采用隔离变压器把触电危险大的低压系统隔离成触电危险小的系统。

（四）热工作业安全

热工作业是指电焊、气焊（割）和其他明火作业，以及钻孔、打磨、电气工程、使用非本安型电气设备等易产生高温或火花足以点燃工作场所或邻近区域内的可燃气体、易燃物、易燃液体或易燃易爆蒸发气体的危险工作。

热工作业的主要风险在于可燃气体与点火源同时出现，主要危险危害有火灾、爆炸、烧伤、烫伤、高温辐射等。热工作业安全控制措施如下。

（1）建立作业许可证制度，从事热工作业前，必须取得作业许可证。

（2）严格评估作业环境安全风险，包括可燃气体浓度、与可燃物距离以及风向等。

（3）设置必要的安全急救设施和预案，如配备灭火器等。

（4）设立监护人，对作业过程及火花溅落进行监控。

（五）高空作业安全

凡在距坠落高度基准面2m以上（含2m）有可能坠落的高处进行作业，都称为高空作业。

主要场景有临边作业、洞口作业、攀登作业以及悬空作业等。高空作业安全控制措施如下。

（1）不准患有高血压病、心脏病、贫血、癫痫病等不适合高空作业的人员从事高空作业；对疲劳过度、精神不振和思想情绪低落人员要停止高空作业；严禁酒后从事高空作业。

（2）作业人员必须系好安全带，正确佩戴安全帽，身穿紧口工作服，脚穿防滑鞋。

（3）凡是临边作业，都要在临边处设置防护栏杆，一般上杆离地面高度为1～1.2m，下杆离地面高度为50～60cm；防护栏杆必须自上而下用安全网封闭，也可在栏杆下设置严密固定的高度不低于18cm的挡脚板或不低于40cm的挡脚笆。

（4）登高作业前，必须检查脚踏物是否安全可靠，如脚踏物是否有承重能力、木电杆的根部是否腐烂等。

（5）高处悬空作业不得在大雾、暴雨、大雪、大风（风速10.8m/s，相当于阵风6级）等恶劣气候及夜间无照明时作业。

（6）不得在同一垂直方向上下同时作业。

（六）物流作业安全

物流作业安全主要场景包括车辆行驶、停车卸货、堆垛、重物吊运、驾驶盲区等。物流作业安全控制措施如下。

（1）厂区主干道车速不得超过30km/h，其他道路不得超过20km/h，室内车速不得超过5km/h。

（2）卸货区安装防撞杆，车辆停稳后需塞入限位器。

（3）物料堆放要有明显的限高线或限高要求；拐角堆高不得高于1.5m，以免造成盲区。

（4）重物吊运高度不要高于0.5m，升降和行走不能同时进行，倒运过程需有人监护。

（5）大货车的前方、后侧方是驾驶员视线盲区，行驶速度要慢，并鸣笛示警，如有必要，需有人指挥或者事先检查。

四、安全防护

安全防护主要包含个人防护、设备防护和环境防护。

（一）个人防护

在工艺设备的本质安全性较差的情况下，强调操作者加强个人防护有很重要的现实意义。个人防护包括两个方面的内容：一是做好安全教育和安全培训，提高操作人员的安全素质，增强自我保护意识；二是合理配备并按规定使用防护用品用具，做好自我防护。

具体来说，做到以下两点尤其重要。

（1）了解岗位安全人标准。安全人是按照区域/岗位安全要求，规范员工劳保用品穿戴标准的明确要求。安全人示例如图2-10所示。

（2）严格落实个人防护设施设备穿戴标准，不缺不漏；劳保用品不破损，不超过有效期。常用个人防护设施如图2-11所示。

（二）设备防护

设备是生产现场的基本组成部分和完成生产计划的重要工具，也是引发工伤事故的重要因素之一。按引发事故的危险源不同，可分为机械能、化学能、电能、热能等有害因素。

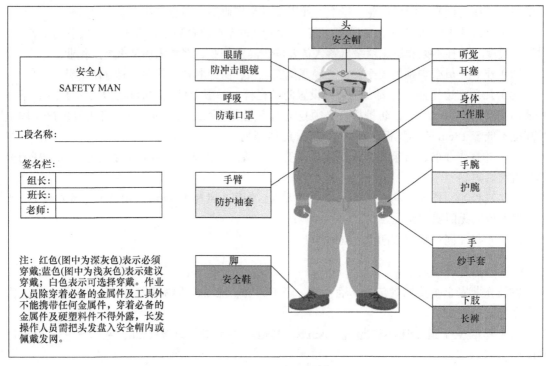

图 2-10 安全人示例

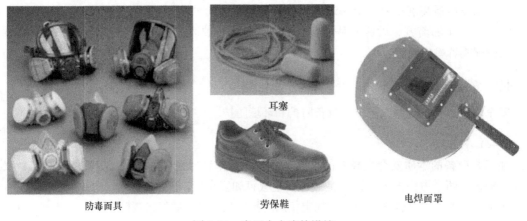

图 2-11 常用个人防护设施

1. 机械能伤害防护

引起机械能伤害的原因有很多种,为预防机械能伤害常采取的措施如下。

(1)安装防护栏和安全罩,使操作者和运动危险部件隔离。

(2)采用双手操作按钮或连锁按钮、拨手装置、自动送料装置、急停按钮。

(3)安装危险预先自动报警装置或实施远距离操纵和自动控制等。

安全防护装置示例如图 2-12 所示。

图 2-12 安全防护装置示例

2. 化学能伤害防护

化学能伤害一般分为急性伤害和慢性伤害两种，采取的防护措施如下。

（1）用低危害或无危害原料代替高危害原料。

（2）采用防毒、防尘、防灼烫装置或用具。

（3）消除和控制易燃易爆物燃烧爆炸条件。

（4）控制危险物质的使用量或存放量。

（5）采用远距离操纵或自动控制等。

典型化学能伤害防护装置如图 2-13 所示。

a) 气瓶柜　　　　　　　b) 酸碱柜

图 2-13 典型化学能伤害防护装置

3. 电能伤害防护

触电伤害分为电击和电伤，生产现场采用的防触电的基本方法有以下几种。

（1）人与电隔离，如设防护罩、有联锁装置的防护栏、主电路外设安全电路微波遥控等。

（2）控制通过人体的电流在安全值以下，如提高接触电阻、降低电路电压、绝缘、远距离操纵、保护接地（零）、保护切断等。

（3）采取符合防火防爆要求结构的电气设备，如耐压防爆结构、内压防爆结构、油浸防爆结构、特殊安全防爆结构等。

4. 热能伤害防护

热能引发的伤害事故有三种：一是直接热能伤害；二是以可燃物做媒介扩展伤害；三是热能以高压过热蒸汽之形态转变为机械能伤害。

可以用增设隔热屏障、加强危险品和火源管理、增设防火防爆和消防设施的方法，防止人与热熔物或热反应喷出物接触及热能扩展伤害。

对第三种伤害，可以采取增设安全阀或设计自动控制等方法，并且严格按照工艺操作规程进行操作，避免意外事故的发生。

（三）环境防护

为保护作业人员的安全和健康，必须做好生产现场的环境防护。一般应当注意做好以下工作。

（1）作业现场中的各种沟、池、孔、槽等，应配置安全盖、护栏和网，梯台、破面、踏板应有防滑措施。

（2）生产技术装备、原料、半成品、成品、废品等，摆放应井然有序，布置合理，划出禁行区、物料存放区、人行通道，并设置安全标志。

（3）温度、湿度应适宜。

（4）作业现场要有良好的照明。

（5）控制作业现场的噪声及有害气体、粉尘的浓度等。

对于特殊作业岗位、存在危险源的作业岗位以及危险化学品作业岗位，除做好以上防护外，还应按国家、行业的有关要求做好各项特殊防护，并且按照规定要求制订事故应急救援预案，配备应急药品，并定期进行演练。常见环境防护装置如图2-14所示。

a) 地面防滑

b) 防撞杆

c) 护栏

图 2-14 常见环境防护装置

五、应急处置

安全的理想状态是避免事故发生。当事故已然发生，我们就必须紧急处置，将事故损失降到最小。在应急处置中，应该坚持先人后物的原则。

（一）事故急救

企业常见的事故急救有外伤出血、烧烫伤、毒气泄漏、触电事故、心肺复苏等。

1. 外伤出血

当员工出现外伤出血时，应该根据出血量大小迅速采取急救措施。

如果是创伤面小的少量出血，可以采取以下措施。

（1）首先用肥皂水、生理盐水或医用消毒药水清洗伤口。

（2）然后用干净纱布或毛巾等擦干。

（3）最后在伤口处涂一些红药水，再用纱布或创可贴包扎。

如果是大量出血，则应该直接按压出血部位止血，主要步骤如下。

（1）检查伤员伤口是否有异物，如有表浅小异物应将其取出。

（2）将敷料或干净的布料覆盖在伤口上，用手直接持续用力压迫止血。

（3）伤口覆盖敷料后，再用绷带或三角巾等环绕敷料加压包扎。

2. 烧烫伤

当发生员工烧伤或者烫伤事故时，可按照冲、脱、泡、盖、送五步实施急救。

（1）冲。以流动的自来水冲洗或浸泡在冷水中，直到冷却局部并减轻疼痛，或者用冷毛巾敷在伤处至少 10min。不可把冰块直接放在伤口上，以免使皮肤组织受伤。如果现场没有水，可用其他任何凉的无害的液体，如牛奶或罐装的饮料。

（2）脱。在穿着衣服被热水、热汤烫伤时，千万不要脱下衣服，而是先直接用冷水浇在衣服上降温。充分泡湿伤口后小心除去衣物，如衣服和皮肤粘在一起时，切勿撕拉，只能将未粘着的部分剪去，粘着的部分留在皮肤上等候处理，再用清洁纱布覆盖伤面，以防污染。皮肤有水疱时千万不要弄破。

（3）泡。继续浸泡于冷水中至少 30min，可减轻疼痛。但烧伤面积大或年龄较小的患者，不要浸泡太久，以免体温下降过度造成休克而延误治疗时机。但当患者意识不清或叫不醒时，就该停止浸泡赶快送医院。

（4）盖。如有无菌纱布可轻覆在伤口上；如没有，让小面积伤口暴露于空气中，大面积伤口用干净的床单、布单或纱布覆盖。不要弄破水疱。

（5）送。以最快的速度送往正规医院进行伤口处理。

3. 毒气泄漏

当员工在工作中出现急性中毒时，应该按照切断毒源、撤离现场、采取排毒措施的步骤进行急救。

（1）切断毒源。迅速关闭阀门，停止送气，抢修漏气设备。将逸散在工作现场空气中的毒物尽快通风排毒，或用风机吹散稀释或中和处理。进入毒物污染区抢修漏气设备人员必须佩戴合适的防毒面具，并穿戴防护衣服、手套、胶靴等。

（2）撤离现场。迅速将中毒人员撤离中毒现场。抢救时禁止单人作业，以确保抢救人员的安全。禁止无防护的人员进入中毒现场抢救，避免把一般中毒事故变成恶性中毒事故。

（3）采取排毒措施。将中毒人员移至空气新鲜处，松开衣扣和腰带，清除口腔异物，维持呼吸道通畅，注意保暖。中毒人员的衣物被污染时要脱掉，皮肤有污染时，要及时用清水冲洗 5~10min 以上（用温水、肥皂水冲洗效果更好）。酸、碱溅入眼内的更要长时间冲洗。

4. 触电事故

当发现员工发生触电事故时，应立即按照切断电源、检查急救的步骤进行急救。

（1）切断电源。对于普通电线，可以用木棒、竹竿等绝缘体工具将其挑开。对于断落的高压线，必须首先拉闸断电，禁止旁人接近触电者或用绝缘体挑开电线，以免发生意外。抢救者要注意自我保护，脚下垫上木板或穿上胶鞋，切不可用手拉触电者。

（2）检查急救。当伤员脱离电源后，应立即检查伤员全身情况。首先检查呼吸与心跳，发现呼吸与心跳停止时，应立即现场就地实施心肺复苏。然后检查有无外伤、灼伤，同时进行相应急救处理。

5. 心肺复苏

当发现员工倒地不起，心脏突然停止搏动时，应该及时实施心肺复苏，进行胸外按压，为医疗救治争取时间。主要步骤如下。

（1）判断意识。用双手轻拍病人双肩，问："喂！你怎么了？"观察有无反应。

（2）检查呼吸。观察病人胸部起伏 5~10s（可数 1001、1002、1003、1004、1005 代表读秒），检查有无呼吸。

（3）呼救。"来人啊！喊医生！推抢救车！除颤仪。"

（4）手按病人颈部判断是否有颈动脉搏动（喉结外 1cm 处）。

（5）松解病人的衣领及裤带。

（6）找到病人两乳头中间位置，两手掌叠放按压胸部，如图 2-15 所示，按压频率不少于 100 次/min，可持续 2min。

（7）打开气道。采用仰头抬颌法，确保口腔无分泌物，无假牙。

（8）人工呼吸。施救者深吸一大口气，迅速用力向病人口（或鼻）内吹气，照此每 5s 反复一次，直到恢复自主呼吸。

（9）判断复苏是否有效（听是否有呼吸音，同时触摸是否有颈动脉搏动）。

图 2-15 胸外按压手势

（二）应急管理

为了降低事故损失，应该在平时做好安全疏散、急救药品、应急预案等方面的安全应急管理。

1. 安全疏散

安全疏散是当发生火灾、地震、爆炸事故时，指导人员紧急疏散的设施、措施以及管理方法等。安全疏散措施主要包括以下几点。

（1）紧急疏散图。在公共通道等显眼地方张贴紧急疏散图，指导人员如何疏散。消防疏散平面图如图 2-16 所示。

（2）应急照明系统。各区域、楼层配置应急照明系统和安全疏散指示标志。

（3）紧急疏散集合点。在企业开阔地方设置紧急疏散集合点，便于疏散人员逃离事故区域时集中管理。

（4）紧急疏散演习。定期组织紧急疏散演习，增强员工安全意识和应急能力。

2. 急救药品

企业应该根据安全风险特点准备必要的应急药品，以急救药箱的形式配发到现场，由专人管理。工厂常备急救药品见表 2-4。

项目二 生产安全管理

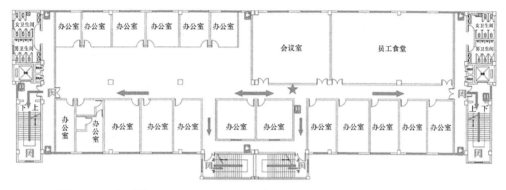

图2-16 消防疏散平面图

表2-4 工厂常备急救药品

序号	名称	用途及使用方法
1	烫伤膏	用于烧烫伤。外用,使用前需用碘伏对创面进行消毒
2	生理盐水	用来清洗伤口。需要注意的是,开封后用剩的应该扔掉,不要再放进急救箱
3	云南白药	粉状,用于表面出血。大出血时,温水服用;使用前创面先用双氧水(过氧化氢)消毒
4	医用酒精	伤口消毒或器具消毒
5	医用酒精消毒棉球	消毒。外用,适用器具及表面无破损的消毒
6	藿香正气水	解表化湿,中暑使用
7	风油精	清凉(防眩晕)、止痒。外用
8	医用纱布	外用
9	医用胶带	外用
10	一次性医用棉签	外用
11	过氧化氢溶液	清洁伤口,消毒。外用
12	碘伏	皮肤感染及消毒。外用
13	清凉油	清凉(防眩晕)、止痒。外用
14	甲紫溶液	外伤消毒。外用
15	氧氟沙星滴眼液	眼部感染。滴入眼内
16	创可贴	创口。外用
17	医用手套	包扎时使用
18	镊子	包扎时使用
19	圆头剪刀	包扎时使用

3. 应急预案

应急预案又称应急计划,是针对可能的重大事故(件)或灾害,为保证迅速、有序、有效地开展应急与救援行动、降低事故损失而预先制订的有关计划或方案。它是在辨识和评估潜在的重大危险、事故类型、发生的可能性及发生过程、事故后果及影响严重程度的基础上,对应急机构职责、人员、技术、装备、设施(备)、物资、救援行动及其指挥与协调等方面预先做出的具体安排。

应急预案明确了在突发事故发生之前、发生过程中以及刚刚结束之后,谁负责做什么,何时做,以及相应的策略和资源准备等,是及时、有序、有效地开展应急救援工作的重要保障。

根据事故影响范围的不同,应急预案分为企业预案和政府预案。企业预案又可以分为不同等级,如车间级、工厂级等;而政府预案按事故影响范围的不同,又可以分为区县级、地市级、省级、区域级和国家级。

一般企业预案是在政府预案的基础上,根据具体情况而编制。它是针对特定的具体场所(即以现场为目标)所制订的预案,通常是该类型事故风险较大的场所或重要防护区域等。常用的企业预案有以下几种。

(1)中暑事故应急预案(见【实例2】)。

(2)重伤事故应急预案。

(3)火灾事故应急预案等。

4.安全事故处理

安全事故处理包含两个方面:一是安全组织;二是事故处理流程。

安全委员会是企业安全生产的组织保障,需要建立贯彻基层到高层的安全组织体系,督导企业安全运行,快速处理安全事故。

事故处理流程包括事故急救及报告、事故调查、事故处理三个重要环节。

(1)事故急救及报告。事故发生后,事故发现人立即组织事故救援,做好事故现场保护工作,同时按照事故报告流程向领导报告事故。报告内容包括:事故发生的时间、地点以及事故现场情况;事故的简要经过;事故造成的损失;已经采取的措施;需要的支持。

各级安全委员会成员在接到报告后,必须第一时间赶赴现场,指导安全急救和善后处理。

(2)事故调查。事故应急处理完成后,还应做深入的事故调查,杜绝同类事故的再次发生。事故调查主要内容包括:查明事故发生的经过、原因、人员伤亡情况及直接经济损失;认定事故的性质和事故责任,以及处理措施;总结事故教训,提出防范和整改措施;书写事故调查报告。

(3)事故处理。事故处理的任务主要是根据事故调查的结论,对照国家有关法律、法规以及企业管理制度,对事故责任人进行处理,落实防范重复事故发生的措施,贯彻"四不放过"原则,即

- 事故原因未查清不放过。
- 责任人未受到处理不放过。
- 事故责任人和周围群众没有受到教育不放过。
- 事故制订的切实可行的整改措施未落实不放过。

联系实际

【实例2】中暑事故应急预案

当作业人员在高温(一般指室温超过35℃)环境中,或炎夏烈日暴晒下从事一定时间的劳动,且无足够的防暑降温措施,体内积蓄的热量不能向外散发,以致体温调节发生障碍,如过

多出汗,身体失去大量水分和盐分,容易引起中暑。

1. 应急救援组织

应急救援组织由应急指挥领导小组、现场处置小组、后勤保障小组构成。

应急指挥领导小组的职责如下。

(1)在发生高温中暑等威胁人身安全事件后,组长或组长委托副组长赶赴现场进行现场指挥,成立现场指挥部,批准现场救援方案,组织现场抢救。

(2)负责逐级向公司报告事故及其处理的进展情况。

(3)负责安排有关人员顶替中暑人员的工作,保障工作的连续性;组织和提供应急及善后处理工作所需的物资和车辆。

(4)应急状态消除,宣告应急行动完毕。

现场处置小组的职责:在高温中暑事件发生后,现场处置小组负责在应急指挥领导小组的带领下,赶赴事发现场,按照现场救援方案,进行现场抢救并做好善后处理工作。

后勤保障小组的职责:年初负责申报所购防暑降温用品所需的费用预算,购置防暑降温用品,定期发放防暑降温用品,同时做好防暑宣传教育工作,提高员工自我保护意识。

2. 预防措施

(1)以预防中暑事故为目标,对易发生人员中暑事故的危险作业,施工前必须制定防范措施,并应逐级进行详细的安全技术教育和交底,各方人员应给予确认。

(2)广泛宣传中暑的防止知识,使员工掌握防暑降温的基本技能。

(3)作业人员工作时应集中精力,严禁相互打闹。

(4)严格执行《中华人民共和国劳动法》的各项规定,控制加班加点,加强管理,切实做到劳逸结合。

(5)在夏季高温作业中,做好员工防暑降温工作,调整作业时间,或根据施工工艺合理调整劳动组织,缩短一次性作业时间,增加施工过程中的轮换休息。

(6)注意营养,要多准备蔬菜、水果等维生素含量较高的食品,备足备好符合卫生标准的清凉饮料(如含盐浓度0.1%~0.3%的饮料、绿豆汤、茶水等),保证员工身体健康。

(7)酷暑季节,室外作业时一定要配备解暑药物,如人丹、十滴水、清凉油或风油精等,不要长时间在太阳下曝晒,注意到阴凉处休息。

(8)根据现场施工实际情况,在工人较集中的露天作业施工现场中设置休息室,工地露天作业应有遮阳伞。

(9)凡身体条件不适合在高温下作业的人员,不得从事相关工作。所有人员在高温环境下作业前必须进行体检。

3. 预警措施

(1)及时收集气象预报信息,并及时传达给各部门、各班组及相关人员,按照早发现、早报告、早处置原则,开展好高温中暑人身伤害相关的风险分析和评价。

(2)根据中国气象局与卫生部联合发布的高温中暑气象等级预报实施方案。结合施工环境的实际情况,针对中暑事故可能造成的危害程度、紧急程度和发展态势,将预警级别由高到低分为一级预警、二级预警,见表2-5。

(3)现场工作人员在发现中暑危险或有人员中暑时,必须在第一时间以口头、电话、对讲机等方式按程序报告,有关负责人应及时通过快速手段告知相关作业人员,并组织相应的预警行动。

表 2-5 预警级别

级别	内　容
一级预警	收到高温中暑气象等级预报级别达"易发生中暑"以上（包含易发生中暑），室内气温达到37℃以上，且高温天气还有持续或加重趋势的报告为一级预警
二级预警	收到高温中暑气象等级预报级别达"可能发生中暑"以上"易发生中暑"以下，室内气温达到35℃以上37℃以下，且高温天气还有持续或加重趋势的报告为二级预警

4. 处置措施

工作过程中一旦发生中暑事故，现场负责人或应急指挥领导小组应根据现场具体情况，致电 120 急救中心，并详细报告事发地址、人员伤害情况。同时根据表 2-6 三种情形实施急救。

表 2-6 三种中暑情形的处置措施

情形	主要症状	处置措施
先兆中暑	在高温环境下出现头晕、头痛、口渴、多汗、全身疲乏、心悸、注意力不集中、动作不协调等症状，体温正常或略有升高	将患者送到通风良好的阴凉处，安静休息，擦去汗液，饮用适量的浓茶、淡盐水或含盐的清凉饮料，一般不需要特殊处理，短时间内症状即可消失，也可适当服用解暑片、人丹、十滴水等药品
轻症中暑	体温升至 38.5℃以上，有面色潮红、胸闷、皮肤灼热等现象，并伴有呼吸及循环衰竭的早期症状（面色苍白、恶心、呕吐、皮肤发冷、血压下降等）	除按照先兆中暑处理外，如有循环衰竭的，可静脉滴注 5% 葡萄糖生理盐水，补充水和盐的损失，并及时给予对症治疗
重症中暑	包括热射病、热痉挛和热衰竭三种 热射病的特点是在高温环境中突然发病，体温高达 40℃以上，疾病早期大量出汗，继之"无汗"，可伴有皮肤干热和不同程度的意识障碍等 热痉挛主要表现为明显的肌痉挛，伴有收缩痛。好发于活动较多的四肢肌肉及腹肌等，尤以腓肠肌为著，常呈对称性。时而发作，时而缓解，患者意识清，体温一般正常 热衰竭起病迅速，主要表现为头昏、头痛、多汗、口渴、恶心、呕吐，继而皮肤湿冷、血压下降、心律失常、轻度脱水，体温稍高或正常	将中暑者抬至阴凉、通风场所平躺休息的同时，应采取迅速、快捷的方式向项目部应急指挥领导小组报告（通信条件允许时应立即拨打 120 急救电话），同时在场人员应根据实际情况采取可能的措施以防事故扩大

5. 应急物资保障

后勤保障小组定期根据需要准备应急救援设备、耗材，并妥善保管。中暑事故常用应急救援设备、耗材如下。

（1）医疗器材：担架、氧气袋、小药箱等。

（2）抢救工具：工程施工常用工具(安全带、安全绳等)以及机械设备（起重机械、挖掘机、装载机等）。

（3）通信器材：手机、对讲机等。

（4）照明器材：手电筒、应急灯、灯具等。

（5）交通工具：工地常备值班救护急用车辆。

（6）解暑用品：清凉饮料（如解暑凉茶、海带绿豆汤等）、防暑降温药品（如人丹、解暑片、十滴水等应急药物）。

6. 中暑事故安全演习

应急指挥领导小组每年组织一次中暑事故安全演习，锻炼应急救援队伍，提高中暑防范意识和水平。

【实例3】冲压车间危险源辨识、风险评价及控制

冲压车间危险源辨识、风险评价及控制表示例，见表2-7。

表2-7 危险源辨识、风险评价及控制表示例

部门：　　　　　　岗位：生产现场　　　　　　编号：011

序号	作业活动	原因分类							危险源	可能导致的危险事件	风险评价				风险等级	是否存在重要、重大风险	控制措施	备注
		事故	设备	物料	环境	相关方	操作	运输	其他			L	E	C	D			
1	加工产品				√					物料未按规定区域定置摆放	封堵安全通道	6	6	1	36	2	否	1.物料按区域定置要求摆放 2.不定期检查生产现场并督促整改	
2					√					安全通道有油渍，未及时清理	滑倒摔伤	6	6	1	36	2	否	及时清理通道上油渍，保持干净整洁	
3					√		√			地面不平整	摔伤	3	6	1	18	1	否	及时将不平整地面修复平整	
4					√		√			气管线路凌乱	绊倒摔伤	3	6	1	18	1	否	及时整改凌乱线路	
5					√		√			车间天顶下雨天漏水、部分漏水部位经过照明线路	线路短路	3	6	1	18	1	否	及时修补漏水部位，不定期巡查	

说明：1."原因分类"在相应项目下打"√"；2."风险评价"$D=L\times E\times C$；3.属重要、重大风险的，"控制措施"填写（重要、重大风险及控制一览表）措施；4."编号"由部门编写

编制：　　　　　　　　　　　　日期：　　　　　　　　　　　　审核：

员工培训记录：

【实例4】检修车间触电事故报告

检修车间触电事故报告见表2-8。

表2-8 检修车间触电事故报告

安全事故基本情况			
事故名称：检修车间触电事故		事故编号：	
事故描述：电焊工李某把电焊机打开，将电焊机包缆搭在肩上，上脚手架准备焊设备挡板时，不慎身体接触设备，发生触电。被在现场的另一名钳工张某发现并立即将电线拔离后，李某又从2.8m高的脚手架上滑落到地面，造成二次事故。李某经抢救无效死亡			
事故地点：检修车间			
事故时间：2018年8月21日 14：23			
事故类型：□险肇事故　　　□急救事故　　　□可记录事故 　　　　　□损失工作日事故　☑重特大事故			
责任单位：检修车间			
当事人：李某		☑员工　　　□非员工	
事故发生经过			
发生前：李某接受车间安排安装造气旷炉烟囱除尘器 发生时：焊接设备挡板时接触漏电设备 发生后：张某紧急拔离电线，并报110抢救			
事故分析			
1）作业前没有对电焊设备进行全面安全检查，未发现电焊机电缆连接处存在裸露现象 2）到达施焊作业现场前将电焊机开启，将焊把线裸露处搭在肩上上脚手架 3）检修车间对职工安全教育不够，没有安全人员现场进行安全确认			现场照片 （无）
应急处理措施			
措施			实施人
妥善处理李某触电身亡善后			邓某
更换裸露的连接线			王某
长期对策			
项目	责任人	完成时间	确认
组织一次全面安全隐患排查			
在公司开展李某事故警示会			
修改安全制度，并开展培训			
报 送 发			
编制	审核		批准

开始行动

【实战2】机械企业安全道场体验

1. 实训目标

（1）能力：通过体验式学习，掌握机械企业安全生产中安全预防、安全防护、安全控制和应急处置的典型技能。

（2）知识：理解危险源、能量锁定、安全风险等级、应急预案等重要安全概念。

（3）素质：让学生在真实安全作业隐患与事故中掌握生产安全管理方法，树立"生命至上、安全第一、预防为主"的安全理念。

2. 实训情境：安全道场

安全道场是以机械企业中安全生产中安全预防、安全防护、安全控制和应急处置四个管理层次为主线构建的典型场景，由学生分组参与实训和体验，每个实训项目均包含实训要点讲解、分组实训任务、事故还原、编制事故分析报告等环节。

安全道场由四个实训区域构成，场景设计200~300m²，各区域功能如图2-17所示。

❶安全预防实训区　❷安全防护实训区
❸安全控制实训区　❹应急处置实训区

图2-17　某机械企业安全道场三维效果

（1）安全预防实训区。用于安全理念教育、安全体系认知及安全预防手段学习。

（2）安全防护实训区。用于机械企业常用安全防护应用体验。

（3）安全控制实训区。用于车间生产、物流及维修等安全生产过程中进行安全控制手段应用与体验。

（4）应急处置实训区。用于事故发生后应急技能培训。

3. 实训流程

本实训分为机械企业安全认知和安全事故模拟两个环节。首先组织学生进入安全道场，在老师的指导下学生自主学习现场典型安全情境及相关安全知识。然后模拟"吊运作业安全事故"场景，针对事故场景，现场进行事故还原、分析安全事故原因，最后完成安全事故报告。

图2-18为学生在安全道场中进行触电作业安全体验。

实训过程包含五个实训任务，设计课时80min（不含自主学习部分），具体流程见表2-9。

图2-18　触电作业安全体验

表 2-9　安全道场实训流程

序号	实训任务	实训要点	课时/min
1	事故案例介绍	1）教师先对学生自主学习情况进行分析，难点问题进行解析 2）教师对某车间吊运作业安全事故案例进行讲解	10
2	实训准备	1）把学生分成 10~11 人组成的小组；教师选出班组长后，各小组自行分配其他角色 2）教师按照事故还原体验说明书布置任务 3）各小组到实训现场熟悉环境、设备、路线，检查实训设备及用品是否齐全	10
3	事故还原体验	1）教师吹口哨表示体验开始和结束 2）各组学生按照《事故还原体验说明书》（见表 2-10）的要求逐一开展班前会、员工操作、出现事故、应急处置等各体验环节 3）观察员如实记录问题和打分	25
4	事故分析与总结	1）各小组编写《安全事故报告》（见实例 4） 2）教师针对吊运作业组织学生进行危险危害源辨识 3）老师组织安全事故分析及研讨 4）启发学生深刻反思，安排课后完成"安全在我心中"为主题的心得体会 5）老师引导学生理解本次事故是如何发生的	15
5	理论提升总结	1）事故是如何发生的 2）如何预防、如何防护、如何控制、如何处置安全事故	20

表 2-10　事故还原体验说明书

序号	任务内容	任务要点	人员	备注
1	班前会	1）教师吹口哨开始计时 2）班组长到吊运作业实训区指定位置，组织操作员、安全员、观察员开会，布置各成员工作 3）利用吊运作业知识看板，学习和强调安全操作要点 4）消防员到微型消防站做好设备检查和准备 5）观察员注意安全宣讲是否到位	班组长	班组长站在大脚丫位置，其他成员按标志线排队
2	正确操作	1）操作员按照规范做好安全个人防护，佩戴安全帽和安全手套 2）安全员在施工区域周围做好隔离防护栏或禁止进入标志 3）操作员按照安全操作规程要求，一人操作一人导引，把模拟重物从 1 号位置吊运到 2 号位置 4）观察员注意观察操作是否规范和防控是否正确	操作员 安全员	
3	发生安全事故	1）操作员按照规范做好安全个人防护，佩戴安全帽和安全手套 2）安全员在施工区域周围做好隔离防护栏或禁止进入标志 3）操作员中一人在工作区域打开模拟明火装置取暖 4）另外一名操作员在无导引情况下，斜拉歪吊起模拟重物，重物坠落倾倒，与明火接触引发火灾 5）安全员发现火灾险情，立刻采取措施灭火，同时呼叫消防人员到场 6）观察员注意观察是否按应急流程处理	操作员 安全员	教师从火险出现开始 10 分钟倒计时，时间归零吹哨子结束任务，未完成的也要停止

（续）

序号	任务内容	任务要点	人员	备注
4	紧急疏散	1）班组长、操作员配合消防员，实施火灾现场物资抢救 2）班组长、安全员协同组织现场人员有序撤离至安全区域 3）观察员注意观察是否按应急流程处理	消防员班组长 安全员	教师从火险出现开始10分钟倒计时，时间归零吹哨子结束任务，未完成的也要停止。
5	模拟灭火	1）消防员使用模拟灭火器灭火 2）观察员注意观察操作是否规范和防控是否正确	消防员	

【实战3】旅游安全主题馆体验

1. 实训目标

（1）能力：通过体验式学习，掌握旅游过程中对于食宿安全、交通安全、景区安全以及应急逃生等方面的相关典型技能。

（2）知识：认识食品卫生、住宿防火防盗、交通规则、景区管理规定、紧急疏散等重要旅游安全知识。

（3）素质：让学生在旅游情境中掌握基本安全知识和技能，树立"遵守规则、敬畏自然、生命至上"的安全理念。

图2-19所示为学生在开展心肺复苏技能训练场景。

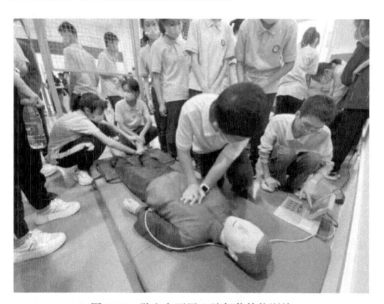

图2-19 学生在开展心肺复苏技能训练

2. 实训情境：旅游安全主题馆

旅游安全主题馆是以"遵守规则、敬畏自然、生命至上"为主题构建的典型场景，由学生分组参与实训和体验，每个实训项目均包含实训要点讲解、分组实训任务、体验分享、效果评估等环节。

旅游安全主题馆由三个实训区域构成，场景设计150~200m^2，如图2-20所示。

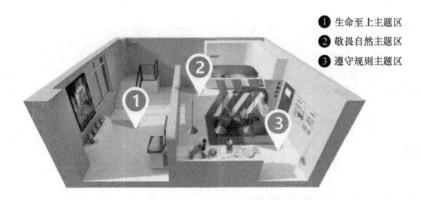

图 2-20 旅游安全主题馆三维效果

❶ 生命至上主题区
❷ 敬畏自然主题区
❸ 遵守规则主题区

（1）"生命至上"主题区。用于生命教育和急救技能培训，如旅游过程中发生火灾、遇险逃生、生命急救、身体自测等安全技能培训。

（2）"敬畏自然"主题区。用于旅游中涉及的各类自然环境、恶劣天气应对等知识技能培训，培养学生敬畏自然的理念。

（3）"遵守规则"主题区。用于旅游过程中食品、住宿和交通安全培训，培养学生遵守规则的意识。

3. 实训流程

本实训分为旅游安全主题馆体验和食品安全倡议两部分。首先在老师的指导下学生自主体验旅游安全主题情境及相关安全知识；然后以"安全食品识别"为例，分组研讨食品安全问题、识别食品安全风险，最终编写《食品安全倡议书》（见图 2-21）。

实训过程包含五个实训任务，设计课时 40min（不含自主体验部分），具体流程见表 2-11。

表 2-11 安全食品识别实训流程

序号	实训任务	实训要点	课时/min
1	实训准备	1）教师先对学生自主学习情况进行分析，难点问题进行解析 2）教师简要介绍实训台上的食品类别、名称等信息，强调安全注意事项	5
2	分组实施任务	1）把学生分成 10 人小组 2）各小组按实训任务清单要求，结合实训场景进行对比、识别和记录	10
3	小组研讨	各小组研讨过期临期食品如何识别，易中毒食物、易过敏食物如何识别，发生食物中毒的主要表现及应急措施等，如何避免旅游过程中发生食物中毒情况	10
4	成果分享	1）各小组编写《食品安全倡议书》并分享 2）教师点评	10
5	实训总结	1）旅游中食品安全的重要性 2）会识别、懂拒绝、保安全	5

食品安全倡议书

各位_____：

　　为了_____（简述食品安全的重要性）_____，根据_____（引用食品安全相关法律法规）_____要求，我们代表_____（所在组织或单位）_____向_____（面向社群范围）_____提出以下食品安全倡议：

一、（遵守法规方面，约30字）

二、（树立意识方面，约30字）

三、（养成习惯方面，约30字）

四、（养成习惯方面，约30字）

五、（养成习惯方面，约30字）

六、（养成习惯方面，约30字）

七、（养成习惯方面，约30字）

八、（主动监督方面，约30字）

九、（培训宣贯方面，约30字）

十、（健康消费理念方面，约30字）

最后，_____（一句话总结和呼吁）_____。

小组名称：　　　　日期：　　　　作业得分：

图 2-21　食品安全倡议书

项目三
5S 管 理

项目三 5S 管理

思维导图

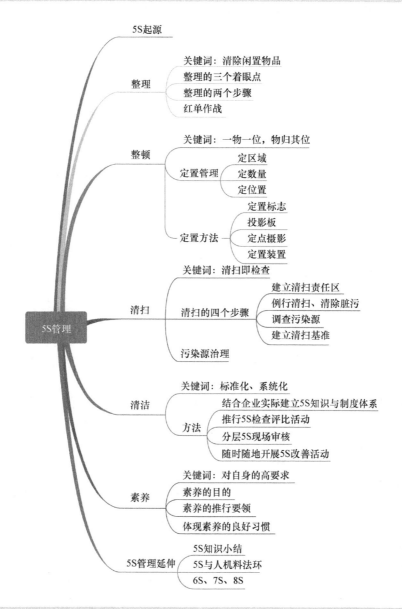

学习目标

1. 理解 5S 管理的内涵与效用。
2. 掌握 5 个 S 的操作步骤和常用方法。
3. 能够结合实例，运用 5S 管理方法进行现场优化。
4. 促进养成坚持不懈、持之以恒的职业精神。

水平检测

1. 5S 是指（　　）。<单选>

A. 仁、义、礼、智、信
B. Safety·Sales·Standardization·Satisfaction·Saving
C. 整理、整顿、清扫、清洁、素养
D. 舍、少、适、省、慎

2. 5S 管理有助于（　　）。<单选>
A. 促进视觉快速感知生产现场活动
B. 维护良好的工作场地环境
C. 快速应对生产设备突发故障
D. 提高跟踪追溯产品的效率

3. 5S 源于（　　）。<单选>
A. 20 世纪 50 年代日本
B. 20 世纪 60 年代美国
C. 20 世纪 80 年代中国
D. 20 世纪 40 年代英国

4. 生活中，你总是（　　）。<多选>
A. 及时处理过期的药品、食品、用品
B. 分门别类折叠摆放好洗净的衣服、裤子、袜子
C. 定期扫地、拖地、擦桌椅，维护居住环境
D. 以上都不是

现象评析

新家厨房终于装修好了，如图 3-1 所示。你到超市购买了锅碗瓢盆等厨房用品，憧憬着今后可以每天制作自己心仪的美食。现在，你需要将购买的厨房用品放到合适的位置，以方便使用和使厨房整洁。

请微信扫描图 3-2 所示的二维码，进入"路创厨房 5S"小程序完成厨房整理、整顿过程。

图 3-1　新家厨房

图 3-2　厨房 5S 游戏体验

请根据你的练习，并结合生活实践，思考一下怎样的工作环境管理，才是科学有效的，并写在下列方框中。

知识链接

二战以后，日本的制造业管理水平低，导致生产现场人员的安全得不到保障，产品质量、生产效率都无法满足客户需求，为了改善这些问题，日本的制造企业在现场提出"整理""整顿""清扫"的概念。这就是 3S 管理。在这个时期，3S 管理基本解决以上问题。20 世纪 80 年代中期，日本的制造商品因物美价廉开始在美国流行，美国人开始研究 3S 管理对企业现场水平提升的作用，并结合美国制造的特点，加入了第四个 S "标准化"，也就是"清洁"。20 世纪 80 年代后期，中国台湾经济腾飞，企业开始深入研究现场管理，从管理人的角度出发，提出了第五个 S "素养"的概念。随着美国麻省理工学院对丰田生产模式的研究，逐步形成系统的精益生产理论，赋予"素养"新的含义，融入持续改善的理念。5S 管理作为精益生产的重要组成部分，开始在全球流行。

5S 的目的就是为员工创造一个干净、整洁、舒适、安全的工作场所和空间环境。

一、整理

整理就是"区分要和不要"，即把工作场地内必需的物品与非必需的物品分开，工作场地只留下必需的物品，非必需的物品清理出去。无论是工作还是生活中，人们很容易对周围的事物习以为常，且视而不见，这就是为什么工作场所以及家中堆积的物品会越来越多的原因。要注意清除物品不是一扔了之，而是有目的地对物品分类筛选。对所在工作场所全面检查，包括看得见的和看不见的。清除不需要的物品时要反省这些物品产生的根源。

工作场所存放不需要的物品会产生各种各样的浪费。

（1）场地浪费。

（2）多余的架子和箱子造成浪费。

（3）过时的零件、产品、工具造成的浪费。

（4）不适当的存储位置导致过度运输造成的浪费。

（5）管理不需要的物品造成的浪费。

（6）过多库存管理造成的浪费。

（7）过多的移动、人机工程压力和安全事故造成的浪费。

（8）用了过期的零部件导致质量不合格，造成返修或丢弃的浪费。

（一）整理的三个着眼点

在工作场所，工具、仓储、设备这三个方面是最容易产生混乱的。在整理环节，要特别引起注意，整理的三个着眼点内容见表 3-1。

表 3-1 整理的三个着眼点内容

工具	仓储	设备
工作所用的工具合适吗 有不再可用的工具吗 所用工具中有缺陷或磨损吗 所用的工具过多吗 是否有不精确的工具或测量仪	现有材料与工艺无关吗 库存或在加工的部件是否过多 场地中空容器是否过多 材料是否遮住了设备、工具或工作场所 材料有缺陷吗	所有设备都是操作所需的吗 设备是否过多 工地上的所有桌椅都是必需的吗 所有设备是否都处于最精益的位置

（二）整理的两个步骤

第一步是明确区分标准。以使用频率为依据，现场只摆放工作必要的，使用频率高的物品。常见的不需要的物品有以下几种。

（1）地板上的废纸、灰尘、杂物、烟蒂、油污，不再使用的设备、工夹具、模具，不再使用的办公用品、垃圾桶、破垫板、纸箱、抹布、呆滞物料或过期样品等。

（2）悬挂着的工作台上过期的作业指导书，不再使用的配线、配管，不再使用的老吊扇，不堪使用的手工夹具，更改前的部门牌等。

（3）桌子上或橱柜中破旧的书籍、报纸，破椅垫，过时的报表、账本，损耗的工具、余料、样品等。

（4）墙壁上的蜘蛛网，过期的海报，无用的意见箱、卡片箱、挂架，过时的月历、标语，损坏的时钟等。

第二步是实施区分。

（1）按照区分标准，对非必需品张贴红单。
（2）设立"免责品"区，集中堆放"非必需品"。
（3）建立"非必需品"统计清单，以指导后续处置和备查。
（4）与相关部门共同对"非必需品"进行处理。

（三）红单作战

红单作战是开展整理工作的常用方法。红单作战即用贴红单的方法，直观开展整理工作。红单作战要避免诸如"上次用过，也许下次还用得着""有了它会比较方便，还是暂时留着吧""万一有故障就麻烦了，还是放着吧""虽然是没用的东西，但是如果扔掉，哪天再需要就麻烦了，还是放着吧"等的一些想法。要牢记，现场就是用来工作的场所，只能放置现在用得到的"必需品"。

红单作战通常以小组活动方式开展。首先，每个小组成员根据整理标准判断现场物品是否属于非必需品，对判定为非必需的物品贴上红单（如果有些犹豫，也请先贴上红单）。

现场粘贴红单活动完成后，小组成员共同对红单进行评审，确认为非必需的物品即放入临时设置的免责区。接下来统计非必需物品，制定处置措施，专人负责实施。

最后是分类处理。将无用、变质、报废等物品及时清理出现场；如因布局改变而临时存放的其他产线在制品，经过安全质量相关评估后，可临时放置在现场暂放区；不能马上处理，需要后续相关人员跟进的物品，挂红牌处理。红单使必需品和非必需品一目了然，提高了每个员工的自觉性和改进意识。红单样式如图 3-3 所示。

红单	
红单编号	记录人
问题描述	
评审结果	评审时间
备注：该问题处理完成后，由区域负责人统一揭掉和登记。	

图 3-3　红单样式

二、整顿

整顿即"一物一位,物归其位",是指将需要的物品指定存放位置,并以简单的方式将其管理起来。整顿的目的是便于工作使用,减少工作差错,消除"寻找"的浪费,让工作场所整洁明了。

在整顿时,应杜绝下列浪费现象。

(1)耗时寻找物品的浪费。

(2)因缺少物品而停工的浪费。

(3)过量购买的浪费。

(4)推迟交货的浪费。

(5)走动过多的浪费。

(6)因错误使用工具造成质量问题的浪费。

(一)定置管理

定置管理即对物的特定的管理,是实行整顿的重要方法。通过定置管理,可以促进人与物的有效结合,使生产中需要的东西随手可得,向时间要效益,从而实现生产现场管理规范化与科学化。定置管理包含定区域、定数量、定位置三定,也称三定管理。

1. 定区域

对产品堆放区可具体划分为合格品区、不合格品区、待检区等,根据使用频率确定不同的存放区域。以下为定区域的参考标准。

(1)作业工位:最常用的物品离操作者最近(当然必须考虑是否安全舒适)。

(2)生产现场:常用物品应易于取用。

(3)车间区域:罕见物品离操作者最远。

(4)仓储区域:极少使用的应保存起来。

为规范区域定置,通常绘制区域定置图以便于科学规范空间,指导作业、物流,以及管理等。图3-4所示为定置图的平面示例图。

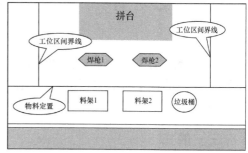

图 3-4 定置图的平面示例图

2. 定数量

对各区域堆放物品、设备、工具的数量加以限制。

3. 定位置

规定物品堆放、工具放置、通道、班组(个人)工作场地位置。

(二)定置方法

定置主要有定置标志、投影板、定点摄影、定置装置等方法。

(1)定置标志:用画线的方法,设定位置边界,达到固定物品摆放位置的目的。图3-5所示为定置标志示例。

(2)投影板:按照物品摆放形状,制作投影区域(为便于固定,有些投影区域适当制作凹坑),达到固定物品摆放位置的目的。图3-6所示为投影板示例。

图 3-5 定置标志示例

图 3-6 投影板示例

（3）定点摄影：在整理活动中使用同一相机，对于改善前后的工作场所或设备状态在同一位置向同一方向摄影，以便明显看出改善前后的状态变化。图 3-7 所示为定点摄影示例。

图 3-7 定点摄影示例

（4）定置装置：设计专门的定置装置，实现固定物品的方法。图 3-8 所示为定置装置实物示例。

三、清扫

清扫即检查，是指清扫工作场所的机器、工具、地面、墙壁等，并检查是否有异常。清扫的目的有以下几个。

（1）清除垃圾，保持整洁。
（2）清除脏污，美化环境。
（3）稳定品质，减少工业伤害。

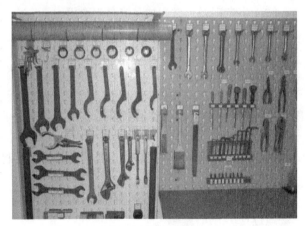

图 3-8 定置装置实物示例

关于清扫，要注意三个原则：第一，清扫必须天天进行；第二，只由本区域的员工进行；第三，不留一粒尘埃（白手套工程）。

生产工人使用的设备、仪器、仪表、工具、器皿等，都要自己清扫，而不是依靠他人，也不能增加专门的清扫工。

在清扫以上物品时，要着眼于设备和仪器、仪表等物的维护保养。例如设备，要及时添加润滑油，严防灰尘和其他杂物进入设备。同时应该理解，清扫也是保养，清扫也是为了改善。

因此当操作工人清扫地面时，如发现油、水泄漏或地面有其他无用杂物时，要查明原因并采取措施加以改进。

（一）清扫的四个步骤

（1）建立清扫责任区（室内、室外）。将工作场所划分成若干责任区，确定责任人维护区域。

（2）例行清扫、清除脏污。对责任区制定5S日常维护标准，由责任人定期开展清扫、清洁。

（3）调查污染源，予以杜绝或隔离。如出现污染源，除了进行清扫、清洁，还应调查污染源，并采取措施杜绝再次发生。

（4）建立清扫基准，作为作业规范。将已经取得的5S成果纳入5S管理标准，巩固5S改善成果。清扫基准示例见表3-2。

表3-2 清扫基准示例

分类	清扫部位	清扫要点	清扫周期
空调	出风口、入风口、外表面、顶部、易积尘部位及周边环境	明确设备管理部门及责任人（设备上标明） 清除设备上灰尘、污垢	1次/周
电脑	主机、显示器、保护屏、易积尘部位及周边环境	清除不必要的标示 注意设备背面及不打开的部位	1次/周
复印机	外表面、易积尘部位及周边环境	下班后检查设备开关是否关闭	1次/周

（二）污染源治理

污染源治理是清扫工作的难点。

理想的办法是从技术层面入手消除污染源，改善生产设备，修理损坏部分，省略产生脏污的工序等。例如，设计免用油路设备，可去掉油污，更新密封圈可杜绝油污的渗漏。

在无法杜绝污染发生时，应于污染产生后进行有效的收集。收集起来的污染物定期清理。如机床的切削废弃物，就可以用收集的办法。

当收集的方法不便实施时，也可采用隔离的办法，隔离区内的污染物必须及时清理。如焊接产生的飞溅，就需要用隔离的办法，并定期清理焊渣。

四、清洁

清洁就是维持，即建立机制巩固整理、整顿、清扫的成果，经常保持环境外在美观的状态。清洁的目的：清净环境，形成规范；贯彻到底，形成制度；创造明朗现场，维持之前3S成果。

清洁是"5S"活动中重要的一环，它能保持通过整理、整顿、清扫所创造的优良环境。对于大多数工作场地，做好一次现场改善是容易的，但要每天持续不断地做改善则完全是两码事。因此必须使工作场所管理任务标准化，并促进工作场所管理。

保持清洁的主要手法有以下四点。

（1）结合企业实际建立5S知识与制度体系。可以结合企业生产特点和典型应用场景，借鉴同行的经验，在实践的基础上，编制5S培训课件、5S应用手册以及相关的管理制度等，让5S工作成为企业标准化的管理行为。

（2）推行5S检查评比活动。制定5S检查评比标准，并定期开展检查评比活动。一方面督导5S活动持续有效运行，一方面激励公司各部门参与，提高5S活动的主动积极性。生产现场5S检查评比标准范例见表3-3。

表 3-3　生产现场 5S 检查评比标准范例

项目	检查内容	配分	得分	缺点事项
一、整理 (20)	1. 是否定期实施红单作战（清除不必要品）	5		
	2. 有无不用或不急用的夹治具、工具	4		
	3. 有无剩料等近期不用的物品	4		
	4. 有无"不必要的隔间"影响现场视野	4		
	5. 作业场所是否有明确的区别标志	3		
二、整顿 (25)	1. 仓库、储料室是否有规定	4		
	2. 料架是否定位化	4		
	3. 工具是否易于取用，不用找寻	5		
	4. 工具是否有颜色区分	4		
	5. 材料有无配置放置区，并加以管理	5		
	6. 废弃品或不良品放置是否有规定，并加以管理	3		
三、清扫 (15)	1. 作业现场是否杂乱	3		
	2. 作业台是否杂乱	3		
	3. 产品、设备有无脏污，附着灰尘	3		
	4. 配置区划分线是否明确	3		
	5. 作业段落或下班前有无清扫	3		
四、清洁 (15)	1. 3S 是否规范化	5		
	2. 机械设备是否定期点检	2		
	3. 是否遵照规定穿着服装	3		
	4. 工作场所有无放置私人物品	3		
	5. 吸烟场所有无规定，并被遵守	2		
五、素养 (25)	1. 有无日程管理表	5		
	2. 需要的护具有无使用	4		
	3. 有无遵照标准作业	5		
	4. 有无异常发生时的对应措施	3		
	5. 晨操是否积极参加	3		
	6. 是否遵守开始、停止的规定	5		
合计		100		

（3）分层 5S 现场审核。分层现场审核是厂长、车间主任、工段长、工程师、班组长等各层管理与技术人员定期深入现场，按照审计清单检查现场安全、质量、人员状况，掌握第一手资料，提高现场管理关注度和服务水平。可以 5S 为主题，建立分层现场审核的机制，推动各级管理人员参与现场 5S。分层 5S 现场审核内容如图 3-9 所示。

（4）随时随地开展 5S 改善活动。鼓励员工结合自身岗位提出 5S 改善提案，根据工作需要对现场 5S 持续优化，标杆比较，不断提高 5S 标准。

图 3-9　分层 5S 现场审核内容

五、素养

素养就是习惯，是通过前阶段 4S 的活动，让员工自觉遵守规章制度，养成良好的工作习惯，成为有自律的员工。

素养的目的有以下几点。

（1）注重礼仪，提高素质。

（2）养成习惯，坚持执行。

（3）提升个人素质，养成工作认真规范的习惯。

（4）成就一流企业。

素养的推行要领有以下几点。

（1）制定服装、臂章、工作帽等识别标准。

（2）制定公司有关规则、规定。

（3）制定礼仪守则。

（4）教育培训。

（5）推动各种激励活动。

（6）遵守规章制度。

（7）推行打招呼、讲礼貌活动。

体现素养的良好习惯有以下几点。

（1）将工具归还到投影板上。

（2）走向工作场所途中拾起所遇垃圾。

（3）遵循所在区域设立的标准。

（4）准时上班。

（5）遵守标准。

（6）遵守公司政策。

（7）有礼貌，在可能时帮助他人。

（8）根据公司着装条例进行穿戴。

（9）仅在指定区域吸烟。

员工素养的养成是一个持之以恒的过程，要想取得成功，就要坚持不懈。坚持是唯一的途径，妄想不劳而获、一蹴而就的成功是不可能的。

持之以恒不容易，贵在坚持出成绩

5S 是什么？大家肯定都知道"整理，整顿，清扫，清洁，素养"。看字面都知道是什么意思，"知易行难"这是我们 5S 培训经常讲的四个字。难在哪里呢？难在持之以恒，难在坚持。5S 最终的目的是"提升品质，降低成本"。

"每个人所做的工作，都是由一件一件的小事构成的。所有的成功者，他们与我们同样做着简单的小事，唯一的区别就是，他们从不认为他们所做的事是简单的事"。这是之前我看的一本书上写的一段话，给我留下很深刻的印象。看着平平淡淡的一句话，却是意味深长，我们的生活都是由一件件微不足道的小事所构成的。

> 我们在车间工作时,用完的工具随手放边上,在我们自己看来就是一件小事。这种小事多了就把现场变成脏、乱、多,等再去找要用的工具,现场东西就会太多、太乱,从而耽误我们的生产,而且会对产品质量造成影响。特别是食品行业,对环境、卫生要求更加严格。
> 经过我们不断地对现场持续改善,现在我们的车间一眼望去干净整洁,所有的物品在规定的区域内。客户进车间参观,给他们的第一印象就是车间内的人在有条不紊地生产产品,设备一尘不染,地面明亮,物品整洁有序。生产出来的产品在质量上肯定是"杠杠的"。员工进到车间也会感觉心情愉快。这就是我们每天在做5S的效果显现。
> 人的习惯都是培养出来的,我们每天要求一点,做到一点,慢慢地就成为了习惯,到了那时候我们人人都是"5S"。正所谓"不积跬步,无以至千里。不积小流,无以成江海"。

六、5S 管理延伸

(一) 5S 知识小结

5S 的整理、整顿、清扫、清洁、素养五个步骤,其管理对象和内涵可以归纳为表3-4。

表3-4 5S管理对象和内涵

5S	对象	要领	目的	实施检查方法
整理	物品 空间	区分要与不要的东西 丢弃或处理不要的东西 管理要的东西	有效利用空间 消除死角	分类 红单作战 定点照相
整顿	时间 空间	物有定位 空间标志 易于归位	缩短换线时间 提高工作效率	定点、定容、定量 看板管理 目标管理
清扫	设备 空间	扫除异常现象 实施设备自主保养	维持责任区的整洁 降低设备故障率	责任区域 定检管理
清洁	环境	永远保持前3S的结果	提高产品品位 提升公司形象	美化作战 三要(要常用、要干净、要整齐)
素养	人员	养成员工守纪律、守标准的习惯	消除不良习惯 员工自主管理 品格高尚	礼仪活动 5S实施展览 5S表扬大会

(二) 5S 与人机料法环

人机料法环是全面质量管理理论中,影响产品质量的五个主要因素的简称,指人员、机器、材料、方法、环境。5S管理中,前3S侧重对机器、材料、环境等物的管理,4S侧重标准、制度建设,5S侧重人员习惯的养成。班组长需要从人机料法环这五个方面管理生产现场,在具体管理中5S管理就和人机料法环产生"共鸣",5S与人机料法环的结合如图3-10所示。

(三) 6S、7S、8S

近年来,随着人们对这一活动认识的不断深入,有人又添加了"安全(Safety)、节约(Save)、学习(Study)"等内容,分别称为6S、7S、8S。也有人把"服务(Service)"记为8S,但无论怎么变,核心还是"5S"。

项目三 5S 管理

图 3-10 5S 与人机料法环

安全,主要是企业的安全生产,具体包括:安全生产有关法律法规;安全生产规章制度和操作规程;安全生产教育学习培训;安全设施三同时(同时设计、同时施工、同时投入生产和使用)和完善。另外还有消防安全、治安安全等方面。

节约,包括生产和日常节约。生产节约包括生产的各个环节节约,日常节约则是衣食住行用的相关节约。

学习,指员工要学习新技能、新知识,使员工的素质符合公司发展的要求。

联系实际

【实例 5】家电企业 5S 应用

广东有一家著名家电集团(以下简称 A 集团),为了进一步夯实内部管理基础、提升人员素养、塑造卓越企业形象,希望借助专业顾问公司全面提升现场管理水平。

顾问公司通过现场诊断发现,A 集团经过多年的现场管理提升,管理基础扎实,某些项目(如质量方面)处于国内领先地位。现场问题主要体现为三点。

(1)工艺技术方面较为薄弱。现场是传统的大批量生产流水线,工序间存在严重的不平衡,现场堆积了大量半成品,生产效率与国际一流企业相比,存在较大差距。

(2)细节的忽略。在现场随处可以见到物料、工具、车辆搁置,手套、零件在地面随处可见,员工熟视无睹。

(3)团队精神和跨部门协作的缺失。部门之间的工作存在大量的互相推诿、扯皮现象,工作缺乏主动性,而是被动地"等、靠、要"。

针对以上问题,顾问公司向 A 集团提出了下列整改思路。

(1)将 5S 与现场效率改善结合,推行效率浪费消除活动和建立自动供料系统,彻底解决生产现场拥挤混乱和效率低的问题。

(2)推行全员的 5S 培训,结合现场指导和督察考核,从根本上杜绝随手、随心、随意的不良习惯。

(3)成立跨部门的专案小组,对现存的跨部门问题进行登录并专项解决;在解决的过程中梳理矛盾关系,确定新的流程,防止问题重复发生。

根据这三大思路,A 集团从人员意识着手,在全集团内大范围开展培训,结合各种宣传活动,营造了良好的 5S 氛围;然后从每一扇门、每一扇窗、每一个工具柜、每一个抽屉开始指导,逐步由里到外、由上到下、由易到难。

经过一年多的全员努力,5S 终于在 A 集团每个员工心里生根、发芽,现场的脏乱差现象得到了彻底的改观,营造了一个明朗温馨、井然有序的生产环境,增强了全体员工的向心力和归属感。员工从不理解到理解，从要我做到我要做，逐步养成了事事有讲究的良好习惯。

在一年多的推进工作中，从员工到管理人员都得到了严格的考验和锻炼，造就了一批能独立思考、能从全局着眼、具体着手的改善型人才，从而满足企业进一步发展的需求。配合A集团的企业愿景，夯实了基础，提高了现场管理水平，塑造了公司良好社会形象，最终达到提升人员品质的目的。

开始行动

【实战4】红单作战

1. 实训目标

（1）能力：应用红单作战方法开展现场5S改善活动。

（2）知识：结合现场理解5S与目视管理的基本概念；掌握整理、整顿、清扫、清洁等的现场应用。

（3）素质：培育学习、生活、工作的5S管理习惯。

2. 实训场景

本实训无须专门创设实训场景，可以从学校（企业）选择一个现实的场景进行，如生产实训基地/生产现场、办公场所、公共场所、宿舍、食堂。

3. 实训流程

本实训选择5S中常用的红单作战活动，以实战的方式完成实训。一方面提升实训区域的5S水平，一方面真实体验5S方法。图3-11为某企业员工开展红单作战的情景现场。

图3-11 红单作战现场

实训过程包含六个实训任务，设计课时80min，具体流程见表3-5。

表3-5 红单作战实训流程

序号	实训任务	实训要点	课时/min
1	实训准备	1）将全班同学分成8~10人一组 2）设置免责区，临时存放非必需物品 3）小组讨论学习5S整理材料	10
2	现场观察	1）小组选出一名记录员 2）现场识别5S与目视管理应用	10
3	红单作战	1）根据整理基准书对非必需品贴红单 2）小组确认并将非必需品放入免责区	20
4	非必需品处置	1）统计非必需品并讨论确定处置措施 2）处置非必需品 3）撤销免责区	10
5	5S定置	1）讨论确定5S定置清单 2）分组开展5S定置活动 3）5S定置检查评比	15
6	实训总结	1）各小组总结 2）老师点评	15

项目四
目视管理

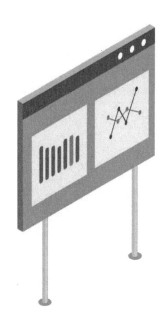

思维导图

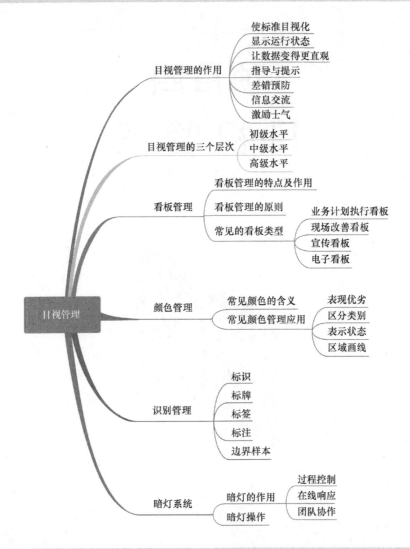

学习目标

1. 理解目视管理的概念、作用及主要方法。
2. 掌握看板管理、颜色管理、识别管理及暗灯系统的内涵与应用。
3. 能够对生产、物流、办公等现场进行目视管理。
4. 促进养成注重细节、科学管理的职业精神。

水平检测

1. 目视管理是利用（　　）感知信息来组织现场管理的。<单选>
A. 触觉　　　　　　B. 听觉　　　　　　C. 嗅觉　　　　　　D. 视觉
2. 目视管理是一种以（　　）为特征的管理方式。<单选>
A. 公开化、个性化　　B. 公开化、标准化　　C. 隐蔽化、个性化　　D. 隐蔽化、标准化

3. 目视管理源于（　　）。<单选>
　A. 日本丰田　　　　B. 韩国三星　　　　C. 德国大众　　　　D. 美国波音
4. 生活中，你曾经（　　）。<不定项选择>
　A. 用便利贴记录重要事件，并粘贴在醒目位置提醒自己
　B. 给外观相似的书本或练习册的封面做好标记，以便区分
　C. 写作业、自行批改作业、订正作业使用不同颜色的笔
　D. 以上都未曾有过

现象评析

小张和小王是一对恋人，周末小张陪同小王去买衣服。进到一家服装店，小王看中了一条裙子，颜色和款式她都很喜欢。小张看了料子，发现是化纤的，不是纯棉的，夏天不吸汗，不主张小王买。说着说着就吵起来了。针对此现象，请你进行评析并填入表4-1中。

表 4-1　评析表

问　　题	评　　析
如果你是小王，你会买吗？你认同小张的意见吗	
企业的生产计划在系统里清清楚楚，明明白白，随时查询。为什么还要费那个钱用电子屏在醒目处显示	

知识链接

目视管理来自日本丰田公司。随着市场需求的改变，原有的少品种、大批量的生产方式向多品种、小批量的生产方式转变，使得提高生产效率和生产灵活性、减少浪费成为必然趋势，目视管理也就应运而生。目视管理是利用形象直观而又色彩适宜的各种视觉感知信息，来组织现场生产活动，达到提高劳动生产率的一种管理手段。它使所有员工能很快看到工作场所的标准和实际状况的差异，及时采取行动恢复正常（标准）的状况。

目视管理的目的是让工作场地能与我们进行无声的对话。任何一个人，只要他一走进工作区域，不管他熟不熟悉该工作区域，通过该工作区域的各种目视管理（看、听、闻）就知道应该走哪条道路，该穿戴何种劳保用品，设备是否正常运行，物料系统供应是否正常，产量是否达到目标等，如图4-1所示。

图 4-1　目视管理现场

一、目视管理的作用

1. 使标准目视化

达到良好标准化的关键之一是使每个人了解该标准。而使大家明白的最佳措施是使标准目视化,如水位标识、表盘刻度标识以及物料堆高限位线等,如图 4-2 和图 4-3 所示。

图 4-2 水位标识、表盘刻度标识　　　　图 4-3 物料堆高限位线

2. 显示运行状态

目视管理应使我们在某些东西偏离标准时立即发现它。图 4-4 所示为某企业动力车间设备状态目视墙,可以通过墙上的白板磁贴的颜色直观了解设备是否运行正常。

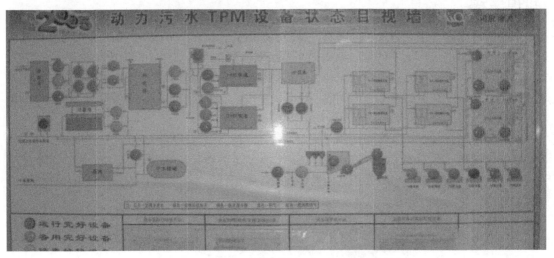

图 4-4 设备状态目视墙

3. 让数据变得更直观

显示实际与目标。例如,在我们班组的显示板上,我们将显示诸如安全、质量、成本和人员条款的图像信息。其关键是不仅仅图示我们正在做什么,而且应显示我们的目标是什么,如图 4-5 所示。

4. 指导与提示

提醒现场人员关注安全、质量、设备等要求。如生产车间里的自行小车行走路线、食品企业管道液体种类及流向等,如图 4-6 所示。

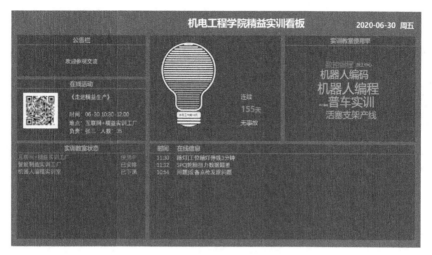

图 4-5　工厂管理电子看板

自行小车行走路线　　　　　管道及流向　　　　　　禁行区域

图 4-6　目视管理的应用

5. 差错预防

用简洁直观的手段实现差错预防，如图 4-7 所示的电源插头。

6. 信息交流

让员工了解公司动态，如宣传栏、标语栏，如图 4-8 所示。

图 4-7　电源插头防错设计标识

7. 激励士气

公开表彰宣传，以激励士气，如图 4-9 所示为优秀员工先锋榜。

图 4-8　宣传栏看板

图 4-9 优秀员工先锋榜

二、目视管理的三个层次

1. 初级水平

有标示，能使人明白现在的状态。物料摆放有序，很容易估算物料数量。例如，在办公室专门设立一个区域存放桶装饮用水，标示饮用水存放区，摆放整齐，如图 4-10a 所示。

2. 中级水平

谁都能判断正常与否。对物料存放区域进行目视，一眼就能看出是否有溢出。例如，在初级水平的基础上，给存放区域划分一个固定区域，让人一看就知道饮用水是否多了，如图 4-10b 所示。

3. 高级水平

管理方法（异常处置等）都列明。用颜色标示及文字提示，告知管理人员如何处置。例如，在中级水平的基础上，将存放区域设置安全库存，并设置取水、存水标示，让人一看就知道从哪里取放饮用水，并提示是否需要补充，如图 4-10c 所示。

a) 初级水平

b) 中级水平

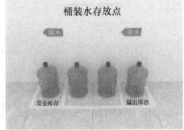
c) 高级水平

图 4-10 目视管理的三个层次

三、看板管理

看板是管理可视化的一种表现形式（即对数据、情报等的状况一目了然地表现，主要是对于管理项目，特别是情报进行的透明化管理活动）。它通过各种形式（如标语、现况板、图表、电子屏等）把文件上、大脑里或现场等隐藏的情报揭示出来，以便任何人都可以及时掌握管理现状和必要的情报，从而能够快速制定应对措施并实施。因此，管理看板是发现问题、解决问题的非常有效且直观的手段，是优秀的现场管理必不可少的工具之一。

（一）看板管理的特点及作用

看板管理有三个鲜明特点。

（1）视觉化，大家都看得见。

（2）公开化，自主管理、控制。

（3）通俗化，大家都容易理解。

看板的作用也很明显，主要有以下几点。

（1）迅速快捷地传递信息。

（2）形象直观地暴露问题。

（3）客观公正透明化，便于管理。

（4）促进企业文化的形成和建立。

（二）看板管理的原则

看板在制作以及使用中要遵守以下原则。

（1）抓住重点——重要的、精华的。

（2）明确职责——管理规则。

（3）平实简洁——简、易、准。

（4）注重内涵——内容往往是最重要的。

（5）便于理解——容易被员工接受和使用。

（6）实施彻底——务实而不是形式化。

（7）不断完善——没有十全十美的，持续改善。

（三）常见的看板类型

1. 业务计划执行看板

将公司、工厂、车间等的业务计划直观展现在公共场所，引起大家的关注，如图4-11所示。

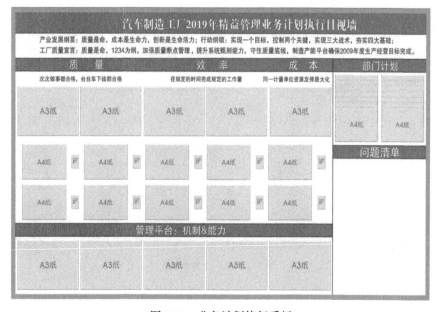

图 4-11　业务计划执行看板

2. 现场改善看板

展示改善成果，激励大家持续改进，如图 4-12 所示。

图 4-12　现场改善看板

3. 宣传看板

开辟专题栏目，传播知识，宣传好人、好事，如图 4-13 所示。

图 4-13　5S 宣传看板

4. 电子看板

用信息技术，实时发布重要信息，如图 4-14 所示。

图 4-14　电子看板

四、颜色管理

颜色管理是利用人对不同颜色的心理反应特点，对事物的性质做出判断，从而指导自己的行为。颜色管理的特点如下。

（1）利用人天生对颜色的敏感性。

（2）是用眼睛看得见的管理。

（3）分类区别管理。

（4）调和工作场所的气氛，消除单调感。

如根据灯光颜色的不同确定设备的运行状况，绿色表示设备运行正常，如图 4-15a 所示。红色胶带所划区域表示此位置禁止放置物件，禁止长时间占用，如图 4-15b 所示。

a) 设备运行状况图

b) 画线区域标识图

图 4-15　颜色管理

（一）常见颜色的含义

在目视管理中，常用的颜色主要有红色、黄色、蓝色、绿色、白色及黑色，其意义各不相同。各颜色代表的含义见表 4-2。

表 4-2 目视管理的常见颜色及其含义

颜色	含义
红色	消防、停止、禁止、危险
橙色	危险
黄色	注意、警告
绿色	正常、安全、卫生
蓝色	提示、注意
紫红色	放射性物质
白色	通道、整顿、指示方向
黑色	警戒语文字

（二）常见颜色管理应用

1. 表现优劣

通常运用绿、蓝、黄、红四色，并以绿色优于蓝色、蓝色优于黄色、黄色优于红色为基准，来区别状况好坏的程度，具体见表 4-3。

表 4-3 目视管理的颜色管理及应用

颜色	生产管理	质量管理	安全管理	绩效管理
绿色	准时完成	合格	无伤害	优秀
蓝色	当日加班完成	可疑物料	险肇事故	良好
黄色	次日完成	让步回用	急救事故	一般
红色	延迟两天以上	不合格品	损失工作日事故	较差

2. 区分类别

将色彩的多样性和区别性作为分类和区分的标准，主要用于以下领域。

（1）人员：用不同颜色的安全帽/着装，将领导、安全专业人员、现场工人进行区分，如图 4-16 所示。

（2）设备：不同设备刷不同颜色的油漆，以便直观区分设备类型。常见设备的表面颜色见表 4-4。

图 4-16 现场戴安全帽人员示范图

表 4-4 常见设备的表面颜色清单

颜色	常见设备
黑色	锅炉
绿色	冷冻机
白色	真空罐、干燥机
灰色	配电箱、风机
红色	变压器、消防器材
黄色	发电机、水泵、空压机、压力容器

（3）管道：用不同颜色对管道着色，以便直观区分管道功能，如图 4-17 所示。

图 4-17 管道颜色展示

（4）文档：用不同颜色的封面区分文件类型，如白皮书、蓝皮书等。

（5）垃圾：用颜色进行垃圾分类，如不同颜色的垃圾桶。

3. 表示状态

（1）设备状态：用不同颜色标示正常、检修、调试、封存等状态，如图 4-18 所示。

（2）进度状态：用不同颜色标示项目计划、执行、延误、完成等进度状态，如图 4-19 所示。

图 4-18 设备状态管理标示卡

类别	序号	内容	部门	负责人	2010年11月													2010年12月																
					18	19	20	21	22	23	24	25	26	27	28	29	30	1	2	3	4	5	6	7	8	9	10	11	12	13	14	15	16	17	18
工程外场	1	场地平整	工程部	×××																															
	2	道路及广场	工程部	×××																															
	3	景观	工程部	×××																															
	4	道路路口	工程部	×××																															
	5	广告布置	工程部	×××																															
	6	收尾	工程部	×××																															
	7	围墙	工程部	×××																															
	8	院地坪	工程部	×××																															
	9	化粪池	工程部	×××																															
工程办公楼	1	水电布线安装	工程部	×××																															
	2	吊顶(办公室)	工程部	×××																															
	3	吊顶(卫、淋)	工程部	×××																															
	4	卫、淋砌墙	工程部	×××																															
	5	卫、淋地砖	工程部	×××																															
	6	办公室地砖	工程部	×××																															
	7	办公室踏脚线	工程部	×××																															
	8	墙面腻子	工程部	×××																															
	9	阴阳角	工程部	×××																															
	10	底油漆	工程部	×××																															
	11	面漆	工程部	×××																															
	12	门安装	工程部	×××																															
	13	卫、淋隔断	工程部	×××																															
	14	洁具安装	工程部	×××																															
	15	开关、灯具安装	工程部	×××																															
	16	室内家具及门牌	工程部	×××																															
	17	外装饰	工程部	×××																															
工程售楼	1	幕墙玻璃定做及安装	工程部	×××																															
	2	屋面封边	工程部	×××																															
	3	室内吊顶	工程部	×××																															
	4	地砖及布线	工程部	×××																															
	5	室内背景	工程部	×××																															

图 4-19 计划进度状态表

（3）流程状态：用不同颜色标示不同工艺流程，如用颜色区分啤酒的糖化、酿造、灌装等工艺。

4. 区域画线

用颜色对不同的功能区域进行填充和画线，用虎纹进行安全警示，如图 4-20 所示。

图 4-20　区域画线场景图

五、识别管理

识别管理是运用各种不同的标志，对人员、物品、设备等进行区别的方法。识别管理能使各级员工迅速、准确地辨认人员、物品、设备等，提高各项沟通工作的效率。

常见的设备管理应用有标识、标牌、标签、标注、边界样本等。

1. 标识

用标准化的图形形象地表达特定的含义，如安全标识、交通标识等，如图 4-21 所示。

图 4-21　安全标识、交通标识

2. 标牌

用简洁的文字表达重要信息，方便直观识别，如铭牌、楼层标牌等，如图 4-22 所示。

图 4-22　标牌示例图

3. 标签

用简洁的文字表达重要信息，如物料标签、文件处理标识，如图 4-23 所示。

图 4-23　标签示例图

4. 标注

用颜色及文字标注参数范围、位置等。例如，用颜色标识仪器仪表的正常范围，如图 4-24a 所示；设备点检指示卡，如图 4-24b 所示。

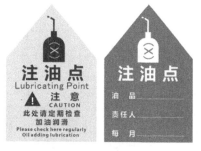

a) 仪器仪表标注　　　　　　　　　　　　　b) 设备点检指示卡

图 4-24　标注

5. 边界样本

边界样本是用实物的形式直观表现质量的可接受范围的方法。边界样本通常制作合格与不合格两个状态，合格状态为最佳质量状态，不合格状态为不合格的边界状态，即低于这个状态就是不合格，如图 4-25 所示。

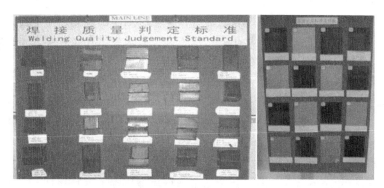

图 4-25　焊接质量边界样本

六、暗灯系统

暗灯,原为日语 Andon 的音译,日语的意思为灯、灯笼。

暗灯系统是一种现场发现问题并在线响应的电子装置。当员工发现问题,需要寻求管理人员支持时,即可拉下暗灯,系统将通过电子看板和声光信号提醒管理人员快速响应现场,帮助解决问题。其目的是团队解决问题,不让问题逃逸到客户,如图 4-26 所示。

图 4-26 暗灯系统现场应用场景

现代的暗灯系统通常由暗灯服务器、工位暗灯、暗灯看板以及暗灯管理软件等构成,如图 4-27 所示。

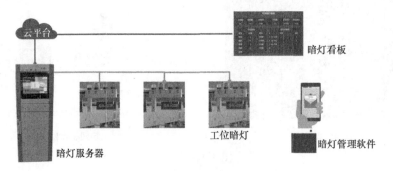

图 4-27 现代的暗灯系统构成

(一)暗灯的作用

传统的生产中,员工是没有权力停线的。这种生产方式将大量的问题遗留到产品下线后,不仅质量水平不高,而且产生高昂的返工成本,造成许多浪费。丰田公司为杜绝这种现象,早在 20 世纪 60 年代,他们就在流水线上设置停线按钮。当工序出现问题不能在规定的作业时间内完成时,操作人员可以拉下暗灯,将生产线停下来,寻求班组长及相关人员解决问题,以确保问题不流到下一道工序。这种方式有以下三个方面的作用。

1. 过程控制

当员工发现问题时,可以拉下暗灯直到问题解决。这就将问题控制在本生产工序中,不会逃逸到下一道工序,可以大大提高最终产品的质量水平。由于鼓励员工在工序中发现和解决问题,可以使问题在一开始出现就得到解决,有效遏制了批量事故的发生。

2. 在线响应

当操作者发现问题或需要帮助时,可以拉下暗灯寻求管理人员的支持,从而形成管理人员在线响应问题、在线解决问题的机制。一方面提高问题解决的效率,一方面营造管理人员关注现场、服务现场的氛围。

为了快速响应和解决问题，企业会建立一种逐层响应的机制，通常在暗灯响起的时候，班组长第一时间到工位支持；如果在规定时间内没有解决，暗灯系统会唤起工段长到工位支持；如果工段长在一定时间内也没有解决，暗灯系统会唤起车间主任到工位支持；如果车间主任也解决不了，可继续寻求厂长、部门经理，直至公司总经理到现场支持。

3. 团队协作

过程控制和在线响应机制，可以充分调动全员的参与，锻炼员工的技能，提高小组的团队合作精神。随着小组问题解决能力的增强，运行稳定下来后，实行暗灯系统的生产线远比没有实行暗灯系统的生产线的效率和品质都要高。

（二）暗灯操作

工位暗灯包含生产、质量、设备、物料等类型暗灯，员工可以根据问题类型，拉下相应的暗灯。信息通过操作工位信号灯、暗灯看板、广播将信息发布出去，提醒所有人注意。

通常，当员工在遇到以下情形时，都可以拉下暗灯。

（1）物料短缺或出现错误的零部件。

（2）工具丢失。

（3）设备运转不良。

（4）遗失看板卡等。

（5）零部件坏损或功能不良。

（6）错误的排序。

（7）安全问题；前道工序的产品质量不合格。

（8）无法在周期时间内完成工作。

暗灯系统操作步骤如下。

（1）拉动暗灯线，工位上的信号灯将亮起来。

（2）暗灯看板显示工位暗灯信息，音乐响起，并语音提醒。

（3）班组长立即到来，并着手解决问题。

（4）生产线继续移动至固定的停止位置，当车辆到达固定起止位FPS，生产线就停止运行，停机计时钟起动。

（5）问题解决了，拉动暗灯线重新起动生产线。

暗灯系统操作示意图如图4-28所示。

图4-28 暗灯系统操作示意图

联系实际

【实例6】目视管理要以人为中心

有个企业花了不少钱,在现场制作了大量标语、看板,非常漂亮。可是等顾问走近一看,全是合格率变化趋势图、问题清单、改善成果之类的内容,如图4-29所示,就是没看到一张人像。

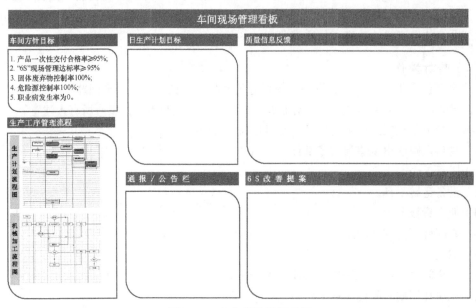

图4-29 企业现场管理看板

于是顾问随口说了一声:"看板设计得蛮漂亮的呀!"陪同的人以为顾问在表扬他,更加眉飞色舞地讲了他们如何重视目视管理,做了多少精心设计。顾问只好反问他一句:"看的人多吗?员工关心看板上的信息吗?"他一愣,问顾问:"有什么问题吗?"于是顾问提出了他的疑问:"看板里没有看到一个人像。"接待人员意识到了一点儿什么。顾问接着说:"现有的目视内容都很不错,但存在一个突出问题——见物不见人,目视内容应该包含人和事两个方面,并且应该有一个合适的比例。即使是谈事,也最好从人的角度谈事。如说改善,讲做了多少改善,节约了多少成本,这很好;但是如果能够加上员工现场改善的火热场面,以及员工改善工作的感想,那就升华了。这样的目视看板,员工更加感兴趣,因为员工感觉到是在讲他自己的事情,会油然而生亲切感、荣誉感。"

企业现场管理看板案例如图4-30所示。让目视管理有温度,是突出人的主体地位。还有一点,就是目视的表达应该有客户意识。好的信息,首先得让人喜闻乐见,因此在提供目视信息时,我们应该首先想一想,这些信息是提供给谁看的?他们拥有哪些知识和能力,需要哪方面信息,哪种方式最能引起他们的关注与思考。

一块信息墙、一张幻灯片、一个报告,都有目视管理,都需要找到合适的表达方式,这样才能一下子紧紧抓住客户的心。例如,我们要表现产品缺陷分布,用缺陷集结图比看数据列表要容易判断得多。

图 4-30　企业现场管理看板案例

【实例 7】注重细节，科学管理

某企业有一个开放式的大办公室，有 200 人在一起办公。由于管理不到位，经常发生办公室的灯、空调没有关的现象。

最近，公司高层也知道了此事，指示行政部必须强化管理，尽快解决此问题。于是行政部想了许多办法，如：出台制度、人走灯灭、保安检查、领导值班检查、进行处罚、公告等。一开始还能起到一定作用，但时间一长，由于监督不到位，老问题还是继续发生，制度落实不好。其实，制度固然重要，但不能迷信制度。这属于无意识犯错，无意识犯错是不可以用制度来约束的。管理很重要，但员工的自主管理更重要。

某经理联想起酒店的做法——在每位客人的房间钥匙上都有一个卡，这个卡插进去，通过感应电源才能开通，只要一锁门，钥匙一拿出来，就自动断电了，灯也就灭了。于是他想出了一个办法：在公司的门上设计了一个卡通画，只要一锁门，就会有一个卡通画跳出来，问"你关灯了吗？"。通过这种人性化的管理和提醒，忘记关灯和空调的现象终于杜绝了。

目视管理依据人类的生理特征，充分利用信号灯、标识牌、符号颜色等方式来发出视觉信号，鲜明准确地刺激人的神经末梢，快速地传递信息，形象直观地将潜在的问题和浪费现象都显现出来。不管是新进的员工，还是新的操作手，都可以与其他员工一样，一看就知道、就懂，就明白问题在哪里。它是一个在管理上具有非常独特作用的好办法。

项目五
标准化工作

项目五　标准化工作

思维导图

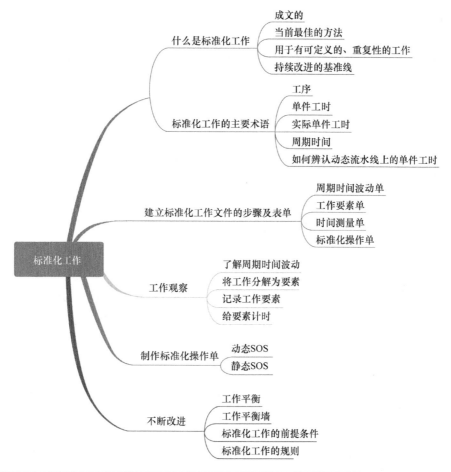

学习目标

1. 理解标准化工作的基本概念及术语。
2. 掌握观察和研究完成工作的动作与时间。
3. 学会编写 SOS 并持续改进。
4. 养成标准化工作的思维习惯。

水平检测

1. 标准化工作是（　　）。<多选>
   A. 成文的　　　　　　　　　B. 当前最佳的
   C. 安全有效的　　　　　　　D. 达到必要的质量水准
2. 合理的标准化工作，要求（　　）。<单选>
   A. 单件工时 > 实际单件工时 > 周期时间
   B. 周期时间 > 实际单件工时 > 单件工时
   C. 周期时间 > 单件工时 > 实际单件工时

D. 实际单件工时 > 单件工时 > 周期时间

3. 划分工作要素的方法有（　　　）。<多选>

A. 物理位置

B. 产品分组

C. 要素时间通常不高于实际单件工时的 10%

D. 分组装

4. 以下情形，哪些适用动态 SOS（　　　）。<单选>

A. 发动机活塞加工工位　　　B. 汽车总装工位

C. 冲压机床计划性维修作业　　D. 汽车装车发运工位

现象评析

我国有端午节龙舟比赛的习俗。比赛队伍由一名指挥员和若干水手组成，要想取得胜利，指挥员与水手必须密切配合，如图 5-1 所示。

图 5-1　龙舟比赛

根据图 5-1 观察到的内容做简要评析并完成表 5-1 内容。

表 5-1　评析表

问　题	评　析
龙舟比赛为什么需要指挥，如果没有指挥，结果会怎样	
在我们的生产生活中，有哪些类似龙舟比赛的情形	
联系企业生产，标准化有哪些作用	

知识链接

一、什么是标准化工作

标准化工作是成文的、当前最佳的、安全有效地完成工作的方法，以达到必要的质量水准。

1. 成文的

标准化工作应是成文的，并贴在工作场地。如果不成文不通报，也就无法遵循，因而就不能成为标准。标准化操作单，也称作 SOS（Standard Operation Sheet），是当前最佳的工序和最佳的物料位置，使之以最安全、最有效的方法来达到质量要求。

2. 当前最佳的方法

持续改进是精益生产系统的重要原则之一。我们制定一项标准之后，在持续改进的过程中，当前的标准可能会有改变。标准不是用来禁锢我们的，而是在帮助我们进步。标准化工作文件可以通过持续改进中的受控过程进行更改。所以标准化工作文件是"确定的"，但不是静止不变的。

3. 用于有可定义的、重复性的工作

完成任何一项工作都有标准方法，即使我们会认为其是无法预测的或"非正常的"情况，例如问题或修理，都是可以标准化的。

图 5-2 列举了生产操作、质量检验、物料配送、维修操作四个可以标准化的项目实例，但在工厂中适于标准化工作的工作要多得多。其他实例如更换模具、物料包装等。

图 5-2 可以标准化的项目

4. 持续改进的基准线

如图 5-3 所示，其中有两种重要情形。

（1）变化产生不稳定状态，甚至会引起暂时下降的结果。除非通过标准化加以稳定，否则我们将不知道变化是否带来改进。

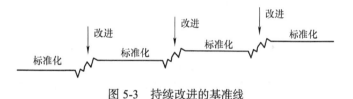

图 5-3 持续改进的基准线

（2）在改进之前，我们必须有一个稳定的状态。标准化工作正是使我们的操作稳定的方法。

二、标准化工作的主要术语

在建立标准化工作之前，我们需要了解工序、单件工时、实际单件工时、周期时间等基本术语。

（一）工序

工序是指工作流程中各个作业的有效次序。通常包括以下几点。

（1）制造产品的工艺顺序，以便将产品制造分解成若干过程。

（2）约定岗位的操作次序，以获得最大的安全、最好质量和最高效率。

（3）用于完成工作的步骤，以避免遗漏和疏忽。

工序是根据安全、质量和效率的要求而决定的。偏离工序会导致上述任何一方面出现问题。

如果不遵守制定的工序，则会忽略加工的某些步骤或部件安装错误，而使有缺陷的部件流入下一道工序。个别情况下，还会引起设备损坏，装配线停产，在最糟糕的情况下甚至生产出有缺陷的产品。

工序还要考虑到在动态线或工作单元中操作时彼此靠得比较近的工人的移动,防止碰撞。

(二)单件工时(T.T)

生产一个零件或产品所需的时间取决于每天结束时为达到生产目标所需的产品的数量。

单件工时计算以市场需求为基础。计算方法基于测定周期时间内需要生产的产品数量。

单件工时是一个常量。这表示它不是每天、每小时或每分钟都在变化。我们的全部标准化工作均以单件工时为常量作为基础。如果有计划地改变单件工时(由于市场需求的变化),要提前与每个人打招呼,以便调整标准化工作。单件工时计算公式如图5-4所示。

(三)实际单件工时(A.T.T)

单件工时是一个理论数据。单件工时的公式是根据用户需求来计算的。经过计算之后,得出单件工时为75s。这表示每75s流水线上必须生产一个产品方可满足用户的需求。这种单件工时计算方法是假定设备利用率为100%,且不因质量等问题而停顿。

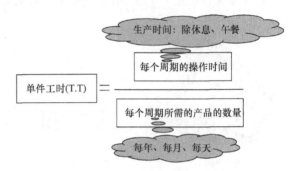

图5-4 单件工时的计算公式

然而,这种计算方法未考虑工厂中的众多其他因素。在日常工作中,我们会遇到一些小的质量问题和其他会使我们需要使用暗灯的情况。这些停顿会使动态线停工。那么,我们怎样能做到既要允许诸如暗灯停线或其他停顿,又要完成所需要的产量呢?我们必须使流水线运转得更快一点以满足产量的需要。这一运行速率称为实际单件工时。

实际单件工时完全取决于工厂的情况。例如,起动阶段的实际单件工时可能是理论值的80%;之后,一旦生产已稳定,可能达到理论单件工时的95%。

因此,在日常工作中,我们使用实际单件工时,但在所有文件中标注为单件工时,我们要注意到其间的"差距"。

(四)周期时间

周期时间是组员完成自己的操作或工序所花费的时间,它包括增值要素和非增值要素(前者直接对最终产品增值,后者则对最终产品不增值)。理想的周期时间应尽可能接近单件工时,但是不会等于它,这是由于人员需要恢复时间,周期时间图表如图5-5所示。

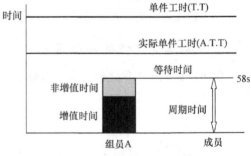

图5-5 周期时间图表

在本例中,组员A的周期时间为58s。其中包括他实际加工汽车所用的时间(增值的)和行走、拿工具等动作的时间(非增值的)。

在由多台机器组成的加工单元中,将周期时间分为机器周期时间和人工周期时间。各机器的周期时间应尽可能平衡,而且与人工周期时间协同,否则其中一台机器成为瓶颈,会妨碍整个加工单元以较快的速度生产。加工单元周期时间如图5-6所示。

(五)如何辨认动态流水线上的单件工时

用一个定位站作为确定单件工时的参照点,单件工时的测算如图5-7所示。

项目五　标准化工作

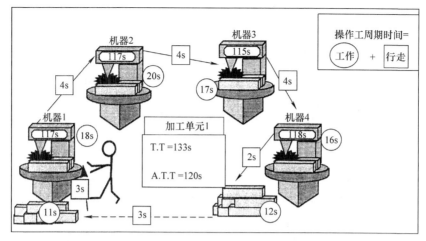

图 5-6　加工单元周期时间

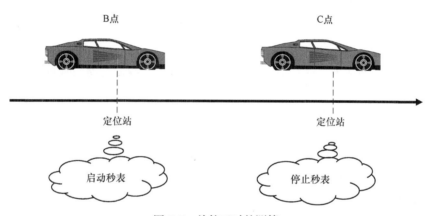

图 5-7　单件工时的测算

在地板上用黄线标出节距以表示定位站位置。定位站位置是出现暗灯停线或休息时，产品应停的位置。图 5-7 中，如果汽车刚刚通过 B 点时发出了暗灯命令让动态线停止运行，汽车将继续移动到 C 点停止。

确定单件工时，站在地板上的一条黄线处。当汽车的前轴（前轮中心）恰好位于黄线时开始计时，当汽车的同一点到达下一条黄线（定位点位置）时停止计时。

三、建立标准化工作文件的步骤及表单

建立标准化工作文件的步骤如图 5-8 所示。其中需要用到以下几个重要的表单。

1. 周期时间波动单

首先，将工作看作一个整体，采用"周期时间波动单"做工具，观察工作过程，对工作的总周期时间做一次研究。这为我们观察和熟悉工作的各种要素和选件提供了机会。

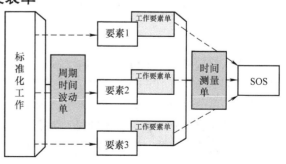

图 5-8　建立标准化工作文件的步骤

85

2. 工作要素单

接下来，然后我们将工作按动作分组，这些分组称为要素，每种要素都用工作要素单记录下来。

3. 时间测量单

下一步是为要素计时，并为每一个要素之间的行走时间计时，使用的工具是"时间测量单"。

4. 标准化操作单

最后一步是制定标准化操作单。这个操作单定出工作的各个要素、每个要素的时间，并画出工作的略图。

四、工作观察

工作观察就是现场观察完成工作的动作和时间。

为什么时间对标准化工作如此重要？

时间是标准化工作的重要组成部分。时间可为我们所用。如果我们能管理时间，就可以管理我们的业务。时间管理是缩短总体制造周期的一个关键。

由于这个原因，标准化工作的许多步骤及其后的不断改进均有赖于时间的研究。

（一）了解周期时间波动

在实际生产中，每生产一个产品的周期时间是不同的。我们对周期时间的波动进行研究，有以下几点好处。

1. 帮助我们识别工序中的反常现象

在我们得出某个特定工序中各要素所占的时间之前，我们必须首先确定当前操作是否具备一致性。例如，设备问题、机器故障、物料滞后都会使完成一项操作所需的时间发生波动或不正确。在这一活动中，我们要认出那些引起周期时间不一致的因素。修正这些因素是很重要的，否则无法制定出有效的标准化工作。

2. 使执行计时的人员熟悉工作及其选件

在填这份工作单的过程中，观察人能够对工作的各要素、它们的顺序及起点在何处获得一个整体的了解。

3. 帮助识别问题

一旦周期时间波动单完成了，我们发现一个问题重复了三次或三次以上，这个问题就必须加以解决。这将成为改进点。如果问题不解决，周期时间还会继续波动，而有效的标准化工作就无法制定。

做出改进之后，操作的周期时间及有关的要素将更加稳定，这时就可以开始编写操作要素文件了。周期时间波动单如图5-9所示。

（二）将工作分解为要素

一个工作要素是若干动作的逻辑分组，它推动工作成功地完成，如图5-10所示。

要素是标准化工作的基础砌块。所有工作都可分解为几个大的部分。例如"安装驾驶座"的操作过程可分解为6个要素，如图5-11所示。

区分要素非常重要，但遗憾的是，确定与识别要素不是一件容易的、黑白分明的任务，没有固定的"公式"可循。区分要素有如下几点。

- 如何确定物理位置？

项目五　标准化工作

表	周期时间波动单				
工段名称：车桥厂轴承座工段		时间：年 月 日		记录人：	
工位名称：精镗孔		工位号：60序		实际单件工时(A.T.T):183s	
操作工姓名	周期时间/车型		遇到问题	操作序号No:	操作说明
	N1				
王某	151.5		检测工具出现失灵	1.1	取轴承座
	146				
	143.5			1.2	检查轴承座
	145				
	144			1.3	锉法兰面毛刺
	144.5				
	147			1.4	清扫轴承座上的铁屑
	146.5				
	143.5			1.5	清扫夹具上的铁屑
	147.5				
	190		设备夹具有问题	2.1	检查毛刺
	145.5				
	146.5			2.2	安装轴承座
	150				
张某	143			2.3	按"夹紧"按钮(精镗)
	149.5				
	147			2.4	卸下轴承座
	142				
	86		没有做检验	3.1	用内径百分表检验各孔尺寸
	143				
	144				
	147				
	144				
	143				
	146.5				
	144.5				
	148.5				
	146				

图 5-9　周期时间波动单

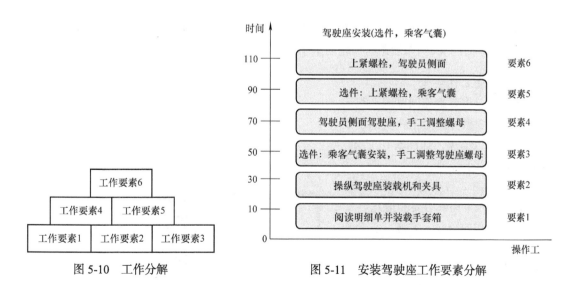

图 5-10　工作分解　　　　图 5-11　安装驾驶座工作要素分解

- 如何确定产品分组？
- 如何确定要素的时间？
- 它是不是一个占用了较长时间的选件？
- 它需要分组装吗？

- 任何工作的第一个要素一般都是"阅读明细单，取零件"。
- 行走不是一个要素，也不包括在要素之中。

1. 物理位置

要素往往被步行分开，但也有例外，即要求步行是加工过程的一部分的操作，如安装密封圈或拧紧一系列螺母。

一个要素只能在一个位置上发生，如图 5-12 所示。

2. 产品分组

一个要素不会把两种截然不同的产品分组上的操作合并起来（产品分组举例：电动转向泵总成、制动管线连接、喇叭安装等）。

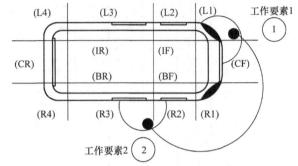

图 5-12 物理位置图示

产品分组尽可能保持完整的原因有以下几点：

（1）由班组关注整个加工过程并对其负责。

（2）是关键操作。

（3）改进质量（通过较少的搬运）。

3. 要素时间

要素按位置和产品分组分解后，我们就可以观察要素的持续时间。一个要素在持续时间上不应太短或太长。根据经验，这一时间应大约为实际单件工时的 10%。

4. 分组装

在生产线装配架或工作台上进行的分组装应至少视为一个单独的要素（可能更多，取决于复杂程度和持续时间）。例如齿条与齿轮的组装。

（三）记录工作要素

工作要素单将要素连同草图一起记录下来，并将要素分解为主要步骤、要点和原因来加以描述，如图 5-13 所示。工作要素单有以下好处。

（1）工程图纸与车间之间的桥梁，为制定标准操作单提供必要的信息。

（2）为工作的顺序、方法、安全和质量提供指导。

（3）提供以下记录：要素时间、改进、安全、质量、工位位置（所在地）。

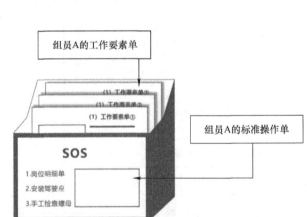

图 5-13 工作要素单组成

（4）使工作重新平衡的工具。

每张要素单背面的工作记录提供了要素过去的记录，有助于解决问题。

每个要素都有自己的工作要素单，与 SOS 中的各要素相对应。在工位上附有一个塑料袋，可看见标准化操作单，要素单就在它的后面。工作要素单样式如图 5-14 所示。

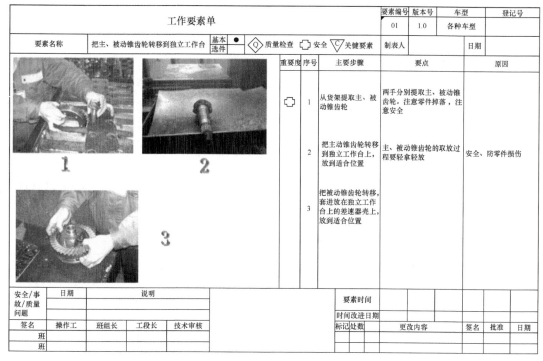

图 5-14 工作要素单样式

工作要素单的制作步骤如下。
(1) 请用数码相机拍照。
(2) 请使用铅笔。
(3) 从操作工而不是观察者的视角来画略图。
(4) 用加圈数字指明主要步骤的位置。
(5) 指明任何安全注意事项。
(6) 画出可能有要求的特定的手、臂、身体的移动(线条图即可)。
(7) 画出任何工具或零件。
(8) 如适宜表现细节则可画附图。

1. 主要步骤(什么)

要素中的主要步骤为:推动要素成功完成的必要动作。

识别主要步骤有两种方法。

(1) 与工作同步前进。与工作同步前进指某一步骤改变了零件的形状或使工作更接近于成品。为了确定某一步骤是否为关键步骤,你必须问这样的问题:"这一步骤是否促进了工作的完成?"

(2) 主要操作。详细分析特定工作中涉及的所有程序就会发现,其中有各种操作,主要步骤是指主要的操作。

2. 要点(如何)

每一个主要步骤一般都有一个或多个要点。要点不外以下三种类型之一。

(1) 成功:要点是决定特定工作成败的操作要点。

（2）安全：要点是工作过程中可能导致组成员受伤之点。

（3）提示：要点是使工作实施更加简易之点（例如理解、诀窍、经验、技巧、时间安排、专业知识等）。

在找出要点时，首先确定进行的是何种主要步骤，然后再确定以上三种类型中，是否有一种适用于该操作。

3. 原因（为什么）

每一个要点都有其具体的原因。它回答这样两个问题：如果忽视此要点会发生什么？为什么要这样做？

原因一般与质量或安全有关。

4. 常用符号

表5-2是工作要素单及标准化操作单常用的符号，用以直观地识别出与安全或质量有直接联系的主要步骤。一般情况下，符号的决定由质量保证部门或安全工程师做出。

表5-2 常用符号

序号	符号	表示内容
1	✚	安全
2	▽	关键要素
3	◇	质量

（1）安全：这个符号表示操作工需要有安全设备。操作工在准备其工作时要特别小心。此符号仅指操作工，不用于车辆的安全项目（如安全带）。

（2）关键要素：指对产品的安全或最终用户功能具有关键意义的操作例子。例如，紧固制动管路、转向系统、球关节、安全带地脚螺栓及其他有扭矩要求或法定要求的操作。这个符号与让路标志相似。遇到让路标志时，我们要减速，因为可能有危险。所以我们要注意正确安装关键要素。

（3）质量：菱形符号（就像一粒高质量钻石）表示对该步骤进行某种质量检查。质量检查分为以下四种类型。

- 推–拉（Push-Pull，简写为PP）。
- 功能–监听（Function-Listen，简写为FL）。
- 目检（Look-Touch，简写为LT）。
- 测试设备/测量量具（Test Equipment/Test Gauge，简写为TE/TG）。

（四）给要素计时

用时间测量单给要素计时，具有以下优点。

- 是我们对每一种工作要素计时的工具。
- 用以简化时间研究，同时是保证准确性的一种矩阵图表。
- 每一个要素应计时10次，以便明显看出最短的、准确的时间。

1. 起点

要确定何时开始为要素计时,首先要确定起点。下面三种参照可供识别计时的起点:

(1)听(听要素何时开始)。

(2)摸(看操作工何时拿起工具或触到零件)。

(3)步行(观察在要素开始时,操作工何时行走)。

行走不是要素,但必须计时。通常以第一步作为行走的起点。

2. 使用时间测量单的步骤

制作时间测量单主要包含以下9个步骤,如图5-15所示。

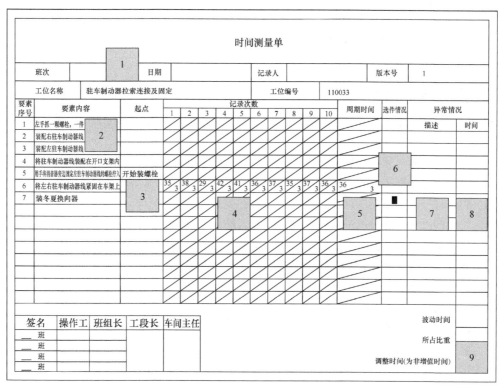

图 5-15 制作时间测量单的9个步骤

(1)填入进行计时的班次、日期、记录人、版本号、工位名称和工位编号。

(2)按顺序列出要素。在要素序号栏中标出每个要素的序号。作为选件考虑的要素也要进行记录。最好是按发生的顺序记录。选件以黑框符号标记。

(3)找出每个要素或步行的起点(听、摸或步行)。对某些要素来说,一个要素的起点可能是前一个要素的终点。

(4)每个要素计时10次。记录时间通常四舍五入到最接近的半(0.5)秒。有时,一个要素的时间在这次观察中会明显长于另一次。这可能是由于质量问题、配合或其他某种原因造成的。在出现这种情况的场合,在该要素的时间上加圈。这些加圈的要素有助于指出存在的问题。但在确定重复的、最短时间时不要使用这些加圈的时间。如果可能,当操作工在单件工时之内完成了该道工序,又没有上一级选件内容时,可让操作工等待,直到车辆到达下一个操作的起点，这样有利于显示出有待日后加以缩短的等待时间。各要素计时结果相加汇总为各被观察循环的周期时间。

（5）确定各要素重复的、最小时间。注意此栏中的数字不是平均值，而只是该要素重复的最小时间的估计值。

（6）选件是在 5%～70% 的周期时间内发生的要素。超过 70% 的周期时间内发生的要素设计成基本件。每个选件的时间按发生频率加权计算。

（7）列出任何不常发生的动作（如换箱体、换焊条、焊枪清理等），找出它们的发生频率，按发生频率加权计算时间。理想情况下，你会遇到至少两次不常发生的动作。

（8）填入测出的不常发生动作的时间。

（9）加权平均的不常发生的动作时间之和，当其有意义时（大于 1s）才加进周期时间中。

一个完整的工序必须在一起计时。不同工作顺序中的要素加在一起结果不准确。时间测量单应至少对两名操作工进行观察。

五、制作标准化操作单

标准化操作单（Standard Operation Sheet，简称 SOS）是组员工作的基本文件。SOS 具有以下用途。

（1）提供要素概述和各要素在一项工作的正确顺序中的时间。

（2）通过工艺分配表，使工作周期时间与实际单件工时的对比一目了然（动态 SOS）。

（3）利用符号识别要点（即质量、安全、关键要素等）。

（4）对照产品在传送带上的位置使操作工的运动一目了然（动态 SOS）。

（5）从一个精确的草图上使工序、在途存货及走动一目了然。

（6）通过组合表，帮助识别人机之间的关系（静态 SOS）。

SOS 的优点如下。

（1）当前最佳方法汇总。

（2）保证按现有标准完成操作的目控工具。

（3）解决问题的基础。

（4）工艺中的浪费一目了然。

（5）指导新操作工的培训工具。

SOS 包含动态 SOS 与静态 SOS 两种。动态 SOS 用于流水线操作，静态 SOS 则用于固定工位的操作。SOS 应该展示于每一工序的工作现场，相应的要素表附在其后。

（一）动态 SOS

动态 SOS 是一种工具，用来规定在以传送带为基础的动态线上工作的操作工标准化工作。这些动态线包括总装线、喷漆线等，动态 SOS 样式如图 5-16 所示。

1. 列出要素与时间

（1）按顺序列出要素。

（2）注明符号。

（3）在记录时间栏的左上方格中，按车型列出时间测量单中的要素时间。

（4）在记录时间栏的右下方格中，按车型列出时间测量单中的步行时间。

（5）记录实际单件工时。

项目五 标准化工作

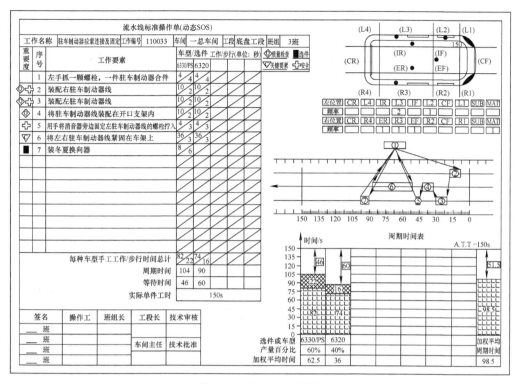

图 5-16 动态 SOS 样式

2. 制作移动略图

移动略图是简要描述员工操作过程的步行路线的图形。

（1）标出定位站。地板上的标记代表定位站的起点。定位站标记之间的区域也可被看作单个工作区域或一个节距，如图 5-17 所示。

当暗灯提示生产线要停止时，产品应继续运动直到下一个定位站。

（2）标出起止点。为了帮助操作工，他的起止点要用与定位站标记不同的颜色。起止点之间的区域也称为工作区、操作工工作区域工人工作区。工作区不包括选件工作。

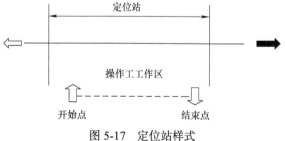

图 5-17 定位站样式

起止点并非永远在定位站内，但作为一条规则，不应超出一个节距的长度。起止点是管理层监察操作工执行工作的良好工具。

（3）标出物料储备或固定设备。按照实际比例画出定位站与物料等的关系图。如图 5-18 所示，其中 B 为流水线两边工位器具内侧的距离。

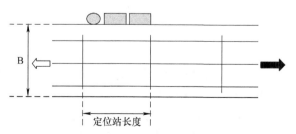

图 5-18 标出物料储备或固定设备

（4）绘制工人移动略图，如图5-19所示。
- 将定位站的长度等分为实际单件工时的份数。表示每秒钟移动一份长度的距离。
- 每个要素有一条开始线和结束线，连成矩形表示操作此要素时流水线移动的距离。
- 在矩形框内标出要素序号。
- 用带箭头的实线连接各要素。

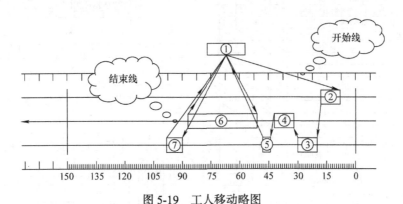

图 5-19　工人移动略图

3. 填写位置频率图表

记录一项特定工作所需的工作位置次数（增值的）。这样做的目的是迅速了解操作工在产品的哪个部位工作和有多少不同的位置。非增值工作在图表中不做记录。频率图表应包括每一个要素，如图5-20所示。

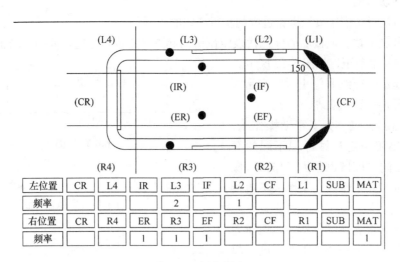

左位置	CR	L4	IR	L3	IF	L2	CF	L1	SUB	MAT
频率				2		1				
右位置	CR	R4	ER	R3	EF	R2	CF	R1	SUB	MAT
频率			1	1	1					1

图 5-20　频率图表

字母与产品部位或动态线的部位相对应。例如，CF表示前端中心。MAT是物料一词的缩写。这并不是说每次取料都要记录，仅当在物料工作台上进行增值工作时才做记录（例如简单的分组装）。SUB指在动态线外完成的分组件。

通过这张图表，我们可以容易地看出改进的机会以及可以在何处减少操作工作位置的数量，从而缩短移动时间。

4. 制作周期时间表

周期时间表是迅速向我们显示组员工作平衡状况的工具，也是有助于不断改进工作的工具。

画一条线表示 A.T.T（实际单件工时）。在每种产品的栏中填入条纹，横竖条纹代表各产品的操作时间，如图 5-21 中"82""74"区，斜线条纹代表各产品的步行时间和非增值时间，如图 5-21 中"22""16"区。最后填写加权平均周期时间。

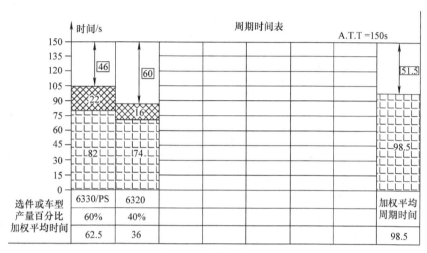

图 5-21 周期时间表

5. 填写签字栏

签字是各班组标准化的重要保证。分别由操作工、班组长、工段长、技术人员、技术组长、车间主任签名。签字栏样式如图 5-22 所示。

签名	操作工	班组长	工段长	技术审核
＿＿班				
＿＿班			车间主任	技术批准
＿＿班				
＿＿班				

图 5-22 动态 SOS 签字栏

（二）静态 SOS

静态 SOS 是一种工具，它规定了动态 SOS 外的工人标准化工作，如冲压、切削等。

静态 SOS 由两部分组成，大小一般为 A4 纸大小，如图 5-23 所示。上半部分组合表列出工作要素和图示的人机关系，见表 5-3。下半部分图表直观地显示出操作工的移动和设备布局，为组合表中规定的操作提供一个目视化概览，如图 5-24 所示。

工艺图表 – 下半部分的特点如下。

（1）以箭头标明操作工的运动路线。
（2）画出设备、物料、工作台、料架等的位置略图。
（3）注明在途存货要求。
（4）用符号注明安全或质量要素。

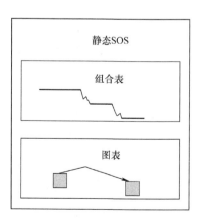

图 5-23 静态 SOS

表 5-3 组合表 - 上半部分样式

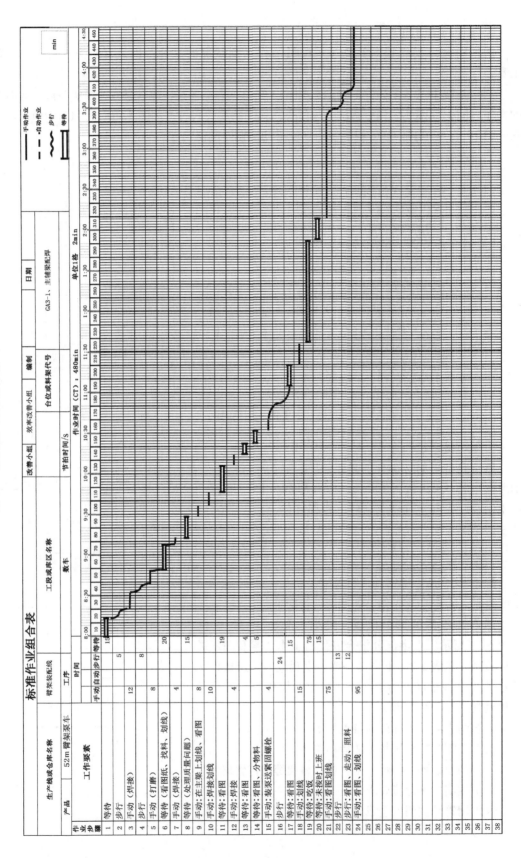

六、不断改进

标准化工作是不断改进的基础。动态 SOS 和静态 SOS 文件为不断改进提供了优良的工具。

（1）使用移动略图帮助识别步行的浪费，如图 5-25 所示。

（2）使用移动略图和组合表帮助识别步行和等待的浪费，如图 5-26 所示。

（3）使用位置频率图表帮助识别步行的浪费，如图 5-27 所示。

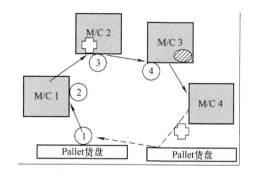

图 5-24　工艺图表 - 下半部分

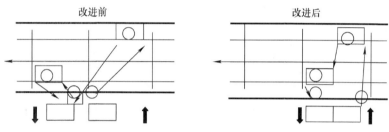

图 5-25　移动略图的应用

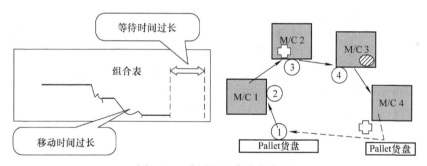

图 5-26　略图和组合表的应用

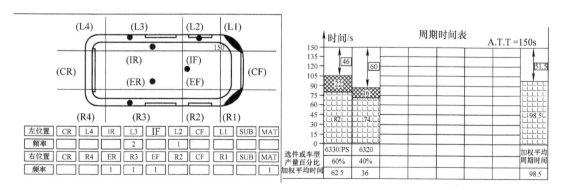

图 5-27　位置频率图表的应用

SOS 的位置频率图表也可以很好地显示出不断改进的机会。目的应是减少不同位置的数量，从而减少在各位置间步行的必要性。操作工在车前部分工作，然后进入车内工作，最后转到车的后部工作，我们要避免这种情况。

（4）使用周期时间表可以看出减少非增值工作和缩短总周期时间的机会。

（一）工作平衡

在考虑改进的时候，着重察看对班组或区域的总体效果。

工作平衡的方法主要有以下几种。

（1）拆分：将一个时间较长的工作要素拆分成两个要素，以利于工作平衡。

（2）缩并：将逻辑紧密的两个要素通过作业改进缩并成一个要素，降低要素时间。

（3）消除：通过工艺改进，消除某些工作要素。

（4）重排：重新工作分配，以更加均衡每个岗位的周期时间。

工作分配示意如图 5-28 所示。

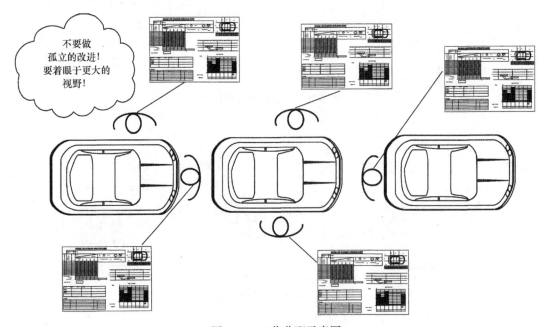

图 5-28　工作分配示意图

无论我们能从某项工作中缩短多长时间，减少多少浪费，都不会看到这些改进的显著效果，除非我们能将这些改进"平衡"到动态线的其余部分上去。

所以，我们需要一种工具帮助我们平衡生产线。为此，我们使用"墙"。

（二）工作平衡墙

工作平衡墙是几个操作工的工作顺序的目视表示。它显示每位操作工顺序工作中的各个要素，对照实际单件工时显示周期时间，并通过不同颜色区别标准工作、选件工作、移动或等待时间，使之目视化。

工作分配表是车间用于促进操作工之间的工作平衡，从而减少浪费的工具。它可使组员和各班组长都看得见彼此的工作。

如果在一项工作上进行不断改进减少了工作的总周期时间，就必须对生产线加以平衡，使小组能承担更多的工作、减少工位或减轻过重负担。工作平衡墙就是促进平衡的一种目视工具，如图 5-29 所示。

工作平衡墙是由一些磁条做成。它们可以方便地从一个工作移到另一个工作，以便看出总体平衡可能的效果。

工作平衡墙做在活动图板上比较理想。这样，工作平衡墙就可以移动到某个区域，供许多需要的成员聚集在它的周围，并讨论平衡的可能性，如图 5-30 所示。每个磁条代表一个要素；用颜色区分（便于识别相对于动态线方向的运行）；黑框表明是选件；白框代表非增值要素，集中在顶部；箭头表示加权平均的周期时间。

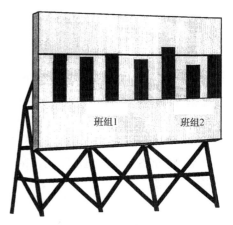

图 5-29　工作平衡墙图示

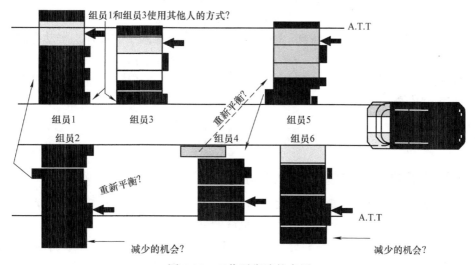

图 5-30　工作平衡墙的应用

（三）标准化工作的前提条件

（1）工作场地有序安排。如果工具不在固定位置，执行工作的时间会发生变化。

（2）人员交流。某些经验比较丰富的操作工在执行工作方面有更好的技巧。这些技巧应与每个人共享。

（3）工作的一致性。如果没有一致性的工序，操作工可能彼此干扰。不能在三个班次中使用三种版本的标准化工作。

（4）设备正常运行时间。如果设备有大量的停机时间，操作工可能无法为其他操作提供必要的部件，因而影响了工作流程。而且，操作工可能要执行一些手工工作，这给他们增加了负担。

（5）质量的稳定性。质量波动影响操作工执行任务的能力。他可能需要进行额外的工作。

因此，如果每个人都按 SOS 工作，质量才不会发生变化。

（四）标准化工作的规则

（1）以 SOS 为培训基础。SOS 和工作要素单是指导培训工作的主要培训文件。

（2）张贴 SOS，并用工艺验证。SOS 应该张贴出来，而且必须是最新版本。观察组员执行标准化工作的任何人员应能将 SOS 单与工作相比较，正确把握发生的情况。这有助于培训和解决问题，并最终不断加以改进。如果组员偏离了标准化工作，会对整个生产系统造成影响。

（3）将 SOS 作为解决问题的工具。当发生问题时，很难找到实际原因（根本原因），因为我们不知道使用了哪种工作方法。不仅如此，由于不具备稳定的条件，我们也无法不断改进。

（4）将 SOS 作为改进的工具。由于标准工作是当前的最佳方法，应以受控的方式进行，定期评审并改进。修改工作仅在工艺稳定的状态下进行。任何好的设想都需要经过有组织的不断改进过程，持续改进必须告诉所有班组成员并得到大家的认同，还要得到其他班次组员的认同，因为他们要轮岗进行标准化工作。

（5）千万不要打断其他组员的标准化工作。标准化工作是神圣不可侵犯的，如果你需要与某人谈话，要等待他完成了标准化工序之后。在你进行标准化工作过程中，如果有人要打断你，你完全有权力礼貌地说："对不起，您打断了我的标准化工作"。

（6）如果动态线停止运行（休息、暗灯等），仍要完成标准工作循环。当动态线因休息、换班或接到暗灯呼号而停止运行时，务必要完成当前工作循环。我们这样做主要出于质量方面的考虑，否则下一位接班的人不知道你的工序进行到了哪一步；在休息之后动态线重新运行时，你也容易忘记刚才停在何处。

联系实际

【实例 8】标准化工作需要四个求同

很多人以为，标准化工作就是建立成文的制度、规范。其实，远远不够。制度、规范的背后是共同的目的、共同的原则、同样的方法、同样的过程。

譬如某部门新组建了一个团队，计划搞一次春游活动。组织者希望这次春游活动不仅生动活泼，而且能够增进团队成员互相了解、激发团队热忱。这就是春游活动共同的目的。

为了实现这个共同目的，组织者让团队成员自己设计节目，然后选择一些大家能够共同参与的节目。共同参与就是春游活动共同的原则。

为了增强团队意识，春游活动安排了一系列小组对抗节目。那么如何分组？是按从事的工作性质分组，还是自由组合分组，还是抽签分组。方法很多，哪一个方法都行。但是作为一个组织行为，必须选择一个同样的方法。否则对抗赛将会失去对抗的意义。

假设我们选定自由组合，那么怎么完成这个自由组合的过程呢？方案一：大家集中介绍各自的爱好、特长，然后推举三个组长，其他人自由向三个组长靠拢，最后进行调整，使各组人数相同；方案二：先让大家毛遂自荐担任组长，然后发表演说竞聘三个组长岗位，其他人选择自己喜欢的组长，最后进行调整，使各组人数相同。实现自由组合的过程也有很多。但是，作为一个组织行为，必须选择同样的过程，否则，有人推举，有人自荐，自由组合过程就会陷入混乱。

企业管理行为的标准化，与组织一次春游的道理是一样的。没有共同的目的、共同的原则、同样的方法、同样的过程，只有一大堆文本堆砌的标准，将是一纸空文，不会得到组织的认同和遵守。

开始行动

【实战 5】编写车模装配标准化操作单

1. 实训目标

（1）知识：掌握增值、非增值等的内涵。

（2）能力：学会工作要素划分，初步掌握编写 SOS 的方法。

（3）素质：将标准化理念融入工作生活中。

2. 实训场景：互联网＋精益实训工厂

互联网＋精益实训工厂是一个全景式展现工厂管理的实训平台。它是在借鉴通用汽车模拟工作环境（SWE）、丰田汽车精益实训道场的基础上，融合精益化、信息化诸多要素，开发的基于现代工厂最佳实践的实训系统。

互联网＋精益实训工厂包含计划控制中心、精益车间、精益物流中心、全面客户评审中心、班组园地等，如图 5-31 所示。

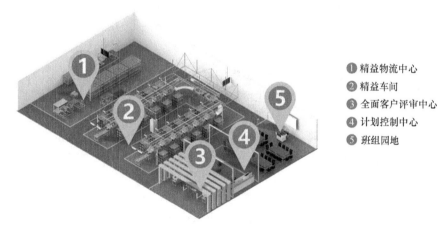

图 5-31 互联网＋精益实训工厂效果图

3. 实训流程

本实训以木模车为实训载体，模拟企业新产品上线前的标准化操作单的编写过程，让学生实践产品的装配工艺及装配作业方法，探索如何实现确保安全、质量、效率的最佳实践，最终完成木模车装配的标准化操作单。车模装配实训现场如图 5-32 所示。

实训过程包含六个实训任务，设计课时 120min，具体流程见表 5-4。

图 5-32 车模装配实训

表 5-4 标准化工作实训流程

序号	实训任务	实训要点	课时/min
1	实训分组及任务下达	1）将全班同学分成 4 组 2）选出组长 3）下达作业任务	5
2	了解周期时间波动	1）组长安排每个同学根据作业任务操作一遍 2）组长利用周期时间波动单记录每位学生完成时间	15
3	要素分解	1）小组研讨确定工作要素 2）编写工作要素单的步骤、要点，以及原因	30
4	给要素定时	1）推选一位同学按照工作要素单操作，重复操作 5 次 2）利用时间测量单记录操作时间 3）按照要素计时规则确定要素时间，并填写到工作要素单中	20
5	完成标准化操作单	1）将工作要素填写到 SOS 表单 2）编写移动略图 3）编写周期时间表	30
6	汇报总结	1）各小组汇报总结成果 2）老师点评	20

【实战 6】编写蛋炒饭标准化操作单

1. 实训目标

（1）知识：掌握增值、非增值等的内涵。

（2）能力：学会工作要素划分，初步掌握编写 SOS 的方法。

（3）素质：将标准化理念融入工作生活中。

2. 实训场景

事先录制一个蛋炒饭的视频，直观展示蛋炒饭制作原料、烹饪方法以及质量要求。让学生通过观看视频了解蛋炒饭的制作过程。

3. 实训流程

本实训项目适用于文科类专业学生。蛋炒饭是生活中比较常见的一道菜，使用蛋炒饭烹饪编写标准化操作单（参考图 5-16），便于学生从生活中认识标准化工作的内涵。图 5-33 所示为饭店炒制的蛋炒饭。

图 5-33 蛋炒饭

实训过程包含六个实训任务，设计课时 80min，具体流程设计见表 5-5。

表 5-5　蛋炒饭实训流程

序号	实训任务	实训要点	课时/min
1	实训分组	1）将全班同学分成 4 组 2）选出组长	5
2	集中观看视频	1）了解蛋炒饭的过程 2）将蛋炒饭视频分发给各小组长	5
3	要素分解	1）分组观看视频 2）研讨确定工作要素	10
4	编写工作要素单	1）确定主要步骤 2）编写要点 3）说明原因	20
5	完成标准化操作单	1）编写要素并定时 2）编写移动略图 3）编写周期时间表	20
6	汇报总结	1）各小组汇报总结成果 2）老师点评	20

项目六
全员生产维修

项目六　全员生产维修

思维导图

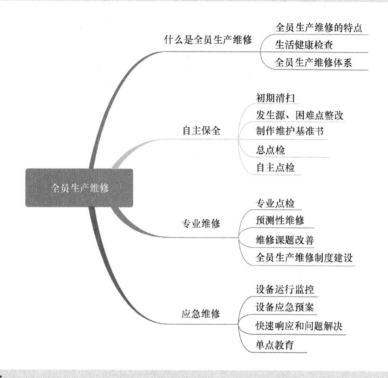

学习目标

1. 理解全员生产维修的基本理念。
2. 掌握自主保全、专业维护、应急维修的具体方法。
3. 熟悉全员生产维修在现场应用的工具表格。

水平检测

1. 全员生产维修是全体员工执行_____的维修过程，以使设备和机器的_____与_____最优化。
2. 全员生产维修的三大支柱是_____、_____、_____。
3. 全员生产维修与传统设备管理三大不同是：_____、_____、_____。
4. 自主保全主要步骤包括：_____、发生源和困难点整改、_____、总点检，以及_____。
5. 应急维修主要内容包括设备运行监控、_____、快速响应和问题解决，以及_____。
6. 以下各项属于专业维修内容的是（　　）。<多选>
A. 自主点检　　　　　　　　　　B. 预测性维修
C. 设备课题改善　　　　　　　　D. 全员生产维修制度建设

现象评析

新旧两个抽油烟机的对比如图 6-1 所示。

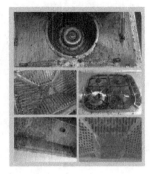

图 6-1　新旧抽油烟机对比图

请结合图 6-1 分析问题，并填写表 6-1。

表 6-1　评析表

问　题	评　析
通过这两张照片，你认为好的设备维护有什么作用	
如果你是这台抽油烟机的主人，你觉得应该如何做好设备维护	

知识链接

企业生产离不开设备管理。传统的设备管理是成立一个设备部门，专门负责设备维修、备件管理等工作。生产与维修各司其职、各行其是。这样做有利于专业化，但也带来许多问题。

（1）生产人员不关心设备：我只管生产，设备坏了不关我事；设备好难看，设备没有人日常维护，灰尘、漏油、松动现象突出；生产老停线，设备频繁故障停机，直接影响生产。

（2）维修人员疲于应付：设备动不动就"趴窝"，维修人员到处救火；大家互相埋怨，生产人员、维修人员、管理人员互相指责、抱怨等。

一、什么是全员生产维修

解决传统设备管理的问题，就必须将生产人员和维修人员团结起来，分工协作。

丰田公司在 20 世纪 50 年代，为应对市场挑战，提出准时生产（Just In Time，JIT）理念，要求生产系统建立高质量、低消耗、快响应的能力。而上述各自为政的设备管理方式，显然不能满足准时生产的要求。

丰田经过不断实践积累，逐步形成了全体员工执行标准化的维修过程，以使设备和机器的质量与生产率最优化的全员生产维修（Total Productive Maintenance，TPM）方式。

全员是指生产人员、维修人员、管理人员团队协作，共同参与设备管理。

生产是指设备维护面向生产，以提高生产效率、质量，降低成本为设备管理目标。

维修是指以提高设备全寿命综合效能为指导，建立预防、预测、纠正维修体系。

在保障团队协作的情况下，生产人员、维修人员、管理人员的职责分配如下：

（1）生产人员职责：标准化工作；机器或设备的清洁、润滑；监视机器的状态；小的修理。

（2）维修人员职责：技术性维修；改进与执行设计改动要求；计划性维修；大的修理或改造；设备安装和起动；操作人员培训。

（3）管理人员职责：制订活动计划；组织各阶段实施；检查与考评机制；员工激励；技术技能培训。

（一）全员生产维修的特点

全员生产维修与传统的设备管理比较，主要有以下几点不同。

1. 全员参与

全员参与是全员生产维护区别于传统设备管理最核心的理念。打破生产人员、维修人员，以及管理人员的职能界限，将维修融入生产体系，一起快速、精准地解决设备问题，保障生产活动的顺利进行。

2. 事前预防

在设备管理实践中，人们发现，很多设备故障发生前已经有明显的预兆；从统计角度，很多设备故障具有周期性。这些现象启示我们，很多设备故障是可以事前预防的。

以这种理念为指导，人们逐步摸索了一系列事前预防的方法：

（1）对设备进行日常维护（如清洁、检查、润滑等）。

（2）对设备进行定期检查，及时发现事故隐患（如异响、劣化等）。

（3）定期更新易损部件和高风险部件。

3. 全生命周期管理

全生命周期管理是追求全生命周期综合效能最大化的设备管理理念。最大的特点是追求综合效能最佳，而非单一效能最高。例如，有的设备价格比较便宜，但是使用寿命比较短；定期更换备件会增加维修成本，但是可以降低生产停线和延长设备寿命等。这些问题需要综合各方面因素，以期实现在全生命周期的最佳选择。

（二）生活健康检查

全员生产维修理念与我们的生活健康是相通的，我们不妨从生活健康入手，加深对全员生产维修的理解。

请微信扫描图 6-2 所示的二维码，进入生活健康检查小程序，从预防、控制、治疗三个方面，根据你的生活情况，检查你的身体状况。

图 6-2 生活健康检查体验

根据检查，你是否发现：健康的生活，必须坚持预防为主的原则？企业设备维护，也像健康管理一样，也要坚持预防为主的原则。

（三）全员生产维修体系

全员生产维修是以团队协作为基础，以全寿命周期管理为导向，以自主保全、专业维护、应急维修三者为支柱的体系，如图6-3所示。

二、自主保全

自主保全是操作员工以"我的设备我维护"的理念，对操作设备进行清扫、保养、维护等日常设备管理的活动。

自主是指员工对自己所用的设备，自主进行维护和改善，从而实现并维持设备的最佳状态。保全

图6-3 全员生产维修体系

是对系统、装备、部件等保持良好的可用状态，或者为故障维修提供现场支持和协调的活动。

自主保全是为了保障设备的健康运行，只有将清扫、保养、维护相结合，才能保障设备持续处于良好的可用状态。

自主保全在生活中也非常常见，如抽油烟机维护、电视机清洁、汽车出行检查等。如果我们在日常生活中不注意抽油烟机、电视机、汽车等的维护保养，就容易使其出现故障并降低使用寿命，甚至发生危险。

开展自主保全，需要严格按照图6-4所示的五个步骤进行。只有严谨细致地做好每一步，才能确保全员生产维修落地，并在企业持续有效运行。

图6-4 自主保全步骤

（一）初期清扫

初期清扫就是开展彻底的清扫检查活动，恢复设备的初期状态。初期清扫的目的是发现设备存在的问题，主要有：寻找发生源，找出困难点，发现潜在问题。

1. 活动要点

开展初期清扫活动，需要遵循以下几点。

（1）事先确认安全事项。

（2）现场员工要把清扫当成是自己的一项工作。

（3）彻底清扫多年来残存的污垢。

（4）打开从来没有受到重视的挡板与盖子，对设备里里外外进行彻底清扫。

（5）必要时拧开螺钉，拆开设备，进行分解清扫。

（6）不仅对设备主体，还要对辅助设备、控制箱等进行清扫。

（7）要消除"清扫了也会脏""马马虎虎清扫"的思想与行动。

（8）清扫是无止境的，除非不良（脏物、垃圾、污点）消失了。

2. 实施流程

初期清扫的目的是发现问题和设备还原。需要紧密结合5S方法按照图6-5所示流程开展。

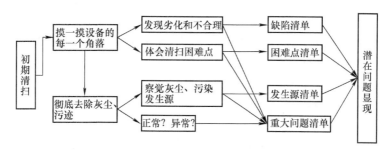

图 6-5 初期清扫操作流程

首先,需要用手触摸设备的每一个角落,不放过任何一个问题。

然后,彻底去除灰尘、污迹,并去锈、紧固等,以便帮助分析问题中潜在的原因。如对抽油烟机进行彻底清扫,以发现哪些部位有漏油、哪些部位有渗油。以便为后续工作打下基础,如图 6-6 所示。

(二)发生源、困难点整改

这个阶段是整改初期清扫发现的问题。一方面消除垃圾、灰尘、污垢等的发生源;一方面改善影响清扫、加油、点检等的困难点。

发生源、困难点整改的关键在于如何找准原因并实施对策。对于比较复杂的问题,可以采用头脑风暴和因果图等方法,集思广益。常用的对策可遵循表 6-2 中的准则。

图 6-6 抽油烟机清扫示例

表 6-2 发生源、困难点整改表

发生源对策	消除	找出灰尘或污染的发生源,去除发生源
	隔离	在无法消除发生源的情况下,采取隔离措施防止其飞散
困难点对策	改善清扫方法	发生源对策没有成功时,为了更容易进行清扫而改善清扫方法或更换清扫工具
	设备改善	在前面的对策都不能奏效时,采用封堵、改造、引导、透明化等方法改进设备

发生源、困难点整改完成后,应该开展设备还原,将设备修旧如新。如给设备重新油漆上色。这样做一方面有利于恢复设备的基本性能,支持自主保全后续活动的开展;一方面让员工直观看板初期清扫的成果,树立全员生产维修的信心,如图 6-7 所示。

图 6-7 设备还原前后对比图

（三）制作维护基准书

制作维护基准书（见【实例10】）是为了维护设备的基本条件（如清扫、注油、紧固等），整理出维护基准，指导员工日常维护工作。其目的有以下几点。

（1）巩固初期清扫和发生源、困难点整改成果。
（2）培训指导员工设备保全的日常行为。
（3）现场直观管理设备保全活动。

维护基准书主要针对清扫、注油、紧固等日常点检项目，要点包括维护项目、维护周期，以及维护方法等。

编写维护基准书，应该遵循以下要求。

（1）图片清晰，内容完整。
（2）定点——设定检查部位、项目以及内容。
（3）定法——确定点检的操作方法。
（4）定标——制定判定标准。
（5）定期——设定检查的周期。
（6）定人——确定点检项目的实施人员。

（四）总点检

总点检是全面细致地对设备进行检修，消除潜在问题，让设备全面恢复到初始状态，并指导设备操作人员更加深入掌握设备的结构、性能和运行原理。

总点检重点在于测量设备的劣化程度并采取根本措施和改善方法。通过对设备进行认真检修，准确掌握设备技术状况，及时发现设备缺陷以防患于未然，维持和改善设备工作性能、延长机件使用寿命、减少停机时间、提高设备效率、降低维修费用，保障正常生产。通过总点检活动，培养员工掌握设备的主要结构原理、工作机能，以及维护技能等。

总点检的主要内容包括全面检修、点检目视、点检分类、员工培训四个方面。

全面检修是按照设备综合效率要求，对设备进行全面检查，并修复潜在问题和改善维护方法。全面检修的关键是不放过任何一个问题的不妥协态度。

点检目视是利用目视管理的方法，对点检项目和部位进行标识，以提醒员工有效开展点检活动，如图6-8所示。

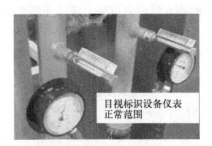

图6-8　点检目视应用

点检分类就是对点检项目进行分类管理。如将操作人员能够实施的点检项目归为自主点检，将需要维修人员实施的点检项目归为专业点检，以便各司其职。

员工培训是将总点检形成的知识和经验，制作成设备应知应会、设备安全操作，以及设备点检方法等培训教案，培训岗位员工。设备应知应会侧重于设备结构功能及运行原理，设备安全操作侧重于设备安全预防、安全操作流程等，设备点检方法侧重于点检要点、注意事项等。

（五）自主点检

自主点检是操作人员按照点检要求，自主开展日常点检的活动。自主点检是一个制度规范和习惯养成的过程。

第一，必须树立"我的设备我维护"的理念，要像爱护自己的眼睛一样呵护设备。

第二，严格按照自主点检要求执行标准化的检查，并持之以恒。

第三，发现设备问题或者隐患，积极与管理人员、维修人员沟通，以求快速解决问题。

自主点检标准是将设备总点检的成果固化成自主点检指导文件，并建立点检频次、点检方法、点检要求，以让设备持续保持良好的工作状态，见表6-3。

表6-3 自主点检标准表

班组	ABB机器人拆装与维修区		自主点检标准		编制		第1页
工位编号	ST110				审核		共1页
工位名称	视觉分拣工作站	版本号：	1		批准		
序号	类别	点检项目	操作方法	阶段	点检频次	说明	
1	安全	安全锁	进入工作区域，必须锁上安全锁	班前	每班1次		
2	设备	电源开机	1. 打开电柜箱总电源开关和对应空气开关 2. 顺时针转动机器人控制柜电源开关至"ON"位置 3. 打开气阀	班前	每班1次		
3	设备	检查机器人是否在原点位置	恢复机器人HOME点：J1 = 0°；J2 = 0°；J3 = 0°；J4 = 0°；J5 = −90°；J6 = 0°	班前/班后	每班1次		
4	5S	地面清扫	用扫把/拖把清扫地面杂物	班后	每班1次		
5	5S	护栏整理	1. 安全帽按规定摆放 2. 整理工位栏板文件，资料齐全	班后	每班1次		
6	5S	电脑及桌椅整理	鼠标、键盘、椅子按规定摆放	班后	每班1次		
7	设备	电源关闭	1. 首先关闭电脑设备电源 2. 再逆时针转动机器人控制柜电源开关至"OFF"位置 3. 关闭PLC控制柜各支路电源和总电源 4. 关闭气阀 5. 关闭电控柜总电源	班后	每班1次		

三、专业维修

专业维修就像生活中的爱车保养。汽车在使用一段时间或行驶一定里程后，需要送到车辆维修店，请求维修师傅进行保养。

专业维修是维修人员为支持生产而开展的设备管理职能化工作。生产部门是维修部门的客户，维修人员必须树立为生产服务的管理理念，从全员生产维修体系的高度，统筹兼顾，实现设备全寿命周期管理的目标。

专业维修主要工作包含专业点检、预测性维修、维修课题改善和全员生产维修制度建设四个方面。

（一）专业点检

专业点检是维保人员日常开展的点检活动，重点在于发现并及时解决问题，使设备处于一个良好的工作状态，保证设备可动率。

专业点检的主要职能有以下几点。

（1）执行生产人员做不了的点检项目。

（2）巡查设备运行状态，及时发现问题和排除隐患。

（3）检查指导生产人员开展自主点检活动。

专业点检项目必须责任到人，并将点检项目制作成表格目视到现场，以督促和指导实施。

（二）预测性维修

预测性维修是以设备全寿命周期管理为指导，根据设备维护要求和运行状态，开展的有计划的设备维修活动，将事后维修变成事前预防。

预测性维修的目标如下。

（1）降低设备故障频次和停机时间。

（2）提高设备可用性和使用寿命。

预测性维修业务包含维修标准化操作单、年度预测性维修计划以及预测性维修项目在现场目视三个方面。

第一，将预测性维修按照项目编制标准化操作单（编制方法请参考"项目五　标准化工作"），以规范维修过程，确保维修安全、质量和效率。

第二，编制年度预测性维修计划。预测性维修计划通常以车间为单位编写，计划主要内容包括以下几项。

（1）确定设备预测性维修项目及执行时间。

（2）备件采购计划。

（3）设备专题改善计划。

（4）定期回顾、评估活动。

第三，将预测性维修项目在现场目视，以动态监控预测性维修的执行进度和执行状态，如图6-9所示。

（三）维修课题改善

维修课题改善指根据设备存在的问题或瓶颈，以及改进需求，有计划地开展改善的活动。

根据目标和投入资源的不同，维修课题改善主要有技术改造和维修攻关。

技术改造：企业根据发展需要，对工程设备实施的系统性改进。

维修攻关：针对设备运行中存在的突出问题或瓶颈，实施的针对性改进。

维修课题改善流程与方法包括选择改善课题、组建改善团队、开展现场调研、研讨改善思路、书写一页纸报告、方案培训及项目启动、例会与期报、成果发布与激励八个环节（具体请参考"项目十二　现场改善"）。

某车间维修工段2018年度月预测性维修计划

序号	设备名称	维护内容	维护重点	1月	2月	3月	4月	5月	6月	7月	8月	9月	10月	11月	12月
1	1#斗提机	更换链条、挖斗			○										
2	4#混料机	更换变速箱、更换电机、更换铲臂			○										
3	4#链板机	更换减速机			○										
4	3#斗提机	更换单通道				○									
5	3#皮带机	检修主动轮、被动轮轴承,更换托辊				○									
6	3#引风机	修补联轴器、更换缓冲垫				○									
7	1#链板机	更换压辊					○								
8	1期上煤皮带	检查轴承、更换托辊					○								
9	3#斗提机	更换被动轮轴承	可靠性				○								
10	4#混合料皮带机	更换被动轮轴承	可靠性					○							
11	1#混合料皮带机	更换主动轮轴承	可靠性					○							
12	1#大倾角皮带机	更换主动轮轴承						○							
13	2#碱斗提机	更换蜗杆轴承							○						
14	4#煤气炉	更换蜗杆轴承	可靠性						○						
15	2#链板机	更换减速机							○						
16	2#煤交机	更换减速机	可靠性							○					
17	1#链板机	更换面板								○					
18	1#大倾角皮带机	更换减速机	可靠性								○				
19	3#链板机	更换链条									○				
20	3#斗提机	更换链条、挖斗									○				
21	2#大倾角皮带机	更换主动轮轴承										○			
22	2#混合料皮带机	更换主动轮、被动轮轴承										○			
23	4#斗提机	更换单通道											○		
24	4#链板机	更换减速机											○		
25	3#大倾角皮带机	更换皮带												○	
26	1#混料机	检修更换主轴轴承、减速机、电机												○	
27	2期上煤皮带	检修更换主动轮、被动轮轴承												○	
28	1#链板机	更换链条												○	
29	3#混合料皮带机	检修更换主动轮、被动轮轴承													○
30	4#大倾角皮带机	检修更换主动轮、被动轮轴承													○
31	滚筒化料皮带	更换皮带													○
32	混料机	减速机换油					○					○			

图 6-9 某车间维修计划执行进度

（四）全员生产维修制度建设

全员生产维修制度建设是以全员参与、持续改进为理念，建立从目标到方法的管理制度的过程。

全员生产维修制度应该以实践为基础，巩固全员生产维修成果。

四、应急维修

应急维修是设备出现故障后的补救措施。应急维修的主要内容包括：设备运行监控、设备应急预案、快速响应和问题解决、单点教育四个方面。

（一）设备运行监控

应用目视管理、信息系统等方法，监控设备运行，以便动态管理和快速响应，如图 6-10 所示。

图 6-10 设备运行监控案例

随着信息技术的广泛应用,许多企业建立了设备监控系统,可以通过电子监控大屏实时了解设备的工作状态。当发生问题时,系统会实时通过屏幕和语音提醒维修人员及时采取相应措施。

(二)设备应急预案

设备应急预案是为了快速修复故障、恢复生产,针对关键设备、故障多发设备而建立的预案。应急预案的常用方法有以下几种。

(1)备份:准备备份设备,一旦出现问题立即替换。
(2)冗余:设计设备能力冗余,确保设备出现故障时,能将生产转移到其他设备。
(3)临时措施:制定临时措施,当设备发生故障时,采取临时措施确保生产。

(三)快速响应和问题解决

设备应急维修就像生命急救,必须强调快速响应。当设备出现故障时,需要快速响应现场,现场调查和分析问题,并现场做出决策进行维修解决。

快速响应要求在保障安全的前提下,采取措施尽快恢复生产。

(四)单点教育

单点教育(One Point Lesson,OPL)是指将典型的单点维修经验教训,整理成一页纸材料,利用班前班后等短暂时间,对团队成员进行培训的方法。单点教育必须简单易行,首先教育内容必须针对一个具体的知识或经验,不要超过一页纸;其次培训时间不要超过10min,以便可以利用空余时间开展(见【实例11】)。

单点教育的目的主要有以下几点。
(1)增加操作人员、维修人员的设备知识、保全技能及品质、成本等方面的知识。
(2)员工自己动手编写单点教育材料,积累实践经验和技术知识。
(3)员工之间互相培训,营造共同成长的氛围。

联系实际

【实例9】燕京漓泉洗瓶机的故事

燕京漓泉是燕京啤酒在桂林收购的一家企业,2006年以来,在广西的市场占有率长期高达80%以上,是燕京业绩最好的企业之一。

啤酒生产是一种装备密集型制造,设备对生产保障非常重要。在一次啤酒生产数据调研中,顾问发现一个规律性的问题:罐装产量按周呈周期性波动,而且是周一到周六逐渐降低。到车间实际了解发现,产量下降是因为供瓶数量下降,供瓶数量下降是因为洗瓶机的产量下降。

洗瓶机的产量为什么会下降呢?顾问来到洗瓶现场实地察看并了解后发现,洗瓶机的洗洁率从周一开始总是不断下降,洗洁率下降、没洗干净,重复在线上来回的瓶子数量就多,洗瓶机的产量自然就下降了。顾问询问管理人员是什么原因?他们的回答是洗瓶机的性能就是这样。

顾问觉得这个结论太不靠谱。于是决定搞一次工位认证:一道工序一道工序、一个环节一个环节查找问题。结果发现:周一洗瓶机的产量高,是因为车间每周末会搞一次大检修,洗瓶机运行状态比较良好。

周一到周六产量逐渐下降是因为洗瓶机在清洗过程中,喷淋头会不断沾上杂物,减少喷水量,影响洗洁率。工人见洗洁率下降,以为是洗涤剂添加不够,就往里添加洗涤剂。这种办法短期内可以提高洗洁率,但是积累到一定程度洗涤槽液出现过饱和,洗洁率反而更低。不得已,工人只好将洗瓶机的速度调下来,以保障洗瓶效果。这样恶性循环,产量当然就越来越低了。

明确问题后,顾问组织相关管理人员、技术人员,以及员工一起研讨,制定了一个改进方案:第一,在洗瓶机入口增加一道人工冲洗工序,将酒瓶上较严重的残渣去掉,减轻洗瓶机的负荷;第二,在洗瓶过程中,工人定期清理洗瓶机入口刷洗工序的残渣,减少对喷淋口的污染;第三,每个班后留出15min时间,由维修人员、生产人员共同对喷淋口进行清理,确保正常喷淋。

经此改进后,工人再也不用过量添加洗涤剂和调整产线速度了,洗瓶机的周期性产能波动得到彻底解决,罐装车间产能提高了20%以上。

【实例10】叉车岗位维护基准书

叉车岗位维护基准书见表6-4。

表6-4 叉车岗位维护基准书

清扫部位		清扫基准	清扫方法	清扫时间/min	清扫周期			负责人
No	项目				日	周	月	
1	货叉架清扫	货叉、挡货架,无污垢,无泥土	用拖把清扫	0.5	●			操作员
2	门架清扫	前门架、后门架,无污垢,无泥土	用拖把清扫	0.5	●			操作员
3	驾驶室清扫	转向盘、仪表盘、座椅、加速踏板、制动踏板、地台、护顶架,无污垢	地台用拖把清扫,其余用抹布擦拭	0.5	●			操作员
4	车架清扫	两侧车架无污垢	用拖把擦拭	0.5	●			操作员
5	配重清扫	无污垢	用抹布擦拭	0.5	●			操作员
合计				2.5				
紧固部位		紧固基准	紧固方法	紧固时间/min	紧固周期			负责人
No	项目				日	周	月	
1	货叉架支承	螺钉无松动,无滑牙	用开口扳手紧固	1		●		专业维修人员
2	起重链条	拉紧螺钉无松动,无滑牙	用开口扳手紧固	0.5		●		专业维修人员
3	车轮	车轮螺钉、固定销无松动,无滑牙	用套筒扳手紧固	4		●		专业维修人员
4	转向器	转向器螺钉无松动,无滑牙	用开口扳手紧固	1		●		专业维修人员
5	制动器	无松动,无滑牙	用开口扳手紧固	1		●		专业维修人员
合计				7.5				
清扫时点检		轮胎气压是否合适						
紧固时点检		起重链条是否松动,是否有润滑						
		制动器行程是否正常						

【实例 11】单点教育案例

单点教育案例见表 6-5。

表 6-5 单点教育案例

单点教材（OPL）					
课程分类	■基础知识 □问题案例 □改善案例		核准：	审核：	制作：
主题	水泵起动注意事项	类型：	版本：1.0	管理编号：TPM-02-CL-	
水泵起动前准备工作 （1）检查水泵设备完好情况 （2）轴承充油，油位正常，油品合格 （3）将水泵的入口阀门完全打开 （4）泵内注水，打开排气阀排气 （5）检查轴封有无漏水情况 （6）电动机旋转方向正确 其中特别需要注意的是第四项，如右图所示，如果检查过程不打开排气阀，水泵会因气蚀和气缚而急剧振动，导致设备损坏					
培训时间		培训人		培训时长	
受训人员					

开始行动

【实战 7】数控加工自主保全

1. 实训目标

（1）能力：初步掌握"自主点检标准表"（见表 6-6）的编写；根据"自主点检标准表"安全、保质、准时地完成点检作业；发现问题和解决问题的能力。

表 6-6 自主点检标准表

班组			自主点检标准		编制		第 1 页
工位编号					审核		共 1 页
工位名称			版本号：	1	批准		
序号	类别	点检项目	操作方法	阶段	点检频次	说明	
1							
2							
3							
4							
5							

（2）知识：掌握自主保全的五个要素；理解点检基准表、自主点检表的应用。

（3）素质：养成用自主点检方法维护岗位安全、5S、质量、设备等的习惯。

2. 实训场景：数控加工标准工位

数控加工标准工位是基于学校现有数控加工实训设施，按照工位"人机料法环测"六个要素要求，结合数控加工设备应用的典型行业情景，融入精益化、信息化元素升级改造，实施标准化管理。一方面提升实训管理水平,一方面培养师生职业习惯。图 6-11 所示为某学校升级改造后的数控加工标准工位现场。

标准工位主要内容如下。

(1)安全文件:指导操作者根据安全要求穿戴劳保用品的文件。

(2)安全小视频:岗前学习数控加工岗位安全知识的短视频。

(3)工位 5S 管理:规范工位 5S 管理的标准文件。

(4)标准化操作单:指导员工安全、高效、保质完成操作的文件。

(5)设备维护基准书:指导员工开展设备维护的技术文件。

图 6-11 数控加工标准工位现场

(6)自主保全标准:指导操作者开展工位日常维护的标准文件。

(7)统计过程控制:用统计方法控制工序参数的工具。

(8)工位暗灯:当工位发现问题需要支持时发出请求的装置。

3. 实训流程

本实训模拟企业真实情境,让学生利用真实的实训工位,开展工位自主保全,实践实训即上岗的理念。一方面加强实训设备日常维护,一方面培养学生良好的职工习惯。

实训过程包含六个实训任务,设计课时 80min,具体流程见表 6-7。

表 6-7 数控加工自主保全实训流程

序号	实训任务	实训要点	课时 /min
1	分组学习	1)将全班同学分成 4 组,选出组长 2)各组长组织学习点检文件	10
2	教师讲演	1)清扫讲演 2)给油讲演 3)紧固讲演	10
3	编写自主点检表	1)分组编写自主点检表 2)分组汇报自主点检表	20
4	小组自主点检	1)分角色开始点检实训 2)班长扫码进入实训工位 3)班长逐项安排点检 4)班组成员各执行一项点检作业 5)班长检查点检成效	15
5	小组总结	1)总结成功完成标准化工作的关键点 2)提出标准化工作的改进建议	10
6	实训汇报	1)各小组汇报总结成果 2)老师点评	15

项目七
现场质量管理

项目七 现场质量管理

思维导图

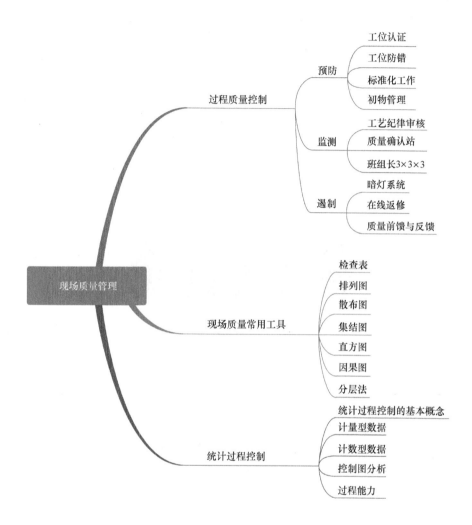

学习目标

1. 掌握生产过程质量管理的常用方法。
2. 学会使用现场质量管理的常用工具。
3. 了解统计过程控制应用。

水平检测

1. 过程控制就是将过程方法贯彻于_____、_____和_____流程中。
2. 常用的工位防错方法有（　　）。<多选>
A. 采用防错装置　　B. 工作分配　　C. 改批量作业为流程作业　　D. 工作丰富化
3. 以下哪些属于初物管理的变化点（　　）。<多选>

119

A. 新员工上岗　　B. 零件更改
C. 机器更换零件　D. 班组长轮岗

4. 现场质量管理常用的工具有：_____、_____、_____、_____、_____、_____、_____。

5. 统计过程控制数据类型包括：_____、_____。

现象评析

图 7-1 所示为某专用车厂生产的一辆油罐车，停放在工厂的储运中心。

图 7-1　油罐车

请结合图 7-1，分析问题，并填写表 7-1。

表 7-1　评析表

问题	评析
从这张图片，你能发现什么质量问题	
你觉得这个问题严重吗？你如何看待这样的问题	

知识链接

一、过程质量控制

通俗地讲，质量是客户感觉到能够接受以满足其价值的东西。

（1）质量由客户定义，而不是由生产企业或者企业的工程师定义。因此，我们需要倾听客户的心声。

（2）满足客户价值，包括使用价值和体验价值等。总之，对客户而言，他觉得有用的、愿意接受的价值。

过程控制就是将过程方法贯彻于预防、监测和遏制流程中，如图 7-2 所示。其目的是尽可能将过程的变异减到最少，以减少或避免因缺陷造成的浪费。

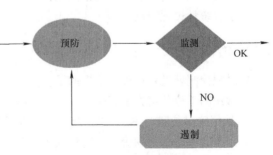

图 7-2　过程质量控制

（一）预防

预防就是事先控制可能出现的质量问题。质量预防需要针对过程的输入端进行控制，其核心是预防质量风险。

预防质量风险通常关注质量问题的发生频次及其后果，而不取决于它是否重要。例如，你在超市购买了一瓶矿泉水，你会直接打开了就喝，尽管矿泉水好坏对人体非常重要，因为你不认为它存在风险。

质量预防的常用方法有工位认证、工位防错、标准化工作和初物管理等。

1. 工位认证

工位认证就是从"人机料法环测"六个方面，针对工位是否满足生产条件，执行标准化认证的方法。目的是确认生产所需要的各项条件在相应工位是否就绪。

工位认证通常用于新产品上线、新产线起动、技术改造、发现系统性质量问题等情况。

工位认证过程包含客户心声、工位认证、问题清单、绿化工程、工位确认、持续改进等若干环节，如图 7-3 所示。

第一，倾听客户心声，即主动了解内外部客户以及现场员工反馈的问题，将其列入工位认证标准清单，以此作为工位认证的重要依据。

图 7-3　工位认证组成

第二，组织团队深入现场每一个工位，对照工位认证标准清单，逐项进行认证，发现存在的问题。

第三，将问题整理形成问题清单，并分配责任人，限期整改。

第四，对工位认证标准清单中有问题项标注红色圆点。当问题解决后，将红色圆点改成绿色圆点，形象地称为绿化工程。

第五，当工位认证标准清单中所有项目都标注为绿色后，请求质量部门人员到现场确认，没有问题后同意工位认证通过。

第六，在工位运行初期实施过程监控，发现问题及时改进。

2. 工位防错

工位防错是对生产工位容易出错的地方，设计专门的防错装置或措施，杜绝问题重复发生。常用的工位防错方法有以下几种。

（1）采用防错装置：使错误操作不能继续，如电子计算机（电视）的接口很多，但可以确保非正确连接无法成功。

（2）工作分配：将容易混淆的两个操作、零件分配到不同的工位完成。如汽车发动机线束安装，插接口较多，如果将多个线束插接安排给一个工位完成，很可能造成错装；如果将插接分配给不同工位安装，就能有效减少错装的发生。

（3）改批量作业为流程作业：如某汽车公司安装油箱附件，以前员工喜欢一字摆开，先安装所有的油管、后安装支架，经常因为油箱摆在一起，不容易区分，时间一长，很容易漏装。后来改为流水作业，一个一个装配，减少了错误发生。

（4）工作丰富化：如汽车安装有几十个堵头，如果专门分配一个员工安装，比较枯燥，极容易出错；如果分配到不同工位，每个工位装一到两个，则不容易出错。

3. 标准化工作

标准化工作用于可定义的、可重复的工作，如生产操作、物流搬运、质量检查、设备维护等。它是成文的、当前最佳的、安全有效地完成工作的方法，以达到必要的质量水准。

标准化工作可以将操作质量要求、质量检查项目融入作业过程，起到防止遗漏要点、保障作业一致性的作用，从而达到质量预防的目的。标准化工作的具体内容在项目五中有专门介绍，这里不再赘述。

4. 初物管理

初物管理又称变化点管理，是指对物品（通常延伸到人机料法环）条件变化点的管理。其目的是加强对变化点的管理，防止出现因初物管理不当产生质量问题。

常见的变化点有以下几种。

（1）人员变化：新员工上岗、有人请假等。

（2）机器变化：机器更换新的部件，机器维修保养后重新起用等。

（3）物料变化：原材料变更、设计更改、供应商变更等。

（4）方法变化：加工工艺更改、操作方法改进等。

（5）环境变化：温度调整、防尘装置改变、保洁制度改变等。

在现场，企业常常用一些直观的标识或目视看板对初物进行管理。如在新员工手臂上套一个红袖章，或者制作一个变化点目视看板，提醒管理人员注意，如图7-4所示。

图7-4　初物管理实景

（二）监测

质量监测即质量检查、评估与确认。常用的质量监测方法有工艺纪律审核、质量确认站，以及班组长3×3×3检查等。

1. 工艺纪律审核

工艺纪律审核是对关键工艺特性要求进行定期的现场检查的活动。

审计内容包括以下几项。

（1）检查工艺控制及工艺文件是否最新并受控。

（2）检查员工是否按照标准化操作单作业。

（3）检查设备和工艺装备重要参数是否正常。

（4）检查工具和量具是否正常。

其目的是确保现场工艺条件达到一致性要求。工艺纪律审核活动通常由主管制造工程师主持，相关的质量工程师、工段长、班组长等参加。

2. 质量确认站

质量确认站（verify station）是在关键工艺末端（一般为生产线的末端）设立的一个用于质量确认的检测工位，按照质量检验SOS/JES执行100%标准化检查。图7-5所示为汽车总装下线确认站实景图。

质量确认站有以下三个基本要素。

（1）质量检验 SOS/JES：用于指导检验员标准化工作。

（2）确认站信息墙：用于发布和反馈确认站检验信息。

（3）确认站例会：由确认站班组长主持，定期向生产班组长沟通质量问题。

3. 班组长 3×3×3 检查

图 7-5　某车间汽车总装下线确认站

班组长 3×3×3 检查是要求班组长在每个班次中不定时抽检 3 个批次，每个批次抽检 3 个产品，最后绘制当班次出现频次最多的 3 个质量问题的排列图。

3×3×3 是虚指，实际操作中可以根据具体情况调整。图 7-6 所示是班组长 3×3×3 质量检查表格样式。

班组长3×3×3检查			车间		班组		班组长			日期	
			班组长每天抽取三个批次，每次抽取三个产品，总结当天班次前三位抽检质量问题								
序号	检验项目	检验方法	是否检验	抽样时间	产品编号/批次：	是否检验	抽样时间	产品编号/批次：	是否检验	抽样时间	产品编号/批次：
				缺陷信息描述			缺陷信息描述			缺陷信息描述	
1											
2											
3											
4											
5											
6											
7											
8											
9											
10											
11											
12											
前三位问题	问题描述			答复或执行方案			实际完成日期		预计日期	责任区域	责任人

图 7-6　班组长 3×3×3 质量检查表格样式

（三）遏制

遏制是指当发生问题时，防止问题逃逸本工位。常用的遏制方法有暗灯系统、在线返修、质量前馈与反馈等。

1. 暗灯系统

暗灯系统是在生产线出现问题需要支持时，拉下暗灯拉绳，发出声光等需求信号，寻求管理人员帮助，等到问题解决后再恢复生产线运行的一套装置。暗灯系统应用场景如图 7-7 所示。

暗灯系统是解决车间现场管理的利器。重要作用有以下几点。

（1）驱动管理人员快速响应现场，强化管理人员现场意识。

图 7-7　暗灯系统应用场景

（2）促进团队研讨和解决问题，推动员工参与和团队协作。

（3）防止问题逃逸，从而提高过程控制能力。

2. 在线返修

在线返修是指对发现的中小问题即时在工位（不脱离生产线）进行修复的措施。其目的是不让问题流出本工位。

在线返修是即时响应和解决问题的重要方法。如果工位发现问题不进行在线返修，任其流出，到最终下线将积累大量问题，大大增加返修的难度和成本，而且有些问题很可能隐藏起来，成为客户使用的巨大隐患。

在线返修有两条重要原则。

（1）能在线返工就在线返工，不要离线返修或者任其逃逸。

（2）所有在线返修项目都必须再次经过质量确认。

3. 质量前馈与反馈

质量前馈与反馈是质量信息交流的一种机制。

前馈是指从问题发现点向后面工序追查问题扩散情况，采取修复措施，避免问题留给客户。

反馈是指从问题发现点向前面工序查找问题发生点，分析解决问题，杜绝问题再次发生。质量前馈与反馈如图 7-8 所示。

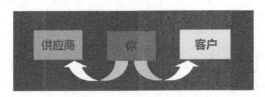

图 7-8　质量前馈与反馈

二、现场质量常用工具

现场质量控制常用的工具有检查表、排列图、散布图、集结图、直方图、因果图和分层法。

（一）检查表

检查表是一种按拟定的要求对过程实施系统化检查的工具。实施时，针对所检查的项目事先列表，然后依据表逐条逐项进行检查并记录结果。

检查表的种类很多，没有固定的格式。员工生产过程所用到的统计缺陷检查表样式见表 7-2。

表 7-2 统计缺陷检查表样式

设备	操作者	星期一		星期二		星期三		星期四		星期五	
		上午	下午	上午	下午	上午	下午	上午	下午	上午	下午
机器Ⅰ	A	○○ ▲ ●	○ ▲	○○○	○ ▲▲	○○○ ▲▲▲ ●	○○○ ▲▲▲ ●●	○○○○ ▲	○ ▲▲	○○○○	○○
	B	○ ▲▲	○○○ ▲▲▲	○○○○○ ▲▲	○○ ▲▲	○○○○ ▲▲	○○○○ ▲	○○○ ▲▲ ●●	○○ ▲ ●	○○ ▲▲	○○○○○ ▲
机器Ⅱ	C	○○ ▲	○ ▲	○○	●	○○○○	○○○○○ ▲	○○	○○ △ ● □	○○	○○
	D	○○ ▲	○ ▲	○○	○○ △ ●	○○○ △	○○ ▲ ●	○○	○○ △ □	○○ △	○○ △△ ●●

注：○代表表面擦伤；△代表砂眼；▲代表尺寸不良；●代表外形异常；□代表其他。

（二）排列图

排列图是按分类数据的大小从多到少顺次排列的柱形图，是用以明示各类因素对最终结果影响大小的工具。

排列图是根据帕雷托提出的"二八原理"，抓住"关键少数"的分析方法，实例如图 7-9 所示。

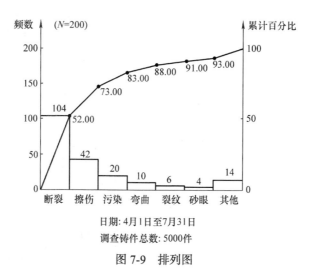

图 7-9 排列图

（三）散布图

散布图是用来表示对应的变量与变量之间相互影响与相互作用范围的图表。这些变量之间往往存在着某种关联（如相互关联、制约，或在一定条件下可以相互转化等），通过对这种关联状况的分析，总结其变化规律进而采取措施实施管理。

散布图反映的是一种趋势，通常有强正相关、强负相关、弱正相关、弱负相关等情形，如图 7-10 所示。

（四）集结图

集结图是按照区域对事件发生频次进行直观标注的方法。

集结图应用非常广泛，例如，企业一年安全事故发生位置和类型（分析事故位置可以帮助找出安全风险点和改进策略），作战飞机弹孔的分布及类型（分析弹孔可以帮助改进飞机防护设计），足球赛进球位置分布及进球方式（分析进球位置可以帮助找出防守的薄弱环节）。

图 7-11 所示为近一周时间的左前门表面焊接质量集结图。它可以直观地反映这一周的质量缺陷分布情况以及主要问题点。

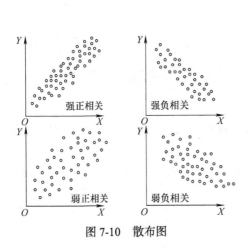

图 7-10　散布图

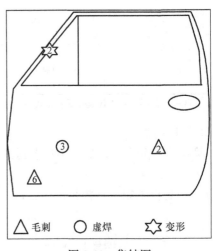

图 7-11　集结图

（五）直方图

直方图是在图中用一系列宽度相同、高度各异的矩形的排列状态表示数据分布状况，从而达到分析过程状态的目的。

直方图分析通常分为两个方面，一是位置偏差，二是形状变异。位置偏差包含图 7-12 所示的几种情形。

形状变异通常包含图 7-13 所示的几种情形。

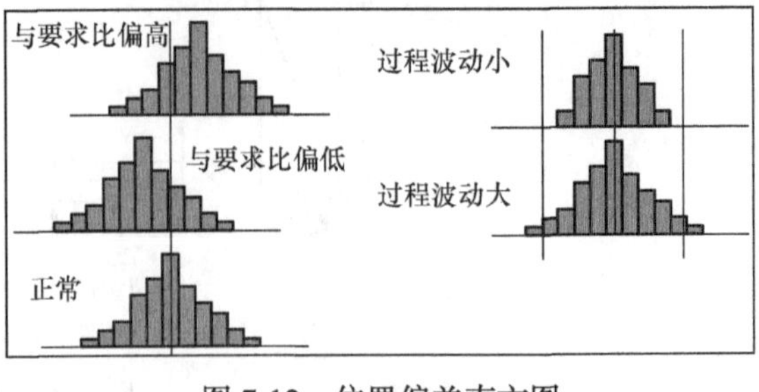

图 7-12　位置偏差直方图

（六）因果图

因果图是用图解的方式表示出某种特性与其可能形成原因之间的关系，根据它的形状也叫鱼骨图。这种图本身并没有数据统计的结果，而是对识别的原因和类别进行分层次的细化和分类。

图 7-14 所示是利用"人机料法环"五要素分析缺陷原因绘制的因果图。

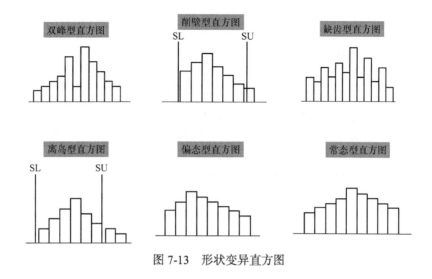

图 7-13 形状变异直方图

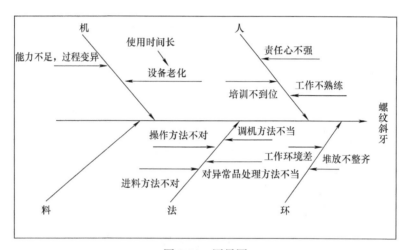

图 7-14 因果图

（七）分层法

分层法是把混杂在一起的不同类型的一组数据按一定的性质、范围或目的进行分门别类，从而归纳成可以分析或具有某种意义的数据表的方法。例如，按不同时间、不同班次进行分层，按使用设备的种类进行分层，按原材料的进料时间、原材料成分进行分层，按检查手段、使用条件进行分层，按不同缺陷项目进行分层等。

表 7-3 是按不同班次，分析不同缺陷数量，编制的分层数据表。

表 7-3 分层数据表

	螺栓滑牙				螺栓拉伸				螺栓锻炼				螺栓松脱			
	B10	M150	B11	B12	B10	M150	B11	B12	B10	M150	B11	B12	B10	M150	B11	B12
A班	1		8		1		10	29			4	3			4	15
B班			22		3		49	52			1	3			3	17
C班			23		5		40	61				4			1	5

三、统计过程控制

统计过程控制（Statistical Process Control，SPC）是应用统计技术，实现过程控制的质量管理方法，广泛应用于生产生活中，如天气预报、股票行情等。

它能够帮助我们对生产过程做出可靠的评估；确定过程的统计控制界限，判断过程是否失控和过程是否有能力；为生产过程提供早期报警，保证预防原则的实现。

统计过程控制与传统质量控制比较，有两个鲜明的不同。

第一，将简单的好坏判断改变为连续的质量损失，如图7-15所示。

第二，将控制从事后控制改为事前预防，如图7-16所示。

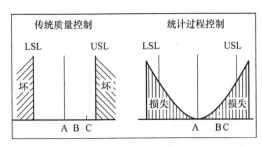

图7-15 将简单的好坏判断改为连续的质量损失

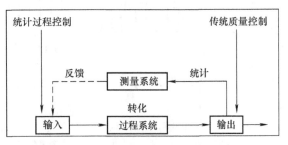

图7-16 将控制从事后控制改为事前预防

（一）统计过程控制的基本概念

采样频率：单位时间内采集子组的次数（同一过程中子组频率一般是一致的）。

样本容量：也称子组大小，指完成一次抽样必要的测量数目。

子组数目：指过程分析所需的子组个数。

表7-4为统计过程控制样本容量示范图表。

表7-4 统计过程控制样本容量示范图表

时间	...	4-12 8:00	4-12 10:00	4-12 12:00	4-12 14:00	4-12 16:00	4-13 8:00	4-13 10:00	4-13 12:00	4-13 14:00	4-13 16:00	...
样本容量 / 样本	...	103	108	97	108	118	100	108	118	109	104	...
	...	101	106	112	106	107	104	118	112	112	108	...
	...	106	107	112	108	113	104	112	118	106	104	...
	...	108	105	108	106	113	97	110	118	110	108	...
	...	108	115	105	96	112	106	106	119	113	118	...
子组(子组数目：10)												

控制图：用于识别异常或特殊原因所引起的波动（不是系统随机波动）的一种统计工具。由控制曲线、控制中心线（CL）、控制上限（UCL）、控制下限（LCL）四个部分组成，如图7-17所示。

（二）计量型数据

计量型数据是指一类可连续取值的测量数据，如长度、温度、质量等。其主要特点是：量化数据，如轮胎扭力 115N·m；进行较简单的判断，如轮胎扭力合格；包含的信息量更多；能够量化与工程规范（设计标准与公差）之间的关系；能够量化分析过程（位置和变差），更加准确和容易发现特殊原因。

通常，用测量值描述过程状态比用不合格率描述过程状态所需的样本检验要少得多，因

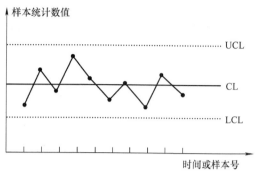

图 7-17　控制图

而可以更快地发现异常并采取措施，其预防作用更加明显，同时降低检验成本。

计量型数据控制图通常包含均值控制图和变差控制图两个方面。均值控制图描述数值位置的变化趋势，变差控制图描述数据波动的变化趋势。根据使用场景和工具的不同，常常选用不同的控制图，见表 7-5。

表 7-5　计量型控制图

序号	控制图	计算方法	优点	适用场景
1	均值方差图	变差用方差的方法计算	更加接近理论值	计算比较复杂，常用于用程序计算的控制图
2	均值极差图	变差用极差的方法计算	计算方便	手工计算的控制图
3	移动极差图	变差用移动极差的方法计算		样本容量为 1 的情形

（三）计数型数据

计数型数据是指一类取逻辑值的测量数据，如缺陷数量、合格数量、男女人数。

计数型数据的特点有：计数型数据存在于任何技术或行政管理过程；在很多情况下已有计数型数据，实施难度和成本不高；获得计数型数据通常很快且费用低廉，并且由于使用量具简单，不需要专业化的收集技术；许多用于管理总结报告的数据都是计数型的，可以进行控制图分析。

根据使用场景和工具的不同，常常选用不同的控制图，见表 7-6。

表 7-6　计数型控制图

序号	控制图	计算方法	适用场景
1	P 图	测量在一批检验项目中不合格项目的百分比（合格率）	监控合格率变化趋势
2	nP 图	P 图的一个特例，当每个样本容量相同时，可以采用 nP 图（合格数）表示	监控合格数变化趋势
3	U 图	测量具有不同容量的样本的子组内单位缺陷数	监控单位缺陷数
4	C 图	C 图为 U 图的特例，当样本恒定时采用 C 图（缺陷数）	监控缺陷数

（四）控制图分析

控制图分析是根据控制图的形状及走势判断过程是否受控的过程，包含判稳和判异两个方面。判稳即确认系统处于受控状态；判异即确定系统存在异常状态。

1. 判异准则

（1）控制图上任意一点超出控制限，过程判异，如图 7-18 所示。

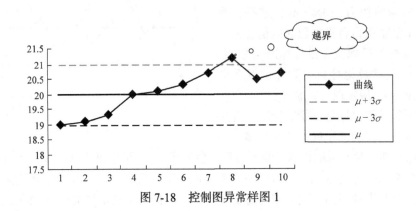

图 7-18 控制图异常样图 1

（2）点屡屡接近控制限。当有以下情形时，过程判异：连续 3 个点中，至少有 2 个点接近控制限；连续 7 个点中，至少有 3 个点接近控制限；连续 10 个点中，至少有 4 个点接近控制。如图 7-19 所示，连续 8 个点，有 4 个点接近控制限，所以过程判异。

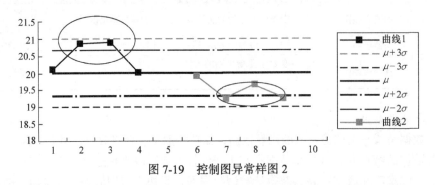

图 7-19 控制图异常样图 2

（3）在控制中心一侧连续出现的点称为链。当链长大于等于 9 个时，过程判异，如图 7-20 所示。

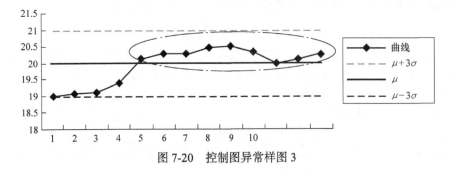

图 7-20 控制图异常样图 3

（4）间断链，即连续出现的点构成的链中个别点跳到另一侧。当有如下情形时，过程判异：连续 11 个点，至少 10 个点在一侧，如图 7-21 所示；连续 14 个点，至少 12 个点在一侧；连续 16 个点，至少 14 个点在一侧；连续 20 个点，至少 16 个点在一侧。

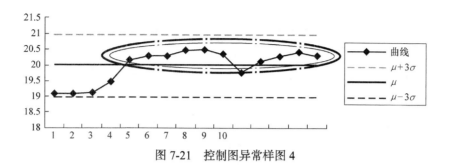

图 7-21 控制图异常样图 4

（5）倾向，即连续上升或连续下降的链。如连续 6 点上升或下降则判断过程异常，如图 7-22 所示。

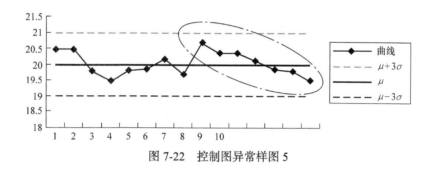

图 7-22 控制图异常样图 5

（6）点集中在控制中心附近，过程判异，如图 7-23 所示。

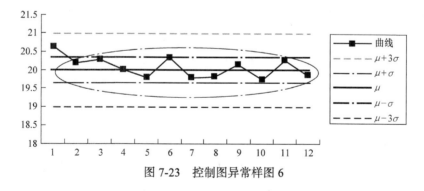

图 7-23 控制图异常样图 6

（7）点做周期性变化，表现为曲线波动上下起伏做周期性反复，如图 7-24 所示，过程判异。

2. 判稳准则

以下三种情形，可以判断过程受控。

（1）连续 25 个点，没有出现超出控制限的点。

（2）连续 35 个点，至多只有 1 个点超出控制限。

（3）连续 100 个点，至多只有 2 个点超出控制限。

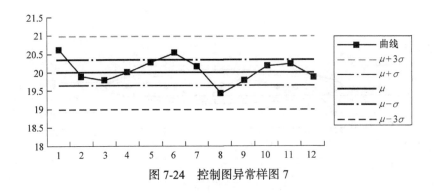

图 7-24　控制图异常样图 7

（五）过程能力

过程能力（process capability）是指过程处于稳定状态下质量一致性水平。影响过程能力的因素有以下几个方面。

（1）人员方面：如操作人员的技术水平、熟练程度、质量意识、责任心等。

（2）设备方面：如设备精度的稳定性，性能的可靠性，定位装置和传动装置的准确性，设备的冷却润滑的保护情况，动力供应的稳定程度等。

（3）材料方面：如材料的成分、物理性能、化学性能、配套元器件的质量等。

（4）方法方面：如工艺流程的安排，过程之间的衔接，工艺方法、工艺装备、工艺参数、测量方法的选择，过程加工的指导文件，工艺卡、操作规范、作业指导书、过程质量分析表等。

（5）环境方面：如生产现场的温度、湿度、噪声干扰、振动、照明、室内净化、现场污染程度等。

过程能力指数表示过程能力满足产品技术标准的程度。技术标准是指加工过程中产品必须达到的质量要求，通常用标准、公差（容差）、允许范围等来衡量，一般用符号 T 表示。质量标准（T）与过程能力（B）的比值，称为过程能力指数，记为 C_p，见表 7-7。

表 7-7　过程能力指数指标

过程能力范围	能力判定
$C_p \geq 1.67$	过程能力偏高（视具体情况）
$1.67 > C_p \geq 1.33$	过程能力充分，表示技术管理能力已很好，应继续维持
$1.33 > C_p \geq 1.0$	过程能力较差，表示技术管理能力比较勉强，应设法提升
$1.0 > C_p \geq 0.67$	过程能力不足，表示技术管理能力已很差，应采取有力措施进行改善
$0.67 > C_p$	过程能力严重不足，表示应采取紧急措施和全面检查，必要时可停工整改

联系实际

【实例 12】质量是由客户定义的

在一家汽车专卖店，一位客人进去购车，销售人员热忱地接待了他，又是介绍产品的特点，又是带他试乘试驾。在销售人员的精心引导下，客人对这款车很是满意。不巧的是，正准备下单时意外出现了：客人在开门下车时，一颗螺钉从车里掉了出来。销售人员连忙解释，这颗螺钉是多出来的，不影响车子的质量。客人一句话也没说，就走了。

大家想想，销售人员这种解释，客人会相信吗？

无独有偶。有客户在专卖店挑选油罐车时，发现油罐车尾部的反光条贴得不够圆。于是问销售员是怎么回事？

销售员不以为然，轻描淡写地说：这个不影响使用的。

于是客户直接离开了这家专卖店。

也许有人会说，这是小题大做，客户根本不懂汽车质量。可是客户不这么想！他们会觉得一个连反光条都贴不圆的企业，能有什么质量？客户不是专家，影响他们购买的最直接原因就是这些看得见的印象。他们可能不懂发动机性能，甚至认为油门越响，功率越大，性能越好。但是汽车车门处的油漆有一个颗粒，他会立马要求换车。

当然不是说客户看不出发动机性能，就可以蒙混过关。因为他在使用过程中迟早会看出来，而且伤害更深。我们想说的是：质量不仅包含性能需求，而且包含客户的感观需求。总之，任何影响客户体验的地方，都是我们质量必须追求的地方。

【实例13】质量是制造出来的

有一家企业，生产人员总共不到2000人，质量检验人员却将近200人。质量部门还觉得人手不够。

顾问到现场一看，吓了一跳。质量人员主要集中分布在零件入场检验、产品下线检验和成品发运检验三个环节，零件存储配送、生产车间、成品接收存储等作业环节，除了安排了几个巡检人员之外，几乎没有什么质量措施。

顾问询问质量部门："为什么不让车间在生产过程中设置几个质量管理岗位？"他们的回答是："车间会弄虚作假。"搞得顾问哭笑不得，只好说："如果车间自己不想把质量搞好，你们怎么能将质量搞好！"

经过反复地分析论证和沟通，顾问最终与质量部门确定了一个整改方案：首先，从质量部门抽出一般的人员分配到作业部门，自主控制质量；其次，对质量部门原有的检验项目进行核减，只保留关键质量控制项目；最后，取消质量巡检，增加质量改进职能，专门抓质量问题解决和重点质量攻关。

此项改革，收到了立竿见影的效果。车间管控质量的积极性明显提升，检验人员减少了，合格率提高了，质量管理进入良性循环。

开始行动

【实战8】车模装配过程质量体验

1. 实训目标

（1）能力：掌握制作与分析控制图的方法。

（2）知识：理解样本容量、子组数目、过程能力等概念。

（3）素质：将过程方法与统计技术应用到日常工作与生活中。

2. 实训场景：互联网+精益实训工厂

互联网+精益实训工厂实景如图 7-25 所示。

图 7-25　互联网+精益实训工厂实景

具体参见【实战 5】编写车模装配标准化操作单。

3. 实训流程

本实训以互联网+精益实训工厂为场景，从预防、遏制、评审等三个方面，实践工厂现场典型的质量管理方法。

图 7-26 所示为学生在全面客户评审中心开展产品质量评审的场景。

图 7-26　产品质量评审

实训过程包含三个实训任务，设计课时 80min，具体流程见表 7-8。

表 7-8　互联网+精益实训工厂实训流程

序号	实训任务	实训要点	课时/min
1	工序质量控制（预防）	1）进入生产工位，教师按照标准化操作单演示操作，引导学生找出其中的质量控制要点 2）选择生产线上的一个关键质量控制点，利用信息系统查看过程控制数据，引导学生理解如何用统计方法控制工序质量	20
2	质量确认站（遏制）	1）进入质量确认站，老师按照质量检验操作单演示产品质量确认过程 2）老师配合信息系统引导学生了解如何对 A 类质量问题实施质量前馈和反馈	20
3	全面客户评审中心（评审）	1）将学生分成两组 2）让一组学生装配一辆车模，另一组学生观察装配过程 3）让另一组学生按照产品质量标准对装配好的车模进行质量评审，并将数据输入系统 4）老师指导学生分析质量缺陷图标，理解产品质量能力	40

【实战9】投飞镖游戏

1. 实训目标

（1）能力：掌握制作与分析控制图的方法。

（2）知识：理解样本容量、子组数目、过程能力等概念。

（3）素质：将过程方法与统计技术应用到日常工作与生活中。

2. 实训道具：飞镖

飞镖是常见的游戏道具，可根据需要自行采购 5~8 个。

为方便控制图设计制作，本书配套开发了基于 Excel 的程序，可用微信扫描图 7-27 二维码获取。

图 7-27　飞镖游戏二维码

飞镖游戏界面如图 7-28 所示。

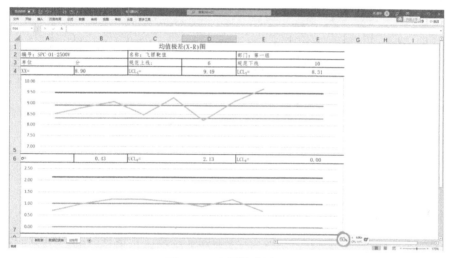

图 7-28　飞镖游戏界面

3. 实训流程

本实训以投飞镖游戏为道具，模拟计量型数据过程控制。游戏分两局进行，第一局让学生自由投飞镖，第一局结束后进行研讨改进再进行第二局，最后对比前后两局控制图的变化，学会用控制图分析过程控制状态，从而帮助质量改进。

图 7-29 为投飞镖实训场景。

图 7-29　投飞镖实训场景

实训过程包含四个实训任务,设计课时 60min,具体流程见表 7-9。

表 7-9 飞镖游戏实训流程

序号	实训任务	实训要点	课时 /min
1	游戏准备	1)老师讲解投飞镖游戏的方法及规则 2)老师将学生分成小组,每组 5 人 3)每组配备一台电脑,打开 Excel 游戏文件,了解文件使用方法 4)布置投飞镖游戏场地	15
2	第一局	1)每组学员轮流投飞镖 10 次 2)将数据录入 Excel 游戏文件 3)小组成员研讨,改进投飞镖方法	15
3	第二局	1)每组学员根据改进方法轮流投飞镖 10 次 2)将数据录入 Excel 游戏文件 3)分析控制图变化	15
4	游戏总结	1)各小组报告游戏结果,结合游戏谈精益的理解 2)比较各小组的控制图,找出过程变化的规律 3)老师总结	15

项目八
工 厂 物 流

思维导图

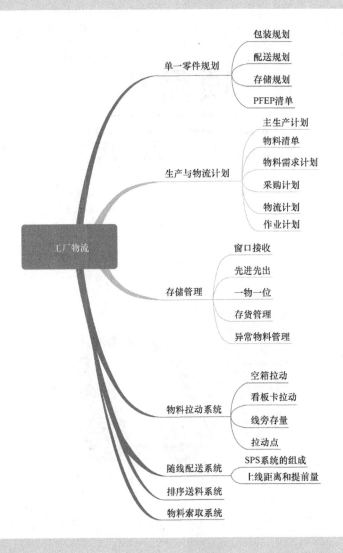

学习目标

1. 掌握工厂物流相关计划的基本概念。
2. 理解四种典型工厂物流配送方式的特点及应用。
3. 熟练掌握四种典型工厂物流配送方式的操作流程。

水平检测

1. 在配送作业中，排序配送的方式通常适用于（　　）。<单选>
A. 进口件　　　　B. 大件　　　　C. 标准件　　　　D. 中小件
2. 零部件配送上线时，中小件通常采用（　　）。<单选>
A. SPS配送上线　　　　　　　　B. 排序配送上线
C. 看板拉动配送上线　　　　　　D. 供应商直送上线
3. FIFO是指（　　）存储管理方法。<单选>

A.ABC 分类　　　　　B. 先进先出
C. 固定周期订购　　　D. 库位管理
4. 主生产计划属于（　　）。<单选>
A. 车间作业计划　　　B. 零部件配送计划
C. 产品发运计划　　　D. 工厂生产计划
5. 物料需求计划的输入包括（　　）。<多选>
A. 主生产计划　　B. 采购计划　　C. 物料清单　　D. 库存信息

现象评析

我们进入超市，到处都是琳琅满目的商品供人挑选。很奇怪，品种那么多，需求那么大，我们却几乎看不到有断货的现象，特别是牛奶、蔬菜、瓜果等，都新鲜亮丽，看不到有过期的现象，如图 8-1 所示。

图 8-1　某超市水果区

大家想一想，超市是如何做到的呢？

知识链接

一、单一零件规划

单一零件规划（Plan For Every Part，PFEP），是对单一零件从供应商到生产线全过程的包装、存储、配送等进行规划的方法，是物流规划的主线。

单一零件规划是物流规划的重要组成部分，主要作用有以下几点。

（1）为物料包装、存储、配送等设计提供基础规范和管理标准。

（2）统一采购过程和物料供应过程，同一种物料要求供应商采用同样的包装。

（3）作为物流优化的基础，支持持续改进。

（一）包装规划

对每一种零件，按照精益包装要求，设计适当的包装方式及包装数量，以确保在运输、存放和交付过程中的质量，并降低成本、提高效率。

1. 确保包装质量

（1）包装尺寸、装箱数要标准。

（2）根据存储需要设计防锈、防腐等功能。

（3）根据运输需求设计防震、防摔等功能。
（4）根据搬运需求设计防磕碰、划伤等功能。

2. 降低包装成本

（1）尽可能采用周转包装，如标准料箱、专用料架。
（2）尽量减少二次包装。
（3）包装空间要满，物料至少要达到料箱可用体积的85%。

3. 提升物流效率

（1）包装尺寸、重量符合人机工程的要求。
（2）包装满足人机工程的要求，便于员工取放。
（3）减少物流环节。
（4）包装标签醒目并配有条码，便于人工和机器识别。

（二）配送规划

配送规划是对物料从供应商到生产线全过程的物流路线和配送方式等的规划。

1. 物流路线规划

（1）设计物流流程，确定物料流经的物流节点。
（2）设计运输方式，如直运、联运、牛奶配送等方式。
（3）设计运输工具，如卡车、飞机、轮船、火车等。

2. 配送方式规划

（1）配送频率：根据生产节拍，设计合理的配送频率，有效降低库存和提高响应能力。
（2）计划配送：根据预定计划将物料配送到需求点，常常用于样件、小批生产过程。
（3）拉动配送：根据补货的方式配送物料，常常用于通用物料。
（4）排序配送：根据生产进度配送单一物料，常常用于大件配置件。
（5）SPS配送：根据生产进度配送多种物料，常常用于高柔性生产过程。

（三）存储规划

基于包装和配送规划，按照降低库存、快速响应的原则，对物料存储周期、存储容量、功能布局等进行具体规划。

（1）除非有采购策略的需求，原则上存储区域只做临时存放。
（2）按照物流路线对存储区域进行布局设计，以方便物料流转。
（3）对所有物料存储设定最大、最小容量。
（4）要有溢出物料区域，以应对例外情况发生。

在零件送到使用地点前指定一个区域作为固定零件定置点，包括仓库位置、仓库最大存量、溢出区地址和地址码等。

（四）PFEP清单

PFEP清单（见【实例15】），即单一零件规划清单，是纲要性明确单一零件规划要求的表单文件。PFEP清单主要包含基本信息、包装规范、存储规范、配送规范等内容。

基本信息说明物料编号、名称等信息；包装规范包含类型、标准包装数、单个零件重量等；存储规范包含存储地址、最大最小存量等；配送规范包含配送方式、配送频次、配送工具等。

二、生产与物流计划

生产与物流计划是工厂根据客户订单,制订计划以统筹安排生产任务的过程。与生产物流直接相关的内容有主生产计划、物料清单、物料需求计划、采购计划、物流计划、作业计划等,如图 8-2 所示。

图 8-2 生产与物流计划

(一) 主生产计划

主生产计划(Master Production Schedule,MPS)是确定每一个具体的最终产品在每一个具体时间段内生产数量的计划。主生产计划详细规定生产什么、应该什么时段产出,是独立需求计划。

主生产计划根据客户需求和市场预测,将经营计划或生产大纲中的产品系列具体化,使之成为展开物料需求计划的主要依据,起到了从客户订单向作业计划过渡的承上启下作用。

主生产计划是一个指导性生产计划,主要功能为:合理均衡订单需求;指导生产设备、人员的安排;指导物料采购。

(二) 物料清单

物料清单(Bill of Materials,BOM)是描述产品组成的技术文件。它指明了物料之间的结构关系,以及每种物料需求的数量,是物料需求计划中最为基础的数据。

BOM 结构通常用树图直观表示。眼镜的 BOM 树图如图 8-3 所示。

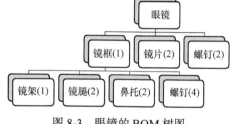

图 8-3 眼镜的 BOM 树图

将树图数据转换成列表,就是 BOM 表单,见表 8-1。

表 8-1 BOM 表单

产品零件号:#20000- 眼镜(BOM 表)层次 0			
零件号	描述	装配数量 / 个	层次
20100	镜框	1	1
20110	镜架	1	2
20120	镜腿	2	2
20130	鼻托	2	2
20099	螺钉	4	2
20200	镜片	2	1
20099	螺钉	2	1

(三) 物料需求计划

物料需求计划(Material Requirement Planning,MRP)是依据主生产计划、物料清单、库存记录和已订未交订单等资料,经由计算而得到各种相关需求物料的需求状况,同时提出各种新订单补充的建议,以及修正各种已开出订单的一种实用技术。

物料需求计划的作用为:取得生产所需物料数量,指导采购,指导库存控制。

根据物料需求计划编制的表单,可以将生产与采购的时间和数量紧密衔接,见表 8-2。

表 8-2 物料需求计划样表

序号	物料编号	物料名称	规格	材质	需求数量	单位	仓储数量	采购数量	计划交期					
									日期	批量	日期	批量	日期	批量

（四）采购计划

采购计划是根据物流需求计划向供应商发出采购需求的计划。

生产物料采购一般采用固定周期订购的方式，即相隔一个固定周期向供应商发出一个采购计划。为分散风险，同一种物料常常有几家供应商。具体供应商的采购数量通常根据供货配额将总物料需求进行分解。

（五）物流计划

主机厂向供应商发出采购计划，并没有明确具体的供货日期。具体的供货周期及相应的供货日期，需要根据生产进度，将采购计划分解成若干项物流计划，以实现物流进度与生产进度的一致。

从供应商到主机厂，常常需要经过第三方物流，因此，物流计划还需要与第三方物流协同，确保物流进度准确、可靠。某汽车零部件供应商的供货计划见表 8-3。

表 8-3 某汽车零部件供应商的供货计划样表

序号	供应商代码	供应商名称	供应零部件	配额	周一	周二	周三	周四	周五	周六
1	8450564	柳州五菱	五菱宏光 S 左前门装饰板	5	15		15		15	
2	8450565	宏华		5		15		15		15
3	8450564	柳州五菱	宝骏 730 左前门装饰板	5	5		5		5	
4	8450565	宏华		5		5		5		5
5	8450566	高鹏	五菱宏光 S 换挡机构	5	15		15		15	
6	8450567	超凌顺		5		15		15		15
7	8450566	高鹏	宝骏 730 换挡机构	5	10		10		10	
8	8450567	超凌顺		5		10		10		10
9	8450568	五顺汽配厂	五菱宏光 S 后保险杠 白色	5	5			5		
10	8450569	高华机械		2.5		5			5	
11	8450570	广菱汽车		2.5			5			5
12	8450568	五顺汽配厂	五菱宏光 S 后保险杠 灰色	5	5			5		
13	8450569	高华机械		2.5		5			5	
14	8450570	广菱汽车		2.5			5			5

（续）

序号	供应商代码	供应商名称	供应零部件	配额	周一	周二	周三	周四	周五	周六
15	8450568	五顺汽配厂	五菱宏光S后保险杠 棕色	5	5			5		
16	8450569	高华机械		2.5		5			5	
17	8450570	广菱汽车		2.5			5			5
18	8450568	五顺汽配厂	宝骏730后保险杠 灰色	5	5			5		
19	8450569	高华机械		2.5		5			5	
20	8450570	广菱汽车		2.5			5			5
21	8450568	五顺汽配厂	宝骏730后保险杠 棕色	5	5			5		
22	8450569	高华机械		2.5		5			5	
23	8450570	广菱汽车		2.5			5			5

（六）作业计划

作业计划（scheduling）是安排产品生产作业的指令计划，将明确到具体的时间、设备和人员。作业计划主要包含计划排程和生产派工两个重要部分。

计划排程就是将产品生产编排到具体的产线、设备，以指导有序生产和物料供应。

生产派工是将计划指令具体到单个产品，分配到具体岗位或者个人，确保生产任务落实。

三、存储管理

在生产物流中，存储管理主要包含窗口接收、先进先出、一物一位、存货管理、异常物料管理等。

（一）窗口接收

一般的仓储场地都比较有限，如果不对物料接收进行计划，很容易造成入库车辆聚集，降低物流效率。为有序安排供应商物料接收，物流部门将事先计划好当日供应商物料接收时间和接收窗口，供应商送货车辆根据指定时间进入指定的窗口，在仓储管理人员的指挥下进行卸货、验收、入库等作业。窗口接收的主要作用有以下几点。

（1）有效避免集中到货造成的工作不均衡。

（2）提高物料接收的效率，减少供货车辆的停留时间。

（3）保障供货车辆有序流动，降低安全隐患。

（4）有效减少物料接收的错误、遗漏。

（二）先进先出

先进先出(First In First Out, FIFO)是物料存储的一项原则，即让先入库的物料先出库，以避免造成物料长期存放而影响质量。常用的方法有以下几种。

（1）在存储区设置出入口，在入口挂上"先进"标识牌，在出口挂上"先出"标识牌，让物流人员按照标识牌存取物料。

（2）采用有滑道的料架，物料从滑道入口端进入，从出口端取出。

（3）采用自动存储系统，让系统自动根据入库时间取料。

（三）一物一位

一物一位，即在仓储中给一种物料指定一个独立的存储位置，不允许混放。实行一物一位，一方面便于物流人员存取，一方面可以直观地了解物料存量。

实行一物一位的基础是建立存储地址（或称库位），存储地址通常采用"四号定位"管理，即库、架、层、位，如图8-4所示。

（1）库：指物料存放的仓储。

（2）架：指物料存放的架号，无货架物料存储通常指行号。

（3）层：指货架的第几层，无货架物料存储通常指列号。

（4）位：指物料存放的具体位置的编号。

（四）存货管理

存货管理主要包含物料安全、质量、数量等的管理。

1. 安全管理方面

（1）物料堆放要标明限高线，拐角物料堆高不要超过1.5m。

（2）重物搬运要遵循安全操作规范。

图8-4 物料存储卡

（3）危险化学品设置专门存储区域，并按照安全要求管理。

（4）装卸时卡车卸货摆放限位器，卸货区设置防撞杆。

2. 质量管理方面

（1）按照物料存放要求维护温湿度、防尘等环境。

（2）搬运物料轻拿轻放，防止抛摔、磕碰。

（3）维护现场5S。

3. 数量管理方面

（1）做好入库、出库管理。

（2）定期盘点，及时发现异常，确保账实相符。

（3）设置合理的安全库存，降低库存。

（五）异常物料管理

异常物料管理的目的是保护物料品质符合生产需要，减少供需双方物料浪费。异常物料处理主要有可疑物料、不合格物料、临时物料、溢出物料、呆滞物料等的管理。

（1）可疑物料，是指员工现场发现物料存疑，如破损、过期等，将其进行隔离存放，等待质量人员评审，然后处理。

（2）不合格物料，是经质量人员评审判断为不合格的物料，设置专门存储区域管理和处置。

（3）临时物料，是指非仓储计划内物料，根据特别需求临时存放的物料，如小批试装物料。

（4）溢出物料，是超出安全库存的物料，需要设置专门的溢出物料区，进行特别管理。

（5）呆滞物料，是指物料存放超过一定的存储周期，或者因为需求变更不再需要的物料，需要制定专门的处理措施，及时处理。

四、物料拉动系统

物料拉动系统是按照缺件补充机制进行物料配送的方式，在生产物流中应用最为普遍。物料拉动配送源于超市物料补货。超市为了节约柜台和保持物料新鲜，常常只在柜台摆放少量商品，店员定期巡视柜台，当发现顾客从柜台取走商品后，再从仓库补充商品。

物料拉动配送方式的优点是：无须制订商品上架计划，只要根据需求定期补充就行；对客户需求波动的适应性较强，可以有效防止过量生产；无须大量囤货，可以最大限度地降低库存。

当然，物料拉动配送也有不足：那就是无论你当前是否需要该物料，必须确保一物一位，而且至少要保留两个标准包装。因此，拉动系统常用于通用件的物料配送，如标准件、中小件等。

常用的拉动配送有空箱拉动和看板卡拉动。

（一）空箱拉动

空箱拉动是以空箱为信号对物料进行补充的配送方式，最大的特点是操作简单。操作流程如下。

（1）配送人员巡视线旁是否有空箱。
（2）配送人员取出空箱，记住物料及包装。
（3）配送人员将空箱放回空箱存放处。
（4）配送人员从仓储拣选相应包装的物料配送到线旁。

（二）看板卡拉动

看板卡拉动是使用卡片来传递配送信息的物料拉动系统，通常有信息系统支持。

拉动系统的看板卡由一张包含二维码、物料名称（代码）、线旁地址、包装特性等信息构成，如图8-5所示。

图8-5 物料看板卡

看板卡拉动操作流程如下。

（1）当生产人员用完一箱物料后，即从对应的看板卡盒中取出一张看板卡放入收集盒中。

（2）班组长巡视线旁收集盒，发现存有看板卡，即用手机扫描看板卡二维码，推送拉动信息，然后将看板卡放回看板卡盒中。

（3）物料拣选人员根据系统推送的拣选清单拣选物料，并送到指定的配送缓冲。

（4）配送人员根据系统推送的配送清单，将配送缓冲的物料送达对应线旁料架中，同时取回空箱。拉动系统操作如图8-6所示。

图8-6 拉动系统操作

（三）线旁存量

拉动配送的一个目的就是尽量减少线旁存量，节约线旁空间，但也不能断料。因此，需要根据生产节拍、配送频率、标准装箱数、响应时间等，设计合理的线旁物料最大存量（S_{max}）和最小存量（S_{min}）。

1. 相关名词

RT：拉动配送周期，完成拉动配送循环的时间（单位：min）。

ART：线旁预警响应时间，从预警到配送到工位所需的时间（单位：min）。

JPH：生产节拍单位，意为每小时产量。

U：工位用量，即工位单个产品用量（单位：件）。

SPQ：标准装箱数（单位：件）。

2. 线旁最小存量 S_{min} 设定

S_{min} 设定标准由线旁得到预警信息后的响应时间 ART、生产节拍 JPH、工位用量 U、标准装箱数 SPQ 确定，单位：箱/框。

S_{min} = ART × JPH × U / (60 × SPQ)，结果向上取整。

例：某生产线 JPH 为 60 台/h，某零件的线旁预警响应时间为 15min，工位用量为 1 件，标准装箱数为 10 件，那么线旁最小存量的设定标准就是：S_{min}=15 × 60 × 1/ (60 × 10) =1.5。取整为 2。

3. 线旁最大存量 S_{max} 设定

S_{max} 设定标准由生产线 JPH、拉动配送周期 RT、工位用量 U、标准装箱数 SPQ 确定，单位：箱/框。

S_{max} = S_{min} + RT × JPH × U/ (60 × SPQ)，结果向上取整且不少于 2。

例：某生产线 JPH 为 60 台，拉动配送周期 RT 为 20min，工位用量为 1 件，装箱数为 10 件，线旁预警响应时间为 15min。那么线旁最大存量的设定标准就是：S_{max} = ART × JPH × U/ (60 × SPQ) + RT × JPH × U/ (60 × SPQ) =15 × 60 × 1/ (60 × 10) + 20 × 60 × 1/ (60 × 10) = 3.5，向上取整为 4。

（四）拉动点

拉动点是指拉动系统发出配送指令的时间节点。通常设置为物料消耗到线旁存量最小值时，触发拉动配送指令。

由于配送不及时，线旁物料消耗到可能出现缺料风险时，系统将会启动紧急拉动，指派物流人员进行紧急配送。通常设置为物料消耗达到接近线旁最大存量时，触发紧急配送指令。

五、随线配送系统

随线配送系统（Set Parts Supply，SPS）是丰田公司首创的准时化物流配送方式。它是根据产品上线信息计算 SPS 配送物料清单，通知配送员及时拣货，并由 SPS 运输工具按序送到工位，如图 8-7 所示。

SPS 可以实现与生产线同步配送，具有以下显著优势。

（1）系统直接通过配送小车供应线旁，无须线旁物料，节约线旁空间和减少库存。

（2）系统按照单个产品需求，一一对应配送物料，最大程度避免错装、漏装。

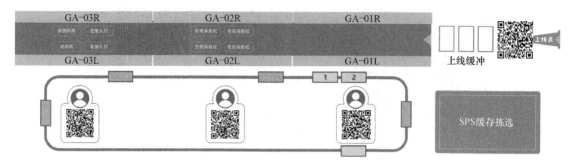

图 8-7 随线配送系统流程介绍

（3）采用自动导引小车（AGV）等智能配送设备，节约物流人员。

随着产业转型升级，SPS 配送的应用越来越广泛。特别是对于配置较多、防错要求高的零件，SPS 比物料拉动系统更加简洁高效。当然，SPS 的系统较复杂，建设成本较高。

（一）SPS 系统的组成

SPS 的主要构件有分拣指示系统、自动导引小车以及 SPS 台车料架。

（1）分拣指示系统是安装在货架储位上的电子设备，通过控制器与软件的控制，借由灯号与数字显示作为辅助工具，将正确的拣选信息反映在电子设备上，指导分拣人员正确、快速、轻松地完成拣货工作。

分拣指示系统的基本工作原理为：首先，系统从产品上线点获取产品信息；然后，系统生成 SPS 配送队列，并根据上线距离计算当前拣选产品；接下来，系统根据产品 BOM 计算 SPS 配送清单，并指令配送清单对应物料的分拣指示灯亮；最后，拣选人员将亮灯的物料逐项拣选到 SPS 配送小车，同时熄灭指示灯。拣选完成后，系统自动进入下一轮 SPS 物料拣选。图 8-8 所示为某车间分拣指示系统应用场景。

图 8-8 某车间分拣指示系统应用场景

（2）自动导引小车（Automated Guided Vehicle，AGV）。AGV 装备有电磁或光学等自动引导装置，能够沿规定的导引路径行驶，具有安全保护以及各种移载功能。采用 AGV 可以实现物料智能运输及生产制造柔性化，大大降低劳动强度，节省人工成本，节约空间，缩短时间，提高生产效率。图 8-9 为某车间自动导引小车应用场景。

（3）SPS 台车料架。SPS 配送方式取消了线边的物料存储料架，改为与生产线同步随行的台车料架。不同的物料有不同的物料台车，甚至有不同的上线方式，如人工推动、电瓶车牵引、AGV 牵引等。SPS 台车料架样式如图 8-10 所示。

图 8-9　某车间自动导引小车应用场景

图 8-10　SPS 台车料架样式

（二）上线距离和提前量

SPS 配送有一个关键点，就是确定什么时候拣选。拣选时间由上线距离和提前量确定，上线距离与提前量的关系如图 8-11 所示。

图 8-11　上线距离与提前量的关系

上线距离就是产品上线点到线旁 SPS 配送点之间间隔的产品数量，包含产品上线点到生产线工位起始点队列产品数量和工位用量。

提前量就是 SPS 拣选点到线旁 SPS 配送点之间配送队列数量。提前期设置由配送员从接到配送计划、备货、拣货，直到配送至 SPS 配送点这段时间内所生产产品数量决定。提前量不得少于这个数量。

当上线数量大于上线距离与提前量差时，开始进行 SPS 拣选，拣选作业节拍与生产线节拍保持一致。

六、排序送料系统

排序送料系统指排序配送按照生产线产品上线顺序同步配送物料的系统。相比物料拉动系统，排序配送可以最大化地减少多品种物料的线旁存放，通常用于大型配置件，如汽车生产中的保险杠、仪表板、发动机等配送。排序送料系统流程如图8-12所示。

图 8-12　排序送料系统流程

物料缓存存放排序物料的所有配置物料，用于拣选排序；排序料架是根据排序配送需要专门设计的可移动料架；排序软件是指导物流人员排序作业的信息系统，主要有电子看板和手机APP两种，如图8-13所示。

图 8-13　排序电子看板和排序配送手机APP界面

排序送料系统的工作原理为：系统根据产品上线信息生成物料排序队列，物料拣选人员根据排序队列一次将相应物料拣选到排序料架，当排序料架装满后，物料拣选人员将物料配送到线旁或送入排序区，由其他配送人员按照顺序送到线旁。

七、物料索取系统

物料索取系统是根据工位需求指令按包装配送物料的系统。物料索取系统是对物料拉动系统、随线配送系统、排序送料系统等不适用情形下的一种补充。它比较适用于不能拆包装配送的大件物料，如汽车焊接产线上的顶盖、发动机盖。这些物料尺寸大，配置多，又没办法像保险杠一样拆成单件采用排序配送。物料索取系统流程如图8-14所示。

物料索取系统分为工位索取端和物料配送端两部分。因工位空间限制，工位只能设置一两个物料存放位置。为保障物料供给，当工位物料快使用完时，操作人员通过工位索取端发送信息到物料配送端；或者系统根据产品上线信息确认需要新的物料，自动发送信息到物料配送端。

物流人员根据物料配送端将相应物料配送到工位，并取回暂时不用的物料，以减少工位物料空间占用。工位索取端和物料索取配送端手机 APP 界面如图 8-15 所示。

图 8-14　物料索取系统流程

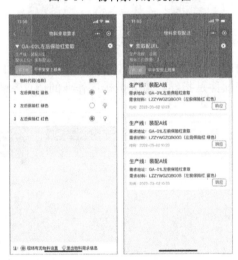

图 8-15　工位索取端和物料索取配送端手机 APP 界面

联系实际

【实例 14】汽车总装物流配送优化实践

某汽车整车厂在设计之初，总装车间的物流除了发动机、保险杠之类的大型配置件采用排序送料之外，其余全部采用拉动配送方式。拉动配送的优势是柔性高、成本低；但也有不足，许多配置件采用拉动配送，大量占用线边空间。

随着生产节拍的提升，工位密度进一步加大，线边空间变得越来越珍贵。为充分利用生产线旁的空间，决定引入 SPS 配送，实行拉动配送、排序配送，以及 SPS 共存的混合物流配送模式。

为积累经验，公司选择了底盘工段进行试点。经过 3 个月运行，成功节省了四分之一的线边空间，一举解决了困扰节拍提升的线旁空间不足的难题。

公司在总结底盘工段 SPS 配送经验的基础上，又用 3 个月将 SPS 配送推广到整条生产线。SPS 全线运行后，成功减少了 10 个配送人员，过去存在的错装、漏装问题也得到根本性的解决。

[实例15] 某汽车工厂 PFEP 清单

某汽车工厂 PFEP 清单样式见表 8-4。

表 8-4 PFEP 清单样式

序号	基本信息		窗口接收				接收配送中心				配送缓冲				生产线旁		
	物料代码	名称	配送方式	接收窗口	包装类型	标准包装数	运输工具	存储地址	包装类型	标准包装数	包装方式	标准包装数	配送工具	配送方式	线旁地址	包装类型	标准包装数
1	MPVWLHGSFJZHSJB	五菱宏光S左后视镜白色	SPS	窗口A	纸包装	1	手推车	A-1-1	标准料箱	2	S-01-01	B料箱	2	AGV小车	SPS	GAA-02R	物料小车	1
2	MPVWLHGSFJZHSJH	五菱宏光S左后视镜灰色	SPS	窗口A	纸包装	1	手推车	A-1-2	标准料箱	2	S-01-02	B料箱	2	AGV小车	SPS	GAA-02R	物料小车	1
3	MPVWLHGSFJZHSJZ	五菱宏光S左后视镜棕色	SPS	窗口A	纸包装	1	手推车	A-1-3	标准料箱	2	S-01-03	B料箱	2	AGV小车	SPS	GAA-02R	物料小车	1
4	MPVBJ730FJZHSJH	宝骏730左后视镜灰色	SPS	窗口A	纸包装	1	手推车	A-1-4	标准料箱	2	S-01-04	B料箱	2	AGV小车	SPS	GAA-02R	物料小车	1
5	MPVBJ730FJZHSJZ	宝骏730左后视镜棕色	SPS	窗口A	纸包装	1	手推车	A-1-5	标准料箱	2	S-01-05	B料箱	2	AGV小车	SPS	GAA-02R	物料小车	1
6	MPVWLHGSFJYHSJB	五菱宏光S右后视镜白色	SPS	窗口A	纸包装	1	手推车	A-1-6	标准料箱	2	S-01-06	B料箱	2	AGV小车	SPS	GAA-02R	物料小车	1
7	MPVWLHGSFJYHSJH	五菱宏光S右后视镜灰色	SPS	窗口A	纸包装	1	手推车	A-1-7	标准料箱	2	S-01-07	B料箱	2	AGV小车	SPS	GAA-02R	物料小车	1

开始行动

【实战 10】汽车总装物流集配

1. 实训目标

（1）能力：按照生产进度完成物料拉动、排序送料、SPS 配送作业；发现配送问题及时处置并提出改进建议。

（2）知识：理解物料清单（BOM）、单一零件规划（PFEP）、工厂物流信息系统应用等基本原理；根据生产节拍计算物料拉动系统、排序送料系统、SPS 配送系统等关键参数；结合应用场景理解配送流程及运行原理。

（3）素质：用拉动的理念指导客户关系、服务关系；锻炼团队合作、有效沟通、团队协作意识。

2. 实训场景：汽车智能集配实训中心

汽车智能物流集配中心是以两化深度融合为指导，以汽车生产物流为典型应用场景，以生产物控为核心，建设贯彻精益包装、窗口接收、存储管理、拉动配送、排序配送、SPS 配送的智能生产物流实训平台，如图 8-16 所示。

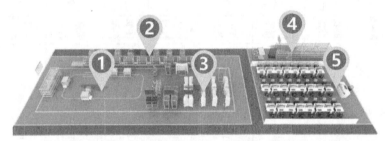

❶SPS配送 ❷拉动配送 ❸排序配送 ❹存储管理 ❺物流虚拟仿真实训室

图 8-16 汽车智能集配实训中心

3. 实训流程

本实训以真实的汽车总装集配为载体，模拟工厂物流配送过程。实训采用分项＋综合的方式开展，首先分组针对接收存储、拉动配送、排序配送、SPS 配送等进行实训，然后分配不同角色，模拟线旁配送进行综合实训。

图 8-17 所示为某汽车总装物流集配实训中心全景。

图 8-17 汽车总装物流集配实训中心

实训过程包含六个实训任务,设计课时 200min,具体流程见表 8-5。

表 8-5　汽车智能集配实训流程

序号	实训任务	实训要点	课时 /min
1	实训中心认知	1）模拟上线及生产工位认知 2）物料拉动配送区域认知 3）排序配送区域认知 4）SPS 配送区域认知	20
2	接收存储	1）窗口接收 2）存储作业 3）仓储盘点 4）异常处置	20
3	拉动配送	1）选拔若干学生扮演拉动需求、拉动拣选、拉动配送等三个角色 2）老师指导扮演者完成拉动配送循环	30
4	排序配送	1）选拔三名学生扮演产品上线、生产作业、排序配送三个角色 2）老师指导扮演者完成排序配送循环	20
5	SPS 配送	1）选拔若干名学生扮演产品上线、生产作业、SPS 配送三个角色 2）老师指导扮演者完成 SPS 配送循环	30
6	生产集配实训	1）给学生分配岗位,并下达生产任务 2）第一次物流集配实训 3）问题研讨与改进 4）第二次物流集配实训 5）教师点评	80

项目九
智能制造

思维导图

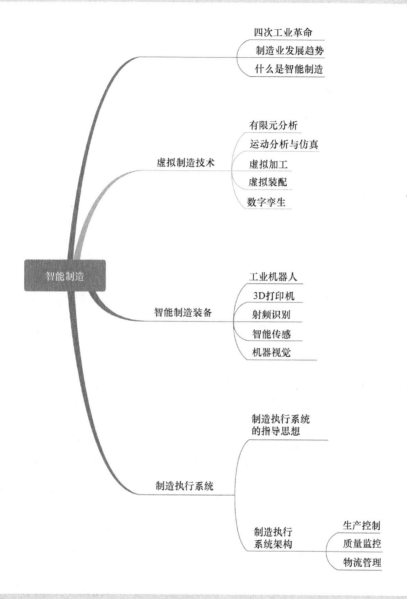

学习目标

1. 理解智能制造的基本理念及内涵。
2. 熟悉智能制造技术、制造执行系统及其应用。
3. 在实训中掌握制造执行系统的应用场景及主要功能。

水平检测

1. 信息时代属于（　　）工业革命。<单选>
   A. 第一次　　　　B. 第二次　　　　C. 第三次　　　　D. 第四次

2. 未来现代制造的发展方向是（　　）＜多选＞。
A. 智能化　　　　B. 服务化　　　　C. 绿色化　　　　D. 中心化
3. 智能制造的目标主要有（　　）。＜多选＞
A. 柔性　　　　　B. 协同　　　　　C. 绿色　　　　　D. 透明
4. 虚拟制造技术有（　　）。＜多选＞
A. 有限元分析　　B. 3D打印
C. 数字孪生　　　D. 运动分析与仿真
5. 智能制造技术有（　　）。＜多选＞
A. 工业机器人　　B. 射频识别
C. 机器识别　　　D. 红外传感
6. 企业信息化三层结构模型为（　　）＜单选＞。
A. 计划–控制–执行　　　　　　B. 计划–执行–检查
C. 计划–执行–控制　　　　　　D. 计划–执行–反馈

现象评析

随着第四次工业革命的到来，工厂的机器设备将更加智能，可以实现全面的网络化并自动控制生产过程，大规模生产将转变为定制化生产，从而显著提高效率，减少资源使用。

在生产之前，这些产品的使用目的就已预先确定，产品生产所需的全部信息，就已经"存在"于虚拟现实中。所有相关的部件也要在虚拟环境中进行规划，这些部件也有自己的"名称"和"地址"，具备各自的身份信息。因此这些部件"知道"什么时候，哪条生产线或哪个工艺过程需要它们。通过这种方式，这些部件得以协同确定各自在数字化工厂中的运行路径，然后经过数公里的距离到达各自的目的地。

到达加工中心后，工件会被识别出来，生产设备实时调用所需要的加工信息；加工完成后，通过光学设备或其他测量设备对工件自动进行检测，可在现场及时发现并迅速剔除不合格的产品；如果机器设备需要补给或者维护保养，则会在缺料或者故障产生之前发出适当的请求，系统会记录所使用的资源数量，并对库存及时更新。

在加工过程中，产品的所有相关数据，都存储在自己的"数字化产品记忆库"中，这样可以精确追踪生产的每个步骤。在未来的工厂里，机器设备和工件之间甚至可以直接交流，从而自主决定后续的生产步骤，组成一个分布式、高效和灵活的系统。信息物理系统正是实现所有这一切的关键技术。相应地，电子和软件技术的应用，使得网络化达到更高的水平，全新而复杂的系统正在被迅速开发出来。

但是对所有这类技术来说，人仍然是至关重要的因素，即便在高度自动化的生产环境中，人类的创造力、经验，以及评估判断实际状况的能力依然不可替代。技术可以为人类提供宝贵的支持：在安全控制方面，安全控制系统已经把自动化生产和人工生产紧密地结合起来；在质量控制方面，员工可以使用"增强现实技术"来判定产品是否已达到规定的质量标准，从而决定是否可将产品发送给客户。

在工厂真正实现智能化之前，必须要解决一些重要的问题，如标准化和信息安全等问题。工业4.0将为此提供巨大的机遇，生产力水平可提高达30%，产品质量大幅提升，产品种类显著增加。与此同时，从开发到生产的时间周期也将显著缩短。对保持并提高工厂的竞争力来说，这些将做出决定性贡献。

请你根据上述情况，简单评析并填入表 9-1 中。

表 9-1 评析表

问题	评析
结合未来工厂，你认为现代工厂应该有哪些改变	
在未来工厂，人在工厂中将扮演什么角色，发挥哪些作用	

知识链接

一、四次工业革命

18 世纪中叶以来，人类历史上先后发生了三次工业革命。

第一次工业革命开创了"蒸汽时代"（1760—1840 年），推动着农耕文明向工业文明的过渡，是人类发展史上的一个伟大奇迹。

第二次工业革命进入了"电气时代"（1860—1950 年），使得电力、钢铁、铁路、化工、汽车等重工业兴起，石油成为新能源，并促使交通的迅速发展，世界各国的交流更为频繁，并逐渐形成一个全球化的国际政治、经济体系。

两次世界大战之后开始的第三次工业革命，更是开创了"信息时代"（1950 年至今），全球信息和资源交流变得更为迅速，大多数国家和地区都被卷入到全球化进程之中，世界政治经济格局进一步确立，人类文明的发达程度也达到空前的高度。第三次工业革命方兴未艾，还在全球扩散和传播。

前三次工业革命使得人类得到了空前的繁荣与发展。与此同时，也造成了巨大的能源、资源消耗，付出了巨大的环境代价、生态成本，急剧地扩大了人与自然之间的矛盾。

第四次工业革命——绿色工业革命。进入 21 世纪，随着新材料技术、新能源技术、智能技术、生物技术、空间技术的突破性发展，引发了人类应用新技术重构工业发展。四次工业革命如图 9-1 所示。

图 9-1 四次工业革命

二、制造业发展趋势

现代制造业正在向智能化、绿色化、服务化方向发展。

1. 智能化

随着新一代信息技术的发展以及信息化水平的普遍提高，数字技术、网络技术和智能技术日益融入产品研发、设计、制造的全过程，推动产品生产方式的重大变革。主要发达国家和跨国企业均把智能制造作为新一轮发展的主攻方向，一些跨国企业也纷纷加大对智能化改造、先进机器人研发的投入力度，传统制造加速向以人工智能、机器人和数字制造为核心的智能制造转变。

2. 绿色化

绿色制造是指在保障产品质量和功能的同时，努力提高能源的使用效率，将产品制造过程中的环境污染降到最小，进而实现可持续发展。为实现制造业从粗放型向绿色环保方向转变，我国对能源消耗、污染物排放等指标做出了明确规定，不断推动传统技术改造和工业设计理念的转变。

3. 服务化

根据已有国际经验，制造业发展到一定阶段后，其附加值和市场竞争力的提升更多的是靠生产服务业的支撑。随着制造业和服务业融合程度不断加深，客户需求越来越依赖互联网进行，催生了客户定制化生产的新模式，从而拉动企业快速响应能力和柔性制造能力的提升，以满足客户定制的需求。制造的服务化已经成为引领制造业升级和实现可持续发展的重要力量。

三、什么是智能制造

智能制造技术是传感技术、网络技术、自动化技术、人工智能技术等先进技术与制造技术融合而成的先进制造技术，通过智能化的感知、人机交互、决策和执行技术，实现产品生命周期各环节以及制造装备（生产线、工厂）智能化。

智能制造应用可以概括为智能工厂、智能生产和智能物流三个方面。

（1）智能工厂重点研究智能化生产系统及过程，以及网络化分布式生产设施的实现。

（2）智能生产主要涉及整个企业的生产物流管理、人机互动以及3D技术在工业生产过程中的应用等。

（3）智能物流则是通过互联网、物联网、物流网，整合物流资源，充分发挥现有物流资源供应方的效率，快速响应客户需求。

（一）智能制造的发展历程

智能制造源于人工智能的研究。专家认为，制造系统正在由原先的能量驱动型转变为信息驱动型，这就要求制造系统不但要具备柔性，而且还要表现出智能，否则是难以处理如此大量而复杂的信息工作量的。其次，瞬息万变的市场需求和激烈竞争的复杂环境，也要求制造系统表现出更高的灵活、敏捷和智能。

1989年，日本提出智能制造系统，并于1994年启动了先进制造国际合作研究项目，包括公司集成和全球制造、制造知识体系、分布智能系统控制、快速产品实现的分布智能系统技术等。

1994年，欧盟选择了39项核心技术，将智能制造放在信息技术、分子生物学和先进制造技术研究与发展的突出位置。

进入21世纪，智能制造得到普遍重视和迅猛发展，德国推出工业4.0计划，美国于2012

年启动以工业互联网为核心的《先进制造业国家战略》,中国于2015年发布了以转型升级为导向的《中国制造2025》。

(二)智能制造的主要目标

智能制造是全球工业挑战背景下,新技术变革的具体实践。概括起来,智能制造目标主要体现在柔性、智能、协同、绿色、透明五个方面。

柔性就是让制造系统更加敏捷和柔性,满足用户的定制化要求。

智能就是实现机器与工人更好地配合,让人工智能分担一部分思考和决策工作,降低犯错和提高精度。

协同就是实现工厂内各个部门、制造过程的各个环节,以及自身与上下游相互协同,实现更优的资源利用。

绿色就是使用新材料、新工艺、新能源,减轻环境污染,减少资源浪费,降低生产能耗。

透明就是使原本不可见的设备衰退、质量风险、资源浪费等问题变得可见,通过预测性的手段加以避免。

四、虚拟制造技术

虚拟制造技术是以计算机仿真技术、制造系统与加工过程建模理论、虚拟现实技术、分布式计算理论、产品数据管理技术等为理论基础,研究如何在计算机网络环境及虚拟现实环境下,利用制造系统各层次及各环节的数字模型,完成制造系统整个过程的计算与仿真的技术。

20世纪80年代,因制造业对生产柔性和快速响应的需求,提出虚拟制造的设想,以虚拟现实和仿真技术为基础,对产品设计、加工、装配、检验等进行模拟。

1994年,美国俄亥俄州虚拟制造用户专题研讨会,根据应用侧重点不同,提出了"以产品为中心的虚拟制造""以生产为中心的虚拟制造"以及"以控制为中心的虚拟制造"的应用类型,获得业界的普遍认同。

此后,虚拟制造技术进入场景应用,产生了CATIA、UG、PDM等软件,并在飞机制造、汽车制造等行业得到较好的应用。

虚拟制造技术的应用,革命性地解决了制造的许多痛点问题:一方面优化生产系统的设计,提高了产品的质量与性能,减少了潜在缺陷;一方面优化资源配置和物流管理,提高制造柔性,缩短制造周期,降低生产成本。

常见虚拟制造技术应用有有限元分析、运动分析与仿真、虚拟加工、虚拟装配、数字孪生等。

(一)有限元分析

有限元分析(Finite Element Analysis,FEA)是利用数学近似的方法对真实物理系统(几何和载荷工况)进行模拟,用简单而又相互作用的元素(即单元)去逼近真实系统。

有限元分析在以下两个方面应用较广:一是分析杆、梁、板、壳、块体等各类单元构成的弹性、弹塑性或塑性问题;二是分析水流管路、电路、润滑、噪声以及固体、流体、温度相互作用的问题。

汽车安全带扣设计如图9-2所示,可以通过有限元分析确定如何优化加强筋布局,提高安全带扣的锁紧效果。

图 9-2　有限元分析安全带扣的加强筋布局（黑色为起筋部分）

（二）运动分析与仿真

运动仿真是对二维或三维机构进行复杂的运动学分析、动力分析和设计仿真。主要用于以下几个方面：

（1）零件装配分析，如装配干涉检查。

（2）运动机构的运动合理性分析，如轨迹包络等。

（3）输出各个部件的位移、坐标、加速度、速度和力的变化情况，对运动机构进行优化。

如图 9-3 所示为摆臂施加弹簧阻尼的运动分析，可以增强运动的稳定性。

（三）虚拟加工

虚拟加工是在虚拟环境下对产品对象实现几何及物理性能变化的过程，如切削、钻孔等，主要作用有以下几个方面。

（1）全面反映现实加工环境和加工过程。

（2）真实描述加工过程的物理效应。

（3）对加工过程出现的碰撞、干涉进行检测并预警。

（4）对夹具的适应性进行评价。

（5）对产品的可加工性和工艺规程进行评估。

（6）对加工时间、精度进行准确预估。

在机械加工中，通过虚拟加工技术，可以科学设计进刀位置、角度、速度等，以避免刀具损坏，如图 9-4 所示。

图 9-3　摆臂施加弹簧阻尼的三维运动分析　　　　图 9-4　虚拟加工

（四）虚拟装配

虚拟装配是在虚拟环境中，利用虚拟现实技术将设计出来的产品三维模型进行预装配，在满足产品性能与功能的条件下，通过分析、评价、规划、仿真等改进产品的设计和装配的结构，实现产品的可装配性和经济性。

虚拟装配技术主要作用有以下两点。

（1）验证装配设计和操作的正确与否，以便及早地发现装配中的问题。
（2）自动生成装配规划，如装配工艺规划、工作面布局、装配操作场所模拟等。
虚拟装配示例如图 9-5 所示。

图 9-5　虚拟装配示例

（五）数字孪生

数字孪生是实体或逻辑对象在数字空间的全生命周期的复制体。数字孪生的主要作用有以下几个方面。
（1）应用平台：作为开发运行环境，支持行业应用。
（2）数字空间：实现一次建模，多处复用。
（3）模型平台：融合机理模型、算法模型，获得深度分析。
（4）数据平台：统一不同结构和来源的数据。

五、智能制造装备

智能制造装备是指具有感知、分析、推理、决策、控制功能的制造装备，它是先进制造技术、信息技术和智能技术的集成和深度融合的产物。

智能制造装备种类繁多，常见的有工业机器人、3D 打印机、射频识别、智能传感、机器视觉等。

（一）工业机器人

工业机器人是多关节机械手或多自由度的机器装置，具有一定的自动性，可依靠自身的动力能源和控制能力实现各种工业加工制造功能，如图 9-6 所示。

工业机器人在工业生产中能代替人做某些单调、频繁和重复的长时间作业，或是危险、恶劣环境下的作业，如冲压、铸造、热处理、焊接、涂装、塑料制品成型、机械加工和简单装配等。

图 9-6　工业机器人

工业机器人具有一定的通用性和适应性，能适应多品种中、小批量的生产，可以与数字控制机床结合在一起，成为柔性制造单元或柔性制造系统的组成部分。

工业机器人广泛应用于汽车、电子、物流、化工等各个工业领域之中。在中国，汽车行业工业机器人应用比例超过 50%。

（二）3D 打印机

3D 打印是快速成型技术的一种，又称增材制造，它是一种以数字模型文件为基础，运用粉末状金属或塑料等可黏合材料，通过逐层打印的方式来构造物体的技术。

3D 打印与普通打印工作原理基本相同，只是打印材料有些不同。普通打印机的打印材料是墨水和纸张,而3D打印机内装有金属、陶瓷、塑料、砂等不同的"打印材料",是实实在在的原材料。打印机与计算机连接后,通过计算机控制可以把"打印材料"一层层叠加起来,最终把计算机上的蓝图变成实物。通俗地说,3D打印机是可以"打印"出真实的3D物体的一种设备,如打印一个机器人,打印玩具车,打印各种模型,甚至是食物等。

3D打印最大的特点就是可以将数字模型直接转化为实物,特别适用于小批量生产领域。例如,用3D打印生产产品样件,如发动机零件,如图9-7所示;创意设计模型,如汽车造型;定制产品,如人工牙齿等。

(三)射频识别

射频识别(Radio Frequency Identification,RFID)是阅读器与标签之间进行非接触式的数据通信,实现识别的技术。RFID的应用非常广泛,典型应用领域有以下几个方面。

(1)安全防护,如小区门禁系统、汽车防盗、超市电子商品监控等。

(2)产品生产与销售,如生产跟踪、电子标签、销售防伪等。

(3)行动轨迹管理,如动物晶片跟踪野生动物生活轨迹、家禽养殖与销售管理、汽车运输动态管理等。

射频检测身体各项指标的腕表如图9-8所示。

图9-7 3D打印生产发动机零件

图9-8 射频检测腕表

(四)智能传感

智能传感(intelligent sensor)是具有信息处理功能的传感器。智能传感设备带有微处理机,具有采集、处理、交换信息的能力,是传感器集成化与微处理机相结合的产物。主要应用领域有以下几个方面。

(1)智能工业传感,如机器人操作定位、工件抓取、工序自动防错、质量探测等。

(2)智能家居传感,如窗帘自动调光、厕所自动冲洗、房间自动控灯等。

(3)智能医疗传感,如远程健康监控、智能健康手表等。

(4)智能农业传感,如智能温室传感、智能土壤传感、智能水质传感等。

(5)智能汽车传感,如机油传感、刹车传感、胎压传感等。

(五)机器视觉

机器视觉就是用机器代替人眼来做测量和判断。其原理是通过图像摄取装置将被摄取目标转换成图像信号,传送给专用的图像处理系统,得到被摄目标的形态信息,根据像素分布和亮度、颜色等信息，转变成数字化信号；图像系统对这些信号进行各种运算来抽取目标的特征，进而根据判别的结果来控制现场的设备动作。主要应用领域有以下几个方面。

（1）物件分拣：通过机器视觉系统将图像进行处理，结合机械臂的使用实现从众多物件中分拣需要的物件。

（2）图像检测：利用高速摄像和微处理技术，快速检测产品质量缺陷，如酒瓶是否有破损、有杂物，产品是否存在错装、漏装等。

（3）工件测量：对物体进行非接触精确测量，避免二次损伤并提高效率，常见的有螺纹、麻花钻、IC元件管脚、零部件、接插件等测定。

（4）视觉定位：准确的检测到产品并且确认它的位置。如在半导体制造领域，利用机器视觉获取芯片位置信息，从而准确拾取芯片以及绑定。

（5）图像识别：使用机器视觉处理、分析和理解图像，识别各种各样的对象和目标。最典型的图像识别是读取二维码。

六、制造执行系统

1992年，美国AMR（Advance Manufacturing Research）公司提出了将信息化分为计划、执行、控制三层的企业信息化模型。

三层结构模型是一个集"计划-执行-控制"三位一体的系统，其中制造执行系统起着承上启下的作用，是制造信息化的关键。

制造执行系统是通过信息传递对从订单下达到产品交付的整个生产过程进行优化管理。制造执行系统运用及时、准确的信息，指导、启动、响应并记录工厂活动，从而能够对条件的变化做出迅速的响应，减少非增值活动，提高工厂运作过程的效率。

制造执行系统是工业互联网核心软件之一，与工业云数据、过程控制系统、智能制造装备等一起，共同形成开放、协同、共享的智能制造体系。

企业"计划-执行-控制"三位一体信息化系统模型如图9-9所示。

图9-9 "计划-执行-控制"三位一体信息化系统模型

（一）制造执行系统的指导思想

制造执行系统广泛涉及企业的产品、工程、技术，以及管理，不能简单地理解成工业软件应用。制造执行系统必须遵循以下三点，才能根植于工厂实践，充分发挥其核心作用。

1. 遵循企业精益思想

制造执行系统首先是一个工厂管理系统。管理是灵魂，是目标；信息技术是工具，是手段。制造执行系统应该是管理思想"驱动"信息技术，而非信息技术"改造"管理思想。

精益生产是制造企业的管理思想。制造执行系统必须在企业精益生产实践的基础上，制定解决方案，优化工厂管理，服务安全、质量、效率、成本、人员五大方面的发展。

2. 与制造工程深度融合

制造工程是工厂运行的物理基础，是制造执行系统的活水之源。制造执行系统必须与制造工程深度融合，包括以下几个方面。

（1）与制造装备融合：信息采集、过程控制与装备无缝衔接，浑然一体。

（2）与生产工艺融合：制造执行系统运行流程与工艺流程、生产调度保持完全统一。

（3）与工序控制融合：生产防错、缺陷监测等，与制造执行系统高度集成。

3. 柔性与快速响应

工厂建成后，制造资源与能力就是一定的，如何适应变化的市场，最大限度地发挥制造资源与能力，关键在于提高工厂的柔性和快速响应能力。这应该成为制造执行系统的核心能力。

在实践中，制造执行系统提升柔性与快速响应能力的主要方法有以下几种。

（1）建立简洁的信息流程，如简洁的人机互动流程、现场响应机制（暗灯系统）等。

（2）实施拉动系统，如订单拉动系统、生产拉动系统、物料拉动系统等。

（3）充分应用柔性技术，如柔性制造单元、混流生产模式等。

（二）制造执行系统架构

制造执行系统贯穿从订单到交付的生产全过程，涵盖了从生产计划、产品跟踪到存储发运的产品信息流，从标准工位、工序控制、设备维护到暗灯系统的作业信息流，以及从物料接收、存储到配送上线的物料信息流，如图9-10所示。

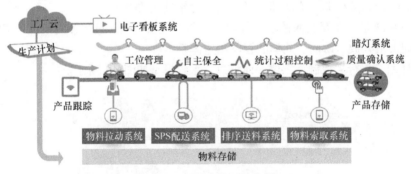

图9-10　制造执行系统架构

下面将从生产、质量、物流三个方面，介绍制造执行系统的主要功能。

1. 生产控制

制造执行系统的生产控制是优化生产计划、组织制造资源、控制生产过程、最大化满足客户需求的过程，主要包括计划排程、产品跟踪、存储发运等信息管理。

（1）计划排程。计划排程是利用计算机辅助，根据不同客户需求，合理配置资源、安排生产的过程。通常功能有以下几个。

① 客户优先分类：根据客户重要度确定优先排产规则。

② 产品ABC分类：根据产品需求量和稳定性，对产品进行ABC分类。一般定义A类为主流产品，需求量大而稳定，采用库存拉动生产；B类为常规产品，种类多，需求量少，采用

市场预测生产；C类为特殊产品，采用客户订单需求生产。

③ 生产排序：将生产任务安排到具体的生产线（作业单元）、班次，实现满负荷、均衡生产。

④ 计划审批：执行计划编制、审核、发布、锁定的管理流程。

⑤ 生产派工：根据生产计划，生成派工指令，下达到生产岗位。

（2）产品跟踪。产品跟踪是应用跟踪技术，对产品生产、发运、分销过程进行跟踪，以动态监控产品流转的过程。常用的产品跟踪技术有条码、二维码、RFID等，其常见的功能如下。

① 生产跟踪：了解产品生产进度，跟踪异常。

② 分销控制：有效监督控制产品流向，让指定产品在指定分销区域销售。

③ 质量追溯：实现产品防伪，根据质量问题追溯产品质量源头。

④ 生产节拍分析：通过跟踪数据计算各生产线的实际节拍及变化。

⑤ 制造周期分析：通过跟踪数据计算产品制造周期。

（3）存储发运。管理产品存储、发运控制过程，其主要功能如下。

① 产品包装管理：系统生成产品包装条码、二维码或电子标签，为产品存储发运提供基础信息。

② 产品进销存管理：管理产品接收、存储、发运过程。

③ 产品预警管理：提供产品紧缺、溢出、呆滞等信息。

（4）工位管理。管理工位人机料法环等文档及作业数据，其主要功能如下。

① 上线班管理：记录员工上线班信息。

② 工位文档管理：将岗位安全人、标准化工作、工位5S标准等文档录入系统，便于岗位检索。

③ 安全小视频：在上岗前播放安全小视频，增强员工安全意识，降低安全风险。

（5）设备维护。按照全员生产维修的理念与方法，对生产设备进行维护管理，其主要功能如下。

① 自主保全：系统生成岗位自主保全清单，指导生产人员在班前、班后完成日常点检。

② 专业维护：系统生成专业维护清单，指导维修人员对易损部件、设备关注重点进行专业点检和计划性维修。

③ 备件管理：建立备件库，对重要设备备件进行日常管理。

（6）暗灯系统。暗灯系统是一种当现场发现问题，由员工拉下暗灯寻求管理人员在线响应，并现场解决问题的声光装置。

暗灯系统由暗灯服务器、工位暗灯、暗灯看板等组成，其主要功能如下。

① 控制生产线起停。

② 发出工位暗灯信号。

③ 在线推送暗灯信息到管理人员手机终端。

④ 分析暗灯停线数据。

2. 质量监控

制造执行系统的质量监控是对工序、产品等质量进行监测与控制的过程，主要包括工序防错、统计过程控制、质量确认系统以及质量监测系统等。

（1）工序防错。工序防错是利用信息技术与传感技术进行工序防错的方法，常见的方法有

在线报警、自动停机、自动纠正和自动剔除。

（2）统计过程控制。统计过程控制是应用统计技术对工序参数进行过程控制的方法。从数据采集的角度，分为人工采集和设备自动采集两种，其主要功能如下。

① 控制图：根据过程数据生成相应的控制图，帮助管理人员评估过程是否受控，为质量控制提供决策参考。

② 频数直方图：根据过程数据生成频数直方图，帮助管理人员识别数据是否存在异常，为质量分析提供参考。

③ 排列图：根据缺陷数据生成排列图，帮助管理人员识别缺陷发生频次，以便采取措施优先解决主要问题。

④ 过程能力指数：根据过程数据生成过程能力指数，帮助管理人员评估过程能力。

（3）质量确认系统。质量确认系统是辅助质量确认站检验人员进行质量数据采集、分析、反馈的系统，其主要功能如下。

① 数据采集：采用手持终端在检验过程中采集数据，实时录入系统。

② 数据分析：对合格率、缺陷数等数据进行分析，支持在线控制。

③ 质量确认看板：采用电子看板，对质量确认站检验信息进行实时的语音、图表分析。

（4）质量监测系统。质量监测系统是利用信息技术对高风险质量项目进行自动监测的系统。常见的质量监测技术有机器视觉、传感探测等。常见的应用有以下几项。

① 错装、漏装检测：利用机器视觉对装配零件进行错装、漏装的自动检测。

② 异物检测：利用机器视觉对产品表面的脏污、划伤等自动检测。

③ 缺陷探测：利用专门的探测设备自动探测产品缺陷。

3. 物流管理

制造执行系统的物流管理是对厂内物流运作的管理，主要包括物料存储管理、物料拉动系统、排序送料系统、SPS 配送系统等。

（1）物料存储管理。物料存储管理是对产品、物料进行接收、存储、分发、盘点等仓储管理的过程。

为适应不同仓储管理需求，存储管理分为记账式和实物式两种。记账式管理不需要建立单一包装系统，使用门槛较低；实物式仓储管理可以实现存储的一物一位，管理更加规范、精确。

（2）物料拉动系统。物料拉动系统是按照缺件补充进行物料配送的程序。物料拉动系统由看板卡拉动、拉动拣选、拉动配送三个环节构成。

① 看板卡拉动：生产操作员在消耗掉一箱物料时，从对应的看板卡盒中取出一张看板卡放入看板卡收集盒中。班组长定期巡视工位，并扫描收集盒中的看板卡二维码，并将看板卡放回原处。系统完成物料拉动需求信息采集。

② 拉动拣选：物料拣选人员根据拣选清单从物料缓冲中取料，送到对应物料拉动配送的临时存放点，系统完成物料拉动拣选。

③ 拉动配送：物料配送人员从临时存放点将物料放入配送小车，送到对应需求的线旁地址，同时回收空箱，系统完成物料拉动配送。

（3）排序送料系统。排序送料系统是根据产品上线信息计算相应的装配物料，通知配送员按序装箱并送往对应工位。排序送料方式通常用于种类较多的大件物料。排序送料系统通常由同一人完成，包含拣选和配送两个环节。

① 物料拣选：排序人员根据系统终端提供的排序队列从物料缓冲区一件一件拣选对应物料到排序专用料架。

② 物料配送：当排序专用料架拣满后，即推送排序专用料架到需求工位，然后取回空的排序专用料架，系统完成排序送料循环。

（4）SPS 配送系统。SPS 配送系统即随线配送系统。它会根据产品上线信息计算 SPS 配送物料清单，通知配送员及时拣货，并由 SPS 运输工具按序送到工位。SPS 配送系统一般由分拣指示系统、自动导引小车（AGV）构成，自动化程度较高，通常用于防错及效率要求较高的物料。

分拣指示系统：系统根据上线产品信息，计算当前 SPS 拣选物料清单，并驱动 SPS 物料缓存架上对应物料指示灯亮，SPS 分拣人员根据指示灯将物料拣选到配送小车，同时关闭指示灯，系统完成 SPS 分拣。

自动导引小车：自动导引小车根据指令拉着配送小车将 SPS 物料配送到相应上线点，同时回收用空的配送小车，系统完成 SPS 物料配送。

联系实际

【实例 16】看得见的工厂信息化

某公司是一家生产日用品半成品的企业，主要工序为发泡、加工、成型。企业属劳动密集型，员工素质相对不高，生产管理较为复杂，存在不少问题，主要有：半成品价值高，经常发生遗失制品现象，为此各工序在交接时很容易扯皮；发泡时需要从仓库领塑料颗粒，由发泡车间向仓库领取，仓库只做简单登记，不问原因，用料管制较为粗犷，造成物料成本一直居高不下；生产过程中实行计件工资制，没有实时的生产信息，员工只要有料就做，不关心是否已经完成工单数量，以致库存较高，浪费严重；质量管理也采用传统的纸质录入，分析困难，每月花大量人力在制作报表上。

为了高效地解决这些问题，公司与软件供应商深入调查问题，结合生产特点确定了一份详细的制造执行系统解决方案，并根据优先顺序制订了分步实施计划。

首先，从工位管理入手，用信息系统打造标准工位。员工上岗伊始，系统提示员工开展岗位点检，开展工位 5S、设备保养等活动；在生产过程中，要求员工按照标准化操作单作业，并定期采集质量控制点数据，确保关键质量特性满足质量要求。

其次，以计划排程、生产派工、产品跟踪为主线，严格执行作业计划。生产线建立暗灯系统，有任何问题及时反馈并快速解决，确保生产进度和质量受控。

最后，引入拉动理念，建立单件流、物料拉动系统，让生产拉动物流，有效减少物料短缺，并降低物料和半成品库存。

经过半年的努力，系统稳定运行，为公司生产管理带来了极大的方便和好处。

企业生管负责人周先生说："这下好了，不用我老是跑到车间去查看生产了多少，发泡车间也不能乱领物料了。"

企业品管负责人刘先生说："以后不用看得双眼流泪的去描管制图了，真好！"

开始行动

【实战 11】智能制造实训中心

1. 实训目标

（1）知识：结合现场理解智能制造系统及技术应用。
（2）能力：掌握智能制造技术的应用场景及实现原理。
（3）素质：树立智能化应用意识及思维。

2. 实训场景

以两轮电动车生产为场景（见图9-11），以制造执行系统为平台，集成行业典型智能制造技术与装备，打造真实应用的智能制造最佳实践。

图 9-11　两轮电动车生产场景

智能制造实训中心包含计划控制中心、数字孪生工作室、智能检测系统、智能加工、智能物流、智能装配等几个部分。

计划控制中心以制造执行系统为核心，实现计划排程、生产派工、生产监控等实训功能；数字孪生工作室实现虚拟场景、智能控制等实训功能；智能加工实现由数控机床、工业机器人、智能传感组成的柔性加工单元实训；智能装配实现由智能产线、智能防错、智能检测组成的装配实训；智能物流实现由分拣指示系统、自动导引小车等组成的生产物流实训。智能制造实训效果如图 9-12 所示。

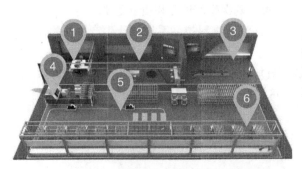

图 9-12　智能制造实训效果图

3. 实训流程

本实训采用真实的生产作为智能制造实训情景。实训内容涵盖机械制造行业基于制造执行系统的典型智能制造技术及应用，可以为机器人、PLC、机器视觉、工业网络、RFID 等课程实训提供综合应用实训。

实训过程包含六个实训任务，设计课时 240min，具体流程见表 9-2。

表 9-2 智能制造系统实训流程

序号	实训任务	实训要点	课时/min
1	制造执行系统实训	1）计划控制中心了解制造执行系统及后台运行 2）生产现场了解制造执行系统流程和应用功能	40
2	数字孪生实训	1）现场学习数字孪生技术 2）结合实景学习数字孪生应用功能	40
3	智能加工实训	1）现场学习智能加工技术原理及构成 2）现场操作智能加工技术应用	40
4	智能装配实训	1）自动产线原理及技术应用 2）暗灯系统原理及技术应用 3）智能防错原理及技术应用 4）智能检测原理及技术应用	40
5	智能物流实训	1）智能存储原理及技术应用 2）分拣指示系统原理及技术应用 3）自动导引小车原理及技术应用	40
6	生产运行实训	1）下达生产任务 2）上线生产 3）成果总结	40

项目十
PDCA与一页纸报告

项目十 PDCA 与一页纸报告

思维导图

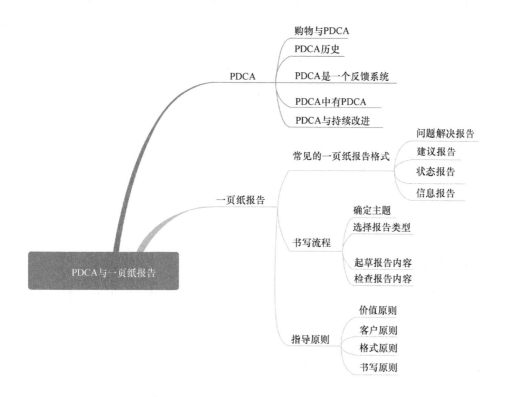

学习目标

1. 掌握 PDCA 原理。
2. 掌握撰写一页纸报告的指导原则和书写流程。
3. 动手编写一份一页纸报告。

水平检测

1. PDCA 的中文含义是指_____、_____、_____、_____。
2. 一份良好的报告、建议或状态说明应包括（　　）。<单选>
A. 目的、目标、策略、方法的所有方面
B. PDCA 的所有阶段
C. 标准化
D. 背景说明
3. 一页纸报告的四项指导原则是（　　）。<单选>
A. 价值原则、读者原则、逻辑原则、书写原则
B. 客户原则、逻辑原则、版式原则、书写原则
C. 价值原则、客户原则、格式原则、书写原则
D. 客户原则、逻辑原则、格式原则、书写原则

171

现象评析

张经理管理一个 100 多人的部门,每天需要批阅 10 多份文件,由于文件没有统一格式,且篇幅冗长,常常要耗费近一个小时才能完成。由于时间紧张,有些文件只是一扫而过,就退回去了。

请你根据张经理的情况,简单评析并填入表 10-1 中。

表 10-1 评析表

问题	评析
有些员工觉得张经理不好沟通,不愿意主动报告;有些员工为了让张经理更加重视自己的报告,经常去张经理办公室当面报告。你觉得这些做法可取吗	
你有什么好的办法帮助张经理改善批阅报告的效率吗	

知识链接

一、PDCA

PDCA 意为计划 – 实施 – 检查 – 行动。在 PDCA 前,要掌握现状,即在开始一个周期和制订一项计划之前,必须了解将要发生的情况。

- 计划:这一步骤可使我们制订一个周密的计划。
- 实施:按计划的时间实施。
- 检查:定期自行评估确保实现;预期效果并检查计划。
- 行动:采取行动调整计划,即回到过程中,以便实现我们的目标。这样重新开始一个周期,因为每项行动都需要更新计划。

(一)购物与 PDCA

PDCA 适用于所有类型的活动。我们可能未认识到,在自己的个人购物活动中也可以使用 PDCA。购物与 PDCA 事例见表 10-2。

表 10-2 购物与 PDCA 事例

掌握现状 / 检查	我的橱柜现状怎样(食品储藏室)?必需品是否都备齐了(盐、糖等)?下星期是否有特殊安排(如客人、聚会等)
行动	决定到食品商店购物
计划	制订计划(列项目单:到哪家店,何时买,和谁去,付款方法等)
实施	执行计划
检查	买齐了吗?买对了吗?花费符合计划支出吗
行动	总结经验教训,让下一次购物更合理

(二)PDCA 历史

20 世纪 50 年代,一个质量管理专家,爱德华兹·戴明(Edwards.Deming)博士,试图向美国和欧洲汽车制造商介绍一些他认为必须掌握的管理工具,以使企业具备竞争实力。不过当时美国人和欧洲人的销售额一路走高、利润丰厚,他们感觉不需要改变什么。

然而,那一时期的日本人正在为二战后的重建而奋斗。几乎每天都给管理者和工人带来新的竞争。只要想生存就不能停步,不断改进已成为一种生存方式。

日本人非常欢迎戴明和他的管理工具。戴明介绍的许多管理概念和质量工具被日本人引入到他们的日常工作中。日本人将其中一种工具称为戴明环(见图10-1)。它看上去像车轮滚动前行的过程,强调设计、生产和销售之间不断交互作用的重要性。

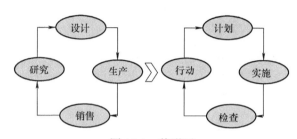

图 10-1　戴明环

之后,这一概念被用于管理的所有阶段,车轮中的四个步骤在特定的管理活动中都能相应看到。

- 设计 = 计划。产品设计相当于管理过程的计划阶段。
- 生产 = 实施。生产相当于制作或制造加工经过设计的产品。
- 销售 = 检查。销售数字反映用户是否满意。
- 研究 = 行动。出现抱怨的情况下,要结合计划(设计)阶段,行动要参照进行改进。

日本人在各类情况下都使用这种"计划-实施-检查-行动"车轮,称为PDCA循环。

(三)PDCA是一个反馈系统

反馈是一种用输出调节输入的机制。在PDCA循环中,利用检查结果与计划进行比较,发现偏差,并采取行动纠正偏差,从而保障整个行动过程始终朝着目标方向前进。

例如,对于学校教学计划管理,总是在开学前制订一个计划。但是,在执行过程中常常因为不同原因需要调整计划,但无论如何调整计划,必须确保完成本学期的教学任务。这个调整过程就是反馈机制。

(四)PDCA中有PDCA

在PDCA的每个阶段之中,我们必须采取小的PDCA循环。

例如,当制订教学计划时,需要研究计划阶段中的小的PDCA循环。

计划——根据本学期教学任务,结合教师、教室等资源,确定一个排课思路。

实施——着手编写教学计划。

检查——检查教室是否有冲突,课时分配是否合理,并征询老师的意见,等等。

行动——采取行动纠正发现的问题或对计划做补充。

(五)PDCA与持续改进

PDCA是一个周而复始的过程。一旦获得改进就要实行标准化,并重新制订计划进行下一轮改进。

小 PDCA 像一个滚动的车轮。当沿路行驶时，必须做出少量修正才能保证不跑偏。实施计划时，修正是我们必须做出的检查，如图 10-2 所示。

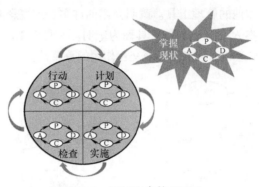

图 10-2　PDCA 中的 PDCA

PDCA 是一种获得改进的基本工具。在实际工作中，我们可以利用多轮 PDCA 循环，赢得最终的改进。PDCA 与持续改进的关系如图 10-3 所示。

二、一页纸报告

一页纸报告限制报告者将内容压缩在一页纸内，所以报告内只书写必要的信息。长篇大论的报告不适合精益的组织。良好的报告应该一目了然，让读者在尽可能短的时间内明白你表达的意思。

一份良好的报告、建议或状态说明应包括 PDCA 的所有阶段。单页报告格式使用严格的 PDCA 循环来保证逻辑流程。

图 10-3　PDCA 持续改进

图 10-4 左边是 PDCA 循环，右边是单页报告格式，箭头所指显示单页报告如何支持 PDCA 的全过程。

（一）常见的一页纸报告格式

用一页纸书写一个报告是一个总要求，因应用场景和报告目标的不同，格式也应该有所不同。常见的报告有问题解决报告、建议报告、状态报告、信息报告等。

1. 问题解决报告

场景："我想提一个问题和找一些可能的解决方案。"

以下情形，可以采用问题解决报告。

（1）业务执行出现偏差。

（2）工作中出现异常。

（3）工作中遇到瓶颈等。

图 10-5 为问题解决报告样式，具体设计步骤在项目十一中将专门介绍。

项目十　PDCA 与一页纸报告

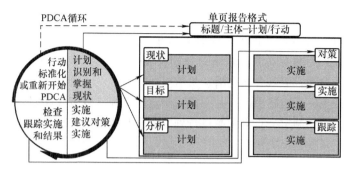

图 10-4　PDCA 循环与一页纸报告的关系

升级绿茶产线，打造绿茶生产最佳实践示范

一、现状分析

1. 现场缺乏标准化作业、自主保全、过程质量控制等管理元素
2. 没有结合岗位"人机料法环测"职业能力实训
3. 没有建立生产、质量、物流等的信息管理

二、建设目的、目标

目的：用工业思维融入企业精益化、信息化元素，打造绿茶最佳实践产线，升级实训教学和为茶企提供应用示范
目标：
1. 融入工业元素和企业情境，丰富实训教学内涵
2. 引入企业自主保全、标准化作业等方法，提升实训设备管理
3. 精益化、信息化融合，示范引领中小茶企转型升级

三、绿茶生产线升级要素及效果图

标准工位：按照"人机料法环测"六要素打造标准工位
包装车间：新增包装线以与加工线形成完整的茶叶生产过程
班组园地：兼具班组管理和现场培训功能
全面质量评审中心：仿照现代茶企建立产品质量评审平台
工厂云实训信息系统：建立贯彻茶叶加工的信息化管理

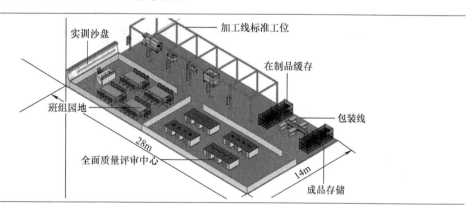

四、项目费用

项目共包含 6 项，合计 137 万元

五、领导批示

图 10-5　问题解决报告样式

2. 建议报告

场景:"我想提出一项建议并得到可以动手干的决定。"

以下情形,可以采用图 10-6 所示的合理化建议表。

(1)没有计划或目标,但对公司有潜在价值。

(2)已有计划或目标,但已更改,并有需要制定新目标、政策或计划。

(3)新方针或政策已制定,且必须制订计划以配合其执行。

(4)有一项建议需要做出决策等。

姓名		部门/车间		室/段		日期	
合理化建议名称:							
现状描述:				改进措施:			
室主任/工段长意见:							
					室主任/工段长签字:		
部门/车间领导意见(如建议跨部门/车间组织实施):							
					部门/车间领导签字:		
部门/车间领导意见(如建议跨部门/车间组织实施):							
转交部门					负责人签字:		
注:本栏供当本合理化建议需要跨部门实施,由制造部确认并登记后转相关部门时使用。							

图 10-6 合理化建议表

3. 状态报告

场景:"我想向经理汇报我部门在过去几个月中完成目标的状况。"

以下情形,可以使用图 10-7 所示的状态报告表。

(1)工作总结。

(2)报告课题。

(3)报告项目进展等。

4. 信息报告

场景:"我想向我们的员工解释本部门的主要活动。"

下列情形,可以使用信息报告。

(1)需要传达一般信息或需要向公司内部或公司外部的任何听众解释某个问题、事实或政策。

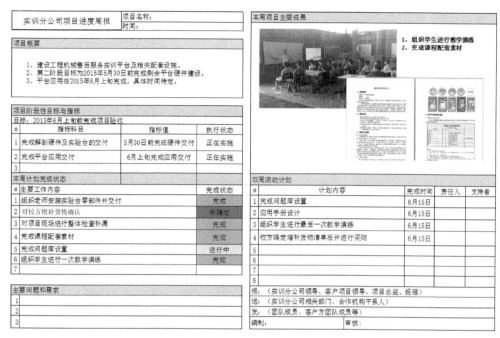

图 10-7　状态报告表样式

（2）信息报告内容只是总结现状，不包括评估部分。

图 10-8 所示为某企业生产例会所用的生产运行信息报告表。

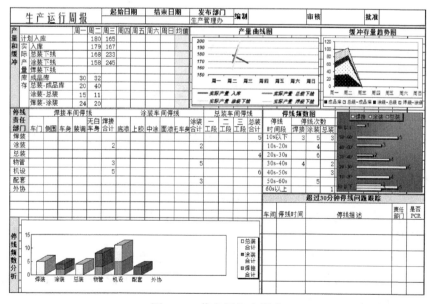

图 10-8　信息报告表样式

（二）书写流程

一页纸报告书写流程包含以下四个步骤，如图 10-9 所示。

1. 确定主题

确定主题就是开宗明义表达报告的意思，需要主旨明确、简明扼要。

在构思主题时，可以从以下几个方面思考。

（1）报告的目的是什么？

（2）试图要表达什么信息？

（3）希望读者从报告中获得什么？

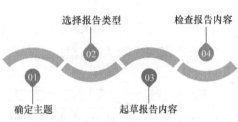

图10-9 一页纸报告书写流程

2. 选择报告类型

根据报告主题及应用场景，选择合适的报告类型。书写时可参照前面讲到的报告格式，但不是必需的。

3. 起草报告内容

心中想着你的读者，让他愿意看、看得懂。

（1）收集、整理及分析信息，找出对主题有用的素材。

（2）构思目的、目标、策略、方法，把握内容层次结构。

（3）组织材料注重均衡，避免头重脚轻。

4. 检查报告内容

报告写完后，请站在读者的角度，自问下面几个问题。

（1）报告内容有意义吗？

（2）报告内容的开头是否会引出一个合乎逻辑的结尾？

（3）报告中是否有无助于主题表达的文字？

（三）指导原则

良好的一页纸报告应该遵循以下几条基本原则。

1. 价值原则

一份一页纸报告，必须有用，或者可以解决问题，或者可以改进工作，或者可以沟通信息，等等。

如果一份报告只提出问题，没有解决措施，那就没有价值。怎样让一页纸报告充满价值呢？

（1）报告必须足够迅速引起读者的注意。

（2）要突出变化和差异，这样才能引起读者注意。

（3）要说明后果、影响，以及你的对策，这样才能赢得读者的认同并快速决策。

2. 客户原则

客户原则就是将读者当作客户，将其作为报告的出发点和归属点。

首先，设想客户没有理解你的报告时的情形。在这里，我们需要特别注意不要想当然，以为你能理解，读者也应该能理解。

其次，根据读者决定报告的表达方式，不同的客户理解问题的方式和背景是不同的，要因人而异。

不着眼于读者，自说自话。这样的报告是没有市场的！

3. 格式原则

良好的一页纸报告还要遵循标准的格式，让版式简洁明了，同时避免遗漏重要内容。

（1）标题：醒目，简明扼要。
（2）签阅表：列出相关的读者，可分为报、送、发三类。
（3）文字框：逻辑清晰、关系明了。
（4）字体及大小：正文字体及大小保持一致，便于阅读；特别强调可用加粗、下划线等突出。
（5）编号和加点：体现顺序及重点。
（6）表格和图形：尽量使用表格和图形，图文并茂。

4. 书写原则

一页纸报告倡导用简练的文字，要惜字如金，干脆利落。书写中特别注意以下几点。
（1）易于阅读：不用长句、过于专业的术语，尽量少用修饰语。
（2）简明扼要：条目式而非段落式，即一行字表达一个意思。
（3）尽可能使用图表：一张图表胜过千言万语。
（4）注重细节：没有拼写错误。

联系实际

【实例 17】一页纸报告改变了一个公司

有一家生产日化品的民营企业，经过二十多年的奋斗，成长为国内前四强的中型企业，员工有一千多人。管理层都是跟着老板创业时一起打拼的老员工，为公司的发展立下了汗马功劳。

近年来，随着行业竞争加剧，同行纷纷开始转型升级，企业面临的压力越来越大。老板发现曾经的创业元老越来越跟不上形势，不知如何是好。于是聘请咨询顾问帮忙，希望来一场变革，改变当前这种局面。

如何下手呢？顾问团队通过细心了解后发现，管理层对公司的忠诚度、责任心还是蛮好的，问题出在思维方式和沟通效率上：管理层居然不知道 PDCA，有事情就向老板口头汇报，老板就根据口头汇报口头指示，执行过程不可避免地荒腔走板，效果很差。

于是顾问团队决定从一页纸报告入手，规范管理层的沟通行为，锻炼管理层的思维能力。刚开始推行时，由于不得要领，有的报告寥寥数语，讲不清问题；有的报告洋洋洒洒几千字，写了好几页。老板看了很生气，觉得还不如以前的口头沟通直截了当，又想退回去用老办法。

顾问团队看到这种情况，立即找老板沟通，告诉老板这是起步阶段不可避免的状况，是件好事。这恰恰暴露了管理层的真实水平，只要坚持下去，管理层就会在挑战中成长起来，从而带动公司脱胎换骨。

为了推动管理层的快速成长，顾问团队设计了一个报告评审机制，每月评选 5 个优秀的一页纸报告，开会宣传表彰，并张贴在公司宣传栏。这样一来，写得好的管理者得到鼓励，写得差的管理者得到鞭策，经过半年的努力，一页纸报告蔚然成风，质量也很高。老板喜出望外，说："没想到半年时间，这些让我头痛的元老级管理者写的报告这么思路清晰、简洁明了。现在我只需要将主要精力放在管理决策和思考未来上就行了。"

其实，一页纸报告不是简单地写一个报告，而是一个独立思考、解决问题的过程。以前管理者口头报告只是充当一个传声筒，将问题转交给老板，现在需要自己提出问题、想出对策。两者显然不在一个层次上。

开始行动

【实战 12】用一页纸报告书写社团活动建议报告

你是学校某某社团的社长,准备组织一场社团活动(如:书画展、歌咏赛、辩论会等)。你需要将这次活动思路、需要的支持报告给老师。

1. 实训目标

(1)能力:掌握一页纸报告书写的能力。

(2)知识:理解 PDCA 循环的基本内涵;掌握书写一页纸报告的四项原则。

(3)素质:培养 PDCA 循环的工作习惯。

2. 实训流程

本实训以大学生社团活动组织为背景,模拟社团活动组织者向指导老师书写一页纸报告。书写采用团队工作方式共同完成。

实训过程包含五个实训任务,设计课时 80min,具体流程见表 10-3。

表 10-3 一页纸报告实训流程

序号	实训任务	实训要点	课时 /min
1	分组研讨	1)选三或五名同学作为管委会专家,学习《社团活动报告评审标准》 2)将剩余同学分成 4 个组委会,选出组长,各组长组织成员完成研讨	15
2	报告书写	组长负责按照四个指导原则完成本组的一页纸报告书写	20
3	展示及答辩	各组选派一名代表做活动报告的现场展示,评审专家提问及代表答辩	20
4	报告改进	1)总结成功通过评审的关键点 2)各组根据一页纸报告评审建议进行重新修改	15
5	实训总结	1)抽取五名同学谈心得体会 2)老师点评	10

项目十一
实际问题解决

思维导图

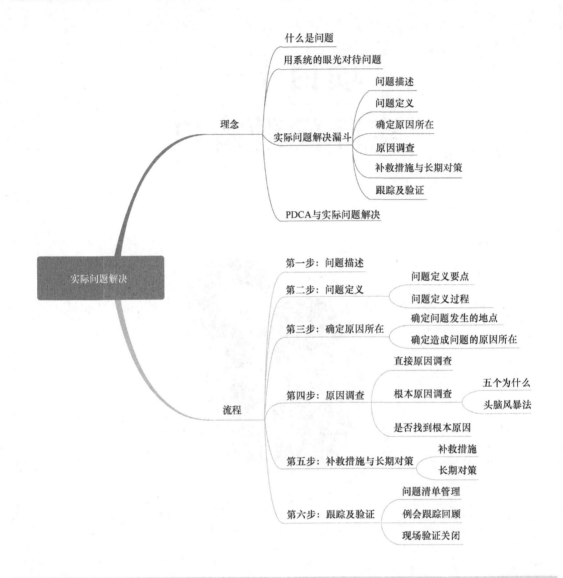

学习目标

1. 理解实际问题解决的基本理念和标准流程。
2. 掌握五个为什么、头脑风暴法等原因调查方法。
3. 学会使用问题交流报告。

水平检测

1. 问题是指（　　）。<单选>
A. 发生差错
B. 实际情况与现有标准或预期效果之间的差距

C. 实际情况与现有标准或预期效果不符
D. 遇到障碍

2. 调查根本原因的目的是（　　）。＜单选＞
A. 分清问题责任　　　　　　　　B. 找出原因链
C. 作为制定长期对策的依据　　　D. 遏制问题扩散

3. 现场验证需要注意的有（　　）。＜多选＞
A. 对策是否得到忠实的实施　　　B. 实施结果是否达到预期目标
C. 现场员工是否满意　　　　　　D. 成果是否得到固化

现象评析

制造部张经理接到一个车间打来的电话，说采购部新买的设备出问题了，问怎么处理？张经理在电话里哦了一声，就将电话挂了。

接着张经理拿起电话拨通了采购部的电话："喂，李经理吗？总装车间说你们采购的某某设备出问题了，请你到现场处理下。"

请你根据张经理处理事情的经过，简单评析并填入表 11-1 中。

表 11-1　评析表

问　　题	评　　析
你觉得采购部的李经理会去现场吗？为什么	
张经理的做法有什么问题？你有什么建议	

知识链接

一、什么是问题

问题是指实际情况与现有标准或预期效果之间的差距。问题的含义如图 11-1 所示。

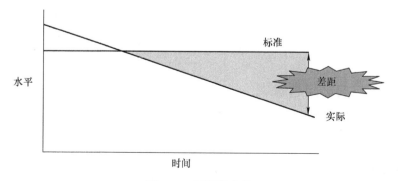

图 11-1　问题的含义

问题是改进的种子，问题是预示发展的良好的机遇。如果没有问题，那一定有环节出错了。

二、用系统的眼光对待问题

当我们发现问题时,首先想到的应该是某个系统存在不足,而不是指责员工。

如有员工在安装汽车玻璃的过程中将玻璃掉到地上摔碎了,我们不能简单粗暴地归结为是员工不用心、操作不当,而对其进行指责。

因为玻璃掉地上摔碎的背后可能有安装工具的问题、作业方法不当的问题、技能培训的问题,以及劳动强度的问题,这些都是我们管理系统的问题。

三、实际问题解决漏斗

实际问题解决是一个现场解决问题的流程与方法。它包含紧密联系的六个步骤。

（1）问题描述。

（2）问题定义。

（3）确定原因所在。

（4）原因调查。

（5）补救措施与长期对策。

（6）跟踪及验证。

实际问题解决流程的六个步骤关系如图 11-2 所示。

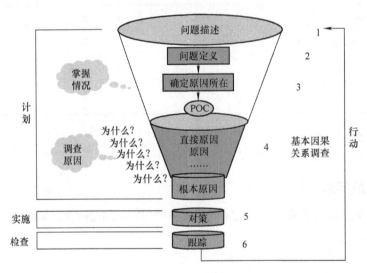

图 11-2　实际问题解决流程

四、PDCA 与实际问题解决

PDCA 必须贯彻于我们解决问题的全过程。

（一）掌握现状

（1）确定标准或预期效果:标准是否达标。

（2）确定现实:标准、差异、时间周期。

（3）指出差异的内容:始于何时,多少,严重程度。

（二）计划
（1）分析差异的根本原因：使用五个为什么或其他工具。
（2）选择针对根本原因的对策。
（3）制定指标：改进的指标。
（4）制订实施对策的计划。

（三）实施
（1）采取临时措施补救，并遏制问题。
（2）按照长期对策计划进度执行计划。
（3）监视计划的结果和进程。
（4）进行必要的调整以实现计划和指标。

（四）检查
（1）定期回顾并排除障碍。
（2）比较最终结果和预期作用。
（3）评估计划及其结果。

（五）行动
（1）标准化有效的（各种）对策。
（2）如不符合，按计划重新开始 PDCA。

五、问题描述

问题解决的第一步是描述问题，即发现者对问题发现的过程和问题现状（或状态）进行概要的说明。

在陈述问题时，问题发现者应该抛弃成见，紧紧围绕事实本身进行描述。切忌在陈述过程中加入"我认为"之类的判断性语言，以免误导问题管理者。

问题管理者向问题发现者了解情况，必须到现场去，切忌在办公室听汇报，或者打电话了解情况。

六、问题定义

（一）问题定义要点

问题定义就是根据发现者的问题描述，管理者结合现场观察，针对具体情况对问题进行界定，问题定义有三个要点。

（1）标准。正常的标准是什么？如多大的油漆颗粒可定义为缺陷？
（2）差异。用量化的语言界定偏差的程度。如当前发现的油漆颗粒有多大，超出标准多少？
（3）时间周期。了解问题已经持续多长时间了。

（二）问题定义过程

问题定义过程，需要注意以下四点。
（1）观察趋势，预计可能发生的问题。
（2）亲自观察问题，以全面、准确地掌握第一手材料。

(3)评估问题的严重性、紧迫性和扩散性。
(4)列出处理问题的优先等级。

七、确定原因所在

(一)确定问题发生的地点

很多时候,发现问题的地方并不是发生问题的地方。例如,检验员在质量确认站发现左前门关闭不严,问题发生点很可能在左前门安装工位,而不是质量确认站。

(二)确定造成问题的原因所在

原因所在即造成问题的原因位置。举例来说,如果车身一侧漆面起泡,问题的位置是已知的,不必左右寻找原因所在。比较困难的是功能上发生问题,可能藏在发动机中或汽车的其他部位。

我们必须根据观察一步一步寻找问题的原因所在,直到无法观察为止。寻找问题示例如图11-3所示。

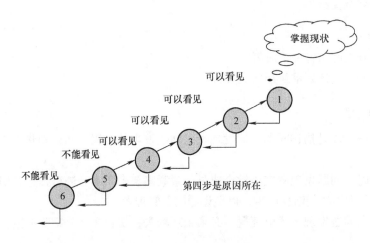

图11-3 寻找问题示例

八、原因调查

经过调查研究,从直接原因一直追踪到根本原因。例如出现错装、漏装,直接原因通常是员工疏忽,但是要追查员工为什么疏忽,就需要调查研究了。

原因调查的常用方法有五个为什么、头脑风暴法等。

(一)五个为什么

五个为什么就是从直接原因开始,通过不断询问为什么追查原因,直到发现根本原因为止的寻根究底的过程。五个为什么是虚指,意思是"打破砂锅问到底"。

我们着手解决一个问题时,通常首先给直接原因下结论,但直接原因一般是由另一个原因引起的,而另一原因又再由另一原因产生,以此类推。只有了解了这条原因链,我们才能找到根本原因,解决问题。

> **五个为什么范例：螺母散落地面调查**
>
> 张三是总装车间一名工段长，在巡视时看到一些螺母散落在地上，这是一个安全隐患。李四是她手下的班组长，这时正朝她走了过来。
>
> 张三：你好，李四，你知不知道为什么这些螺母散落在地上？
> 李四：哦，那一定是送料工摔落盒子时散落的。
> 张三：他为什么会摔落盒子？
> 李四：送料车超载了。
> 张三：你是否知道送料车为什么超载？
> 李四：是的，他一次装了三车的货，因为在此之前他没有拿到看板卡。
> 张三：为什么在此之前没有拿到看板卡？
> 李四：因为班组成员未将看板卡放在规定的位置。
> 张三：噢，好的，谢谢你。让我们和有关的班组成员谈一谈。
> 李四：嗨，王五，关于看板卡，为什么你没有放在规定的位置？
> 王五：因为我不知道哪里是规定的位置。

（二）头脑风暴法

头脑风暴法常常用于原因调查。调查小组人员在正常、融洽和不受任何限制的气氛中以会议形式进行讨论、座谈，打破常规，积极思考，畅所欲言，充分发表看法。

（三）是否找到根本原因

五个为什么、头脑风暴法等为我们开展根本原因调查提供了方法。但是，我们如何判断是否找到了根本原因呢？这里提供几条准则。

（1）通过消除这个原因，你能防止问题再次发生吗？
（2）这个原因是导致问题的事件链的起始处吗？
（3）这个原因与基于事实的原因或影响关系链所引起的问题有关系吗？它能通过因为所以的测试吗？
（4）如果你继续追问，你将陷入另一个问题之中吗？

九、补救措施与长期对策

补救措施是一种临时解决办法，它只能起到纠正问题、限制问题进一步发展的作用。长期对策才是解决问题的根本方法，必须针对根本原因实施长期对策。

以"螺母散落地面调查"为例，补救措施就是从地面捡起撒落的螺母，放到车间的可疑物料区。而长期对策则是制作看板卡存放区域标识，并编写看板管理卡培训教材，对员工进行培训。

十、跟踪及验证

跟踪及验证是问题管理者对问题解决过程的监管活动，主要包含问题清单管理、例会跟踪回顾、现场验证关闭等。

（一）问题清单管理

问题清单管理是将发现的问题罗列成清单，由问题管理者统一管理的工具。问题清单通常包含问题描述、解决措施、责任人、完成时间等信息。质量问题清单见表 11-2。

表 11-2　质量问题清单

序号	问题描述	解决措施	责任人	支持人	计划完成时间	实际完成时间	检查人	完成状态	备注
1								⊕	
2								⊕	
3								⊕	
4								⊕	
5								⊕	
6								⊕	
7								⊕	
8								⊕	
9								⊕	
10								⊕	

（二）例会跟踪回顾

问题管理者定期组织问题回顾会议。由问题责任人（责任部门委托人）报告解决进度、存在问题，以及需要的支持。

问题管理者根据需求帮助责任人排除障碍，对长期得不到有效解决的问题，组织专门团队攻关。

（三）现场验证关闭

现场验证关闭是针对已经解决的问题，由问题管理者组织团队到现场实地检验问题解决成效，做出关闭或者重新解决问题的活动。

现场验证关闭需要关注以下几点：
（1）对策是否得到忠实的实施。
（2）实施结果是否达到预期目标。
（3）现场员工是否满意。
（4）成果是否得到固化。

联系实际

【实例 18】现场是解决问题最好的地方

某企业在精益生产实践中曾碰到这样一件事情。精益顾问正与制造部门召开一个专题会议。会议进行中，一位工段长急匆匆地走到制造经理旁边小声报告了一个现场问题，制造经理给他交代了一番让他出去了。顾问正好在旁边，看表情，顾问感觉问题比较严重，于是问制造经理:"发生了什么事情?"制造经理回答说:"二氧化碳管道进水了。"顾问又问:"后果怎么样?"制造经理告诉顾问:"二氧化碳管道不能进水的。"问题非常严重,于是中止会议,顾问与制造经理一起赶到现场。

等到现场,发现生产线正在轰隆隆地运行。制造经理一看很生气,说:"我刚交代停线检查,怎么还开着。"顾问提醒制造经理看看故障点再说。结果来到故障点,二氧化碳管道仍然积着液体。制造经理问现场员工,回答是刚刚排掉了,这些是重新积下来的。制造经理更生气了,转身就要出去找技术经理。顾问说不要找了,先将生产线停下来,然后电话告诉他我们正在现场,有问题请他来一下。当时技术经理正在开会,不情愿来。后来说顾问老师也在,才勉强来了。技术经理到现场一看,吓了一跳,说:"怎么会出这样的事情。"顾问于是问他:"现在怎么办?"技术经理急切地说:"这事很严重,我们需要报告领导。"顾问接着说:"那好,直接请领导到现场来吧。"

领导和相关部门人员来到现场后,现场作了分析,分头组织人员检查液体成分和来源。经过两个小时的协同作战,终于在另一个车间的二氧化碳输送端找到了根本原因:由于工艺设计的疏漏,在管道与外界温差过大的情况下,操作人员在排气清洗时会因为气压骤降引发另一个管道的液体倒灌的现象。

事实告诉我们,只有在线响应,才能真实了解情况,并通过团队的力量,从根本解决问题。

开始行动

【实战 13】写一份问题交流报告给老师

假如你是班长,发现本班英语 4 级通过率比较低。现需要你组织同学们一起讨论这个问题,并书写一份问题交流报告给英语老师。

1. **实训目标**

(1)能力:学会书写问题交流报告。
(2)知识:理解实际问题解决的基本内涵。
(3)素质:树立发现问题、解决问题的意识。

2. **实训流程**

本实训以如何提升英语 4 级通过率为主题,模拟召开一次班委会,通过分组研讨的方式形成问题解决思路,并完成《问题交流报告》。书写采用团队工作方式共同完成。

实训过程包含三个实训任务,设计课时 80min,具体流程见表 11-3。

表 11-3 问题交流报告实训流程

序号	实训任务	实训要点	课时/min
1	分组研讨	1)将同学分成四个小组,选出组长,各组长组织成员完成研讨 2)小组研讨 4 级通过率的主要表现 3)开展"五个为什么"活动,分析原因 4)根据原因商讨对策	30
2	报告书写	1)组长负责参照表 11-4《问题交流报告格式》完成本组的报告书写 2)检查报告是否有遗漏或不足	30
3	报告及总结	1)各组选派一名代表做问题交流报告 2)随机抽取同学点评 3)老师总结	20

表 11-4 问题交流报告格式

问题交流报告

跟踪号：_____

问题负责部门：
问题负责人：
PCR 填写日期：
问题提出部门／提出人：
问题提出时间：

措施确认：
部门　　签名　　日期

1. 问题描述（包括车型、数量等描述）

1a. 问题定义
标准：
偏差：
范围／时间段：A□ B□ C□
缺陷等级：A□ B□ C□

1b. 问题产生点
问题产生地点：
问题产生区域（车系）：

2. 短期措施

序号	措施	负责人	实施断点

3. 分析根本原因

4. 解决办法（长期措施）

序号	措施	部门	负责人	问题解决日期（节点）

5a. 验证意见

负责部门：　　　　　　　　发现部门：
签名／日期：　　　　　　　签名／日期：

5b. 问题关闭认可 □　　质量部
认可人签字／日期：　　　　签名／日期：

190

项目十二
现场改善

思维导图

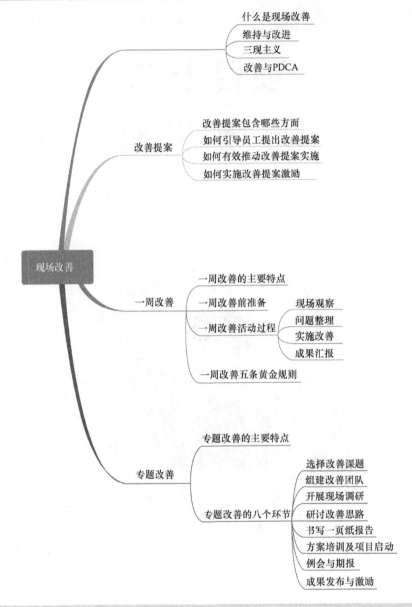

学习目标

1. 理解现场改善的基本理念。
2. 学会使用现场改善的常用方法。
3. 掌握现场改善在企业实践中的要点。

水平检测

1. 现场就是_____的地方,即直接_____的场所。
2. 现场改善的工作,可以分为维持和_____两个部分。

3. 三现主义是指：_____、_____、_____。

4. 改善提案是立足_____，对_____原有工作思路、想法、做法、流程等内容的创新性改动或完善。

5. 一周改善活动过程通常包含_____、_____、实施改善、成果汇报四个环节。

6. 以下有关专题改善说法正确的是（　　）。＜多选＞

A. 专题改善是攻关活动

B. 专题改善是联合作战

C. 专题改善是自主管理活动

D. 专题改善是项目管理活动

现象评析

图 12-1a 为汽车总装现场，图 12-1b 为酒店房间清扫现场。请你根据观看到的，简单评析并填入表 12-1 中。

a) 汽车总装现场　　　　　　　　　b) 酒店房间清扫现场

图 12-1　汽车总装现场和酒店房间清扫现场

表 12-1　评析表

问　题	评　析
如果你是购买汽车或者入住酒店的客户，你更在意有好员工还是好领导，为什么	
如果你是企业的领导，你觉得提升产品质量和服务质量，应该从何入手	

知识链接

一、什么是现场改善

（一）现场

现场就是增值的地方，即直接创造客户价值的场所。

无论你为客户提供什么产品或服务，都需要通过现场员工的双手劳动创造。对于坐在办公室的管理人员，无论你的职务有多高，工作有多重要，都不能为客户直接带来价值。

（二）改善

改善就是变得更好。例如，我们生产一支牙膏，原来只有洁牙的功效，经过企业的努力，增加了消炎功效，这就是改善。

与创新不同，改善是在原有的基础上进行完善。现场改善就是对现场进行一系列小的改善，从而获得最终改进的过程。

二、维持与改进

现场改善的工作可以分为维持和改进两个部分。

维持指的是维持现行的技术、管理和操作标准。维持可以有效地保障保持在已有的水平，防止问题发生。

改进指的是以提升现行标准为目的的活动。改进又可以分为改善和创新两个方面。改善代表那些小的改进，可以持续不断地努力；创新则指那些剧烈的改进，依靠的是对新技术或设备的高额投资。

对于现场而言，改善可以人人参与、处处着手。只有我们充分调动员工的积极性，团队协作，才可以用很低的成本获得持续的进步。

图 12-2 所示为人人参与改善示意图。

图 12-2　人人参与改善

三、三现主义

现场、现物、现实称为三现。遵循三现的原则处理事情，就是三现主义。

现场：当问题（异常）发生时，先去现场。

现物：检查现物，以掌握第一手资料。

现实：从实际出发，实施对策。

三现主义是现场改善的基本指导思想。

四、改善与 PDCA

改善是遵循 PDCA 循环原则、逐步上升的过程。

改善之前需要有一个稳定的基础，即按照标准维持现状；然后开始改善准备，包括调查现状、确定改善目标，制订改善计划等，这是 PDCA 的计划阶段；接着，组织团队实施现场改善，这是 PDCA 的执行阶段；观察和了解实施成效，纠正不足之处，这是 PDCA 的检查阶段；最后，建立新的标准和规范，巩固实施成效，这是 PDCA 的行动阶段。长期往复地进行 PDCA 循环，以达到持续改善的目标，如图 12-3 所示。

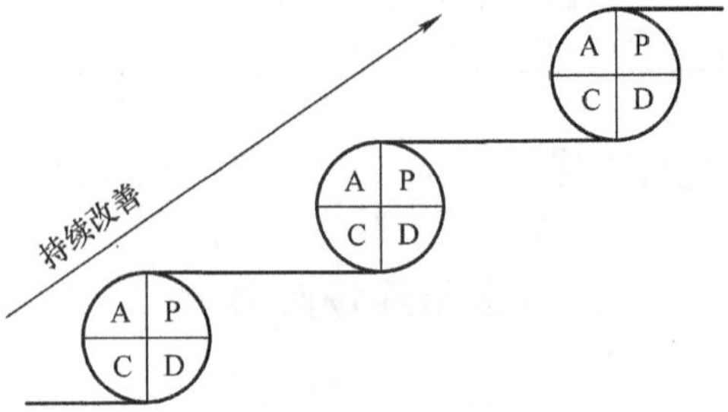

图 12-3　改善与 PDCA

五、改善提案

改善提案是立足岗位,对身边原有工作思路、想法、做法、流程等内容的创新性改动或完善。改善可以取得降低成本、提高质量和效率等成效。但是,改善的根本目的不是这些,而是促进全员参与、持续改进。因为只有全员参与、持续改进,才是公司积极、长期进步的动力。

(一)改善提案包含哪些方面

改善提案可以围绕身边事情,积极建议。比较常见的有以下几个方面。

(1)自身业务改善方面的提案。
(2)办事能力和管理方式的提案。
(3)节省材料、能源、经费的提案。
(4)现场工作方法改善的提案。
(5)安全技术改进、环境保护的提案。
(6)提高产品质量、降低生产成本的提案。
(7)开拓市场及促进销售的提案。
(8)产品工程改善和售后服务的提案。
(9)生产设备、工艺革新的提案。
(10)其他有利于公司经营的提案。

(二)如何引导员工提出改善提案

在改善提案活动的开始阶段,观望的员工较多。因此,有必要开展培训、宣传、交流等活动,并深入现场积极引导员工参与。

1. 树立标杆

榜样的力量是无穷的。可以组织改善专家深入现场,选择典型的岗位,现场与员工共同查找改善点,鼓励员工提出来,支持并指导实施改善,以此作为改善提案示范。

树立标杆有几个要点,需要在引导过程中特别注意。

(1)改善点要给员工带来直接的利益,如降低劳动强度、改善工作环境、获得回报等。
(2)改善过程中始终维护员工的主体地位,让员工主动参与,并得到有力的支持。
(3)将成绩归于员工,让员工有荣誉感、成就感。

2. 呵护员工的热诚

当员工提出改善提案后,快速响应员工,积极帮助员工实施改善,让员工受到尊重和鼓舞。员工提出了不合适的改善提案,也不要简单回绝,应该耐心解释,不要打消其积极性。

(三)如何有效推动改善提案实施

有效推动改善提案实施的关键是全过程跟踪、管控实施。

实施前,履行必要的审批程序。如涉及设计、工艺等变更的,需做相关验证,避免损失或混乱。

实施中,根据难易程度组织改善团队,并提供必要的材料、资金支持。对于重难点改善提案,要进行专项跟踪管控。

实施后,及时给予肯定与激励,将提案标准化,并纳入正常业务或工作范围。

（四）如何实施改善提案激励

设计合理的激励机制对持续推进改善提案活动至关重要，需要注意以下几点。

1. 不能将激励当作回报

改善激励不同于工资，不是对工作的回报。如果当作回报，将会使员工将改善当成交易，患得患失。改善激励应该是表现公司对员工行为的肯定，重在引导员工参与，提高员工的参与热忱。

2. 精神激励与物质激励并举

改善激励应该既有物质激励，也有精神激励。可以将改善激励与公司福利政策结合起来，让改善提案表现突出的员工享受一定的公司福利，如改善积分达到一定程度可享受带薪休假。

3. 重视领导的肯定作用

对于优秀的改善提案和优秀的参与人员，可以通过领导颁奖、现场肯定等方式，让员工感受领导的关怀。

4. 开展多种形式的宣传

利用宣传栏、通讯报道、网站等媒体，形式多样地宣传，让员工有参与感、成就感。

六、一周改善

一周改善是组织团队，用一到两周的时间，针对一个区域进行现场改善的活动。

（一）一周改善的主要特点

（1）难度不大，易于决策和组织。一周改善是针对现场开展的点滴改善，无须太多专业的工程技术，非常便于基层自主开展。

（2）能在较短时间内直观呈现改善前后的变化，可以增强员工对改善的信心和成就感。

（3）有利于小批量、多批次地开展。一周改善就像碎敲牛皮糖，每次改善一个小的区域，这样持续推进，可以获得最终的改善。

（4）有利于不断积累经验和锻炼队伍。一方面，一周改善因为影响的范围有限，可以减少失误的损失；另一方面，一周改善形成的经验，可以在后续的一周改善中得到推广应用。这是一种快速积累经验和锻炼队伍的办法。

（二）一周改善前准备

1. 组织一周改善团队

一周改善发起人通常为现场负责人，如工段长。参与人员包括所属班组成员、现场技术人员、质量人员、维修人员等。如果有需要，可以从参与人员中抽出一两人作为助手。

2. 选择改善区域

（1）区域大小应当合适，可以在一到两周完成改善。

（2）团队成员对区域现场存在的浪费比较关注。

（3）到现场了解基本情况。

3. 其他准备

（1）准备改善工具及资料，如用于现场拍照的相机、计时秒表，以及一周改善期间需要用到的表格、材料等。

（2）准备一块一周改善看板，用于现场张贴改善日程、改善问题清单，以及改善成果表等。

（3）编写一周改善活动日程表，以指导班组成员开展工作。

（4）如果是初次开展改善，应该组织参与人员进行简短的培训，让他们了解一周改善的作用和意义，以及一周改善活动的流程及方法。

一周改善活动日程表见表12-2。

表12-2 一周改善活动日程表

涂装车间面漆间现场改善活动日程			
组织部门	精益生产办公室	改善区域	涂装车间面漆间
活动时间	2015-11-28 至 2015-12-3	会议集中点	涂装车间办公室
组长	××		
改善小组成员			
杨××、张×、刘×、卢××、林×			

日期	时间	活动内容	方法/工具
11/28	上午 9:00~9:30	改善培训	
11/28	上午 9:30~11:30	在改善现场寻找问题，关注现场中存在的浪费和影响操作的因素，将存在的问题拍摄下来	现场观察表 数码照相机 现场改善看板
	下午 1:00~4:00	整理、确认问题，按要求填写《问题清单》	问题清单
11/29	上午 9:00~12:00	所有人现场参与改善活动	改善材料
11/30	全天	改善小组成员完成各自负责的《问题清单》中的问题，问题清单责任人原则上是小组成员	每天下午 5:00~5:30 问题清单责任人对照问题清单回顾
12/1	全天			
12/2	全天			
12/3	上午 9:00~12:00	将优秀的改善拍成照片，并制作改善表	现场改善表
	下午 4:30~5:30	现场总结成果，请公司领导参加	

（三）一周改善活动过程

一周改善活动过程通常包含现场观察、问题整理、实施改善、成果汇报四个环节。

1. 现场观察（第一天上午）

参与人员使用《现场观察表》（见表12-3）在改善现场寻找问题，关注现场中存在的浪费和其他影响操作的因素。拍摄典型问题图片作为记录，从而了解改善前的现场状况。现场观察是一周改善成败的关键。

（1）深入区域各工位，逐个了解工位的人、机、料、法、环等要素。

（2）参考《现场观察表》的要素，从安全、质量、效率、成本、人员五个方面观察其中的浪费。

（3）发现任何问题或疑问，拍摄现状照片。

（4）将问题填写到《现场观察记录表》中（见表12-4）。

（5）反复观察。要有足够耐心，每个工位至少要重复观察三遍，观察时间不得少于一个上午。

表 12-3 现场观察表

序号	目标	要素	观察要点及说明
1.1	安全	基本安全规范	安全人、安全责任制、安全主题教育、紧急疏散图等
1.2		危险危害管理	危险危害辨识、安全数据单、安全隔离措施等
1.3		安全人机工程	灯光、噪声、负重、疲劳等
2.1	质量	标准化操作	动作、时间、步行,以及操作工具等
2.2		防错方法	防错装置、辨识等
2.3		质量检查	初物管理、班组长3×3×3、一分钟质量检查、首末检、质量审计等
2.4		技术保障	工艺纪律检查、工装量具检查等
3.1	效率	5S	物品定置、使用方便性、现场整洁等
3.2		目视管理	一目了然、及时更新、引人关注等
3.3		物料管理	标准包装、一物一位、先进先出,以及可疑物料/不合格物料等
3.4		暗灯系统	快速响应、停线分析、问题解决等
3.5		全员生产维护	日常点检、计划维修、备件管理等
4.1	成本	成本控制	劳保用品、耗材管理、报废管理、跑冒滴漏等
4.2		作业改善	减少非增值活动、改善作业方法、工作平衡
4.3		现场改善	价值流分析、一周改善等
5.1	人员	团队沟通	班前班后会、问题分析会、团队活动等
5.2		员工参与	改善提案、团队项目、员工访谈等
5.3		员工发展	岗位培训、岗位柔性、员工流动等

表 12-4 现场观察记录表

序号	目标	要素	问题点	现状照片
1.1	安全	基本安全规范		
1.2		危险危害管理		
1.3		安全人机工程		
2.1	质量	标准化操作		
2.2		防错方法		
2.3		质量检查		
2.4		技术保障		
3.1	效率	5S		
3.2		目视管理		
3.3		物料管理		
3.4		暗灯系统		
3.5		全员生产维护		
4.1	成本	成本控制		
4.2		作业改善		
4.3		现场改善		
5.1	人员	团队沟通		
5.2		员工参与		
5.3		员工发展		

2. 问题整理（第一天下午）

整理、确认问题，按要求填写《问题清单》（见表12-5），注明责任人、时间以及相关问题是哪种浪费的表现，确定可行办法来消除浪费。问题整理过程由发起人主持，安排一个助理负责填写问题清单。

首先，参与人员将发现的问题提出来，确认无误后填入问题清单的问题描述栏。列完问题后，参与人员共同讨论解决措施，并确定预计完成日期和责任人，如图12-4所示。

表12-5 问题清单

序号	问题描述	解决措施	预计日期	完成日期	责任人	状态	进度说明
1							
2							
3							
4							
5							
6							
7							
8							
9							
10							

3. 实施改善（第二天至第五天上午）

所有成员全程参与改善。将优秀的改善成果拍照存档。每天召开回顾会议，了解改善进度并解决改善过程中碰到的问题。

4. 成果汇报（第五天下午）

把优秀的改善成果用"一点CIP（Conflux Improvement Proposals）"表格发布，见表12-6。成果汇报就在改善现场举行，邀请领导参加。由现场改善人员直接汇报成果。汇报完成后，领导现场讲话，肯定改善成果，并提出指导意见。如果条件允许，可以在晚上举行一个团队庆祝活动。

图12-4 共同讨论解决措施

表12-6 一点CIP

现状问题	工具随意堆放，既不方便拿取，又损伤工具	改善者
改善成果	制作专门的存放台，并进行5S定置	***
改善前		改善后

（四）一周改善五条黄金规则

（1）一周改善活动要有利于现场员工。

（2）现场改善活动可在同一区域反复开展。

（3）需要全员参与。

（4）积极心态，开拓思维，从身边的小事做起。

（5）不要放过任何一种浪费。

七、专题改善

专题改善是针对瓶颈或薄弱环节，组织跨专业团队实施特定目标的改善活动。

（一）专题改善的主要特点

（1）专题改善是攻关活动，是集中兵力打歼灭战。

（2）专题改善是联合作战，需要相关部门派出精干人员参与，并有效协同。

（3）专题改善是专业部门服务现场一线的具体行动，是锻炼专业部门能力的重要手段，有利于加强部门与现场的联系。

（4）专题改善是一种项目组织形式，遵循项目管理的基本原则与流程。

（二）专题改善的八个环节

专题改善过程包含选择改善课题、组建改善团队、开展现场调研、研讨改善思路、书写一页纸报告、方案培训及项目启动、例会与期报、成果发布与激励八个环节，如图12-5所示。

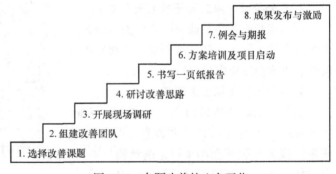

图 12-5　专题改善的八个环节

1. 选择改善课题

专题改善是突击、救火，务必找准课题，起到手到病除的效果。因此，选择改善课题应该坚持问题导向，抓住现场的瓶颈和薄弱环节下手。

（1）瓶颈环节，如生产、质量、物流等方面存在的瓶颈；新产品中出现的瓶颈；公司近期业务关注焦点。

（2）薄弱环节，如安全、质量、效率、成本、人员等方面存在的不足；现场发现的重要问题。

2. 组建改善团队

专题改善是协同作战，必须兵种齐全、团队协同。组建改善团队时应该遵循以下5点。

（1）跨部门选人，更好地发挥各部门的组织力量。

（2）根据课题需要选择不同专业背景人员参加。

（3）只选择必要的人参加。

（4）高度重视参与者的意愿和积极性。

（5）合理的团队分工及组织架构。

3. 开展现场调研

现场调研的关键是要树立"三现"观念，深入一线了解问题。

（1）在去现场之前，要有一个基本的调研思路，如有必要，可列一个调研提纲。
（2）调研思路在团队内部充分沟通。让团队了解彼此的想法，并取得一致认可。
（3）准备必要的调研工具、资料。
（4）眼到、手到、心到。
（5）充分与一线人员交流并听取意见。

4. 研讨改善思路

思路就是建立目标与方法的联系。要根据调研掌握的情况，提出改善目标，并以目标为导向，选择合适的方法。研讨思路可以借助思维导图工具，帮助我们建立联系。思维导图示例如图 12-6 所示。

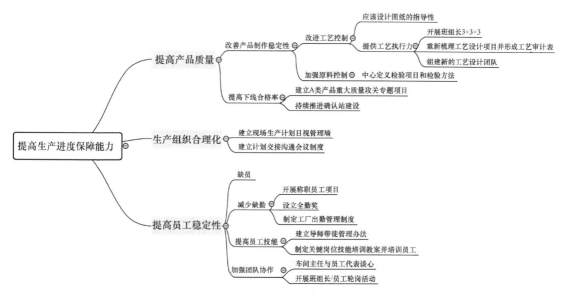

图 12-6　思维导图示例

5. 书写一页纸报告

用一页纸报告简明扼要说明专题的目标及思路，取得领导认可和支持，为项目顺利推进加持。

6. 方案培训及项目启动

根据调研，用 PPT 制定专题方案，组织专门会议启动专题，并培训参会人员。这是专题改善的关键环节，必须精心筹备，为顺利实施打下良好的基础。

（1）方案培训及项目启动的目的：
① 让相关部门及人员了解专题的目标及思路。
② 赢得相关部门及人员的认可和支持。
③ 营造氛围和鼓舞士气。

（2）做好方案培训及项目启动的要点：
① 评估相关方的态度及可能的反应，会前做好沟通。
② 方案应该目标明确、重点突出、方法具体。
③ 领导充分肯定专题的价值，做好组织动员。

7. 例会与期报

专题改善时间跨度较长，实施期间应该定期召开会议回顾并以一页纸报告的形式通报专题进度，以扩大项目影响和赢得更好的支持。

项目例会可以分为两层，项目团队内部例会和项目汇报例会。项目团队内部例会面向团队成员，可以每周召开一次，重点在于回顾一周工作、检讨问题，并部署下周工作；项目汇报例会面向项目领导和相关方，可以每月召开一次，重点在于报告进度，提出需求，寻求支持。

期报可以与项目团队例会同步，将项目工作以简报的形式报告领导和相关方。

8. 成果发布与激励

当专题改善各项工作完成，并达成预定目标时，应该组织专门的成果发布会议并给予激励。

（1）目的：
① 总结并固化成果。
② 培训员工并提供示范。
③ 肯定成绩并激励团队。

（2）要点：
① 会议形式要简朴而热烈，如条件许可，建议在现场召开。
② 专题成果要具体可借鉴。
③ 让团队成员充分展现成绩和风采。

联系实际

【实例19】日本直列发动机改进的故事

日本的发动机起步较晚，在整个20世纪50年代，它还处在引进美国技术进行制造的阶段。当时，美国拥有号称世界首创的十几项发动机技术，其发动机产品和技术称霸全球。可是进入20世纪60年代中期，日本的发动机就开始返销美国，并且性能比美国同类产品优良，价格却更便宜，于是吸引了许多美国的客户。这让美国感到非常惊讶：短短十年，日本怎么可能造出这样的发动机，不知用了什么秘密的技术。于是美国派遣专家团到日本访问，结果到日本丰田公司的发动机厂现场参观时，令他们大吃一惊，原来日本沿用的还是当时引进美国的技术，只是每一项技术都被日本人做了改良，并且管理更精细。秘密就在这里。

进入20世纪80年代，日本的汽车已经成为世界上最具竞争力的产品。日本为扩大产能，政府推动发动机的投资，当时日本政府经过分析预测，认为国际油价将维持较长一段时间，因此，主流需求应该是相对小功率、省油的发动机。于是投放了大量4缸直列机的生产线。可是投资还未完全见效，世界石油价格回落，美国等西方国家又开始转向购买大功率的V型发动机。这让日本陷入一个困境：是不是重新投资新建V型发动机生产线？这将会损失巨大，而且时间不允许。日本汽车企业没有选择重新投资V型发动机生产线，而是集中技术力量对4缸直列发动机进行改良，以应对V型发动机的攻击。结果，在20世纪80年代末推出新型发动机时，性能优于V型发动机，这让美国人以为日本发明了一种较V型发动机更先进的发动机技术。

【实例20】提建议更是提士气

员工没有士气，是很多企业的痛点问题。有一家民营企业，管理比较粗暴，员工对工作没有积极性，对公司没有感情。如何调动员工的积极性，成为当时推行精益生产最大的挑战。企业决定开展改善提案活动。

主管部门经过三个月的酝酿和发动，总共收集了 20 多条改善提案。可是，将这些建议递交领导审议时，出问题了。领导认为很多建议就是员工本应该做好的，结果还要发奖金鼓励，不同意。

这可怎么办，好不容易发动起来的一点热忱，结果被领导否定了。没办法，只好找领导逐个沟通，说服领导不要纠结于应不应该，而要看是否能够调动员工的积极性，只要员工愿意动脑想问题，就是进步。经反复做工作，领导总算接受了。

改善奖励发下去后，员工看到有好处，提交改善提案的人开始多了起来。执行一段时间后，又出问题了：随着员工参与的提升，公司领导感觉奖金发得有点多，觉得有点划不来。主管经理只好又去做领导的工作，解释发奖金不是公司与员工做买卖，不能仅仅计算单个改善的经济价值，要看到员工积极性调动起来后，带来的主动意识和工作效率的提高。

后来，随着改善提案的深入，提案的难度越来越大，提案的热忱开始逐渐消退。有人提出增加改善奖励金额，主管部门没有同意。因为改善提案是员工参与管理的行为，如果仅仅依靠物质刺激，只会强化员工的功利心理，并不能真正激发员工的自主性，必须将物质激励与精神激励结合起来。为了突出精神激励，主管部门策划了一场别开生面的颁奖仪式。颁奖仪式上，没有发放奖状，而是在会后由公司总经理带队，来到获奖员工的工作岗位，亲自将奖状颁发给员工，其他领导列队鼓掌祝贺。员工接过奖状，激动得眼泪流了出来。后来，主管部门又将改善建议与外出学习、带薪休假等结合起来，让员工在改善提案中更多地感受到尊重和荣誉。

经过这场改善提案的引导，员工的主动性、积极性得到极大的提升，领导与员工的关系也变得和谐起来，为公司后来的管理和发展奠定了良好的基础。

开始行动

【实战 14】分组设计专题改善方案

1. 实训目标
（1）能力：现场发现问题并设计专题改进方案。
（2）知识：理解专题改善的流程及方法。
（3）素质：培养团队沟通、持续改进意识。

2. 实训场景
本实训无须专门创设实训场景，可以从学校（企业）选择一个现实的场景进行，可以是现场实物的改变，也可以是工作方法的改善。内容可以有：
（1）现场调研食堂就餐，提出改善方案。
（2）现场调研实训或生产现场，提出改善方案。
（3）现场调研学生宿舍，提出改善方案。
（4）研讨班级管理存在的问题，提出改善方案。

3. 实训流程
本实训基于真实的场景，让学生应用专题改善的八个环节，共同调研、分析问题，制订改善思路，并书写改善方案。

实训过程包含五个实训任务，设计课时 120min，具体流程见表 12-7。

表 12-7　现场改善实训流程

序号	实训任务	实训要点	课时 /min
1	选择改善主题	1）将全班同学分成 8~10 人一组 2）小组讨论确定改善主题	10
2	现场观察	1）各小组成员独立观察，提出一个需要改善的地方 2）小组共同讨论，遴选最需要的改善要点	10
3	研讨改善方案	用思维导图研讨改善思路	40
4	动手制作 PPT 方案	1）确定方案编写大纲 2）分工编写 3）统稿完善	40
5	总结报告	1）各小组汇报 2）老师点评	20

项目十三
价值流改进

思维导图

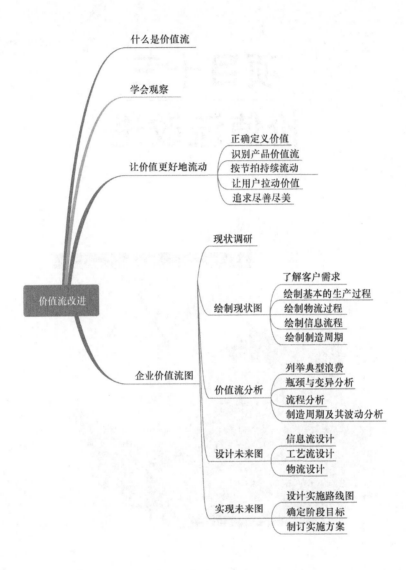

学习目标

1. 理解价值流的基本理念。
2. 掌握价值流分析与改进流程。
3. 学会价值流图的绘制方法。

水平检测

1. 价值流包含三个流,它们是(　　)。<多选>

A. 设计/工艺流　　　　　　B. 资金流

C. 物流　　　　　　　　　D. 信息流

2. 价值流调研的要点有（　　）。<多选>
A. 选择产品（族）　　　　　　B. 门对门走访
C. 调查问卷　　　　　　　　　D. 从客户需求开始

现象评析

李女士是一位大型企业的高级经理，最近有个大项目，工作比较辛劳。现在项目结束了，她想去巴厘岛休假散散心。可是，一周下来，旅途也不轻松。以下是她去巴厘岛的行程日志。

（1）网上预约旅行社（下午 4:00）。
（2）收到旅行社行程安排。
（3）手机预约出租车（第二天上午 8:00）。
（4）等候出租车。
（5）装行李。
（6）乘车到机场（按照航空公司要求在飞机起飞前 2 小时到达）。
（7）排队等着换外汇。
（8）排队等候登记、托运行李。
（9）排队等候安全检查。
（10）排队等候通过海关。
（11）在候机厅等候。
（12）排队等候登机。
（13）在飞机里等候（2 小时空中交通延迟）。
（14）飞到巴厘岛（3 小时）。
（15）排队等候取行李。
（16）排队等候移民局官员查问。
（17）排队等候过海关。
（18）把行李装在客车上。
（19）在客车上等候。
（20）乘客车到酒店（45 分钟）。
（21）卸行李，拿进酒店。
（22）在酒店等候登记入住（晚上 9:00）。

李女士计算了一下自己的行程，整理如下。
（1）全部旅行时间：13 小时。
（2）实际用在旅途上的时间：7 小时（54%）。
（3）排队和等候时间：6 小时。
（4）排队次数：10 次。
（5）行李拿上拿下次数：7 次。
（6）检查次数（都问同样的问题）：7 次。
（7）涉及经营单位：19 个。

请你根据李女士的情况，简单评析并填入表 13-1 中。

表13-1 评析表

问　题	评　析
从李女士的行程中，你认为哪些时间是没有价值意义的	
你觉得该如何提高李女士的旅行满意度	

知识链接

一、什么是价值流

价值流是一个产品通过生产过程所要求的全部活动（包括增值活动和不增值活动）。产品价值流动过程主要包含三个方面。

（1）从概念到投产的设计/工艺流。

（2）从原材料到产品交到顾客手中的物流。

（3）从客户订单到产品交付客户的信息流。

很多企业热衷于搞精益改善运动，他们往往针对某些浪费进行突击改善。这样的行动可以带来局部的改善，也许某个环节的节拍提高了，但是由于整个流程的节拍没有得到改善，最后却在下游产生过量库存，成为新的烦恼。这种碎片化的改善方式，不能给企业带来整体性、可持续的改善。

价值流分析可以帮助确定价值流上的每一个过程，将它们从杂乱无章的问题中拉出来，根据精益的原则创建一个完整的价值流。

进行价值流分析意味着对全过程进行研究，而不是单个过程；改进全过程，而不是仅仅优化局部。如果确实要看产品从最基本的原材料到交付顾客的全部过程，就需要跟踪这个产品。

二、学会观察

只要有一个为顾客生产的产品，就有一个价值流，挑战在于发现它。

如果要获得真实的价值流，就必须到现场去倾听客户的声音。一方面了解外部客户的需求和抱怨，一方面了解一线员工对于工作的需求和意见。

循着客户的声音，我们要用脚和笔观察价值流的每一个过程。首先，观察现场存在的浪费，找出有关人与过程的改进机会；然后，观察产品流动过程，发现物流与信息流存在的问题；最后，了解产品制造周期，分析哪些属于增值时间，哪些属于非增值时间，从整体上找出缩短制造周期的办法。

三、让价值更好地流动

价值流的核心是追求更好地流动。

（一）正确定义价值

价值流有以下三种活动。

（1）很明确的能创造价值的活动。

（2）虽然不能创造价值，但在现在的技术与生产条件下，不可避免的活动。

（3）不创造价值可以立即去掉的活动。要从客户的角度出发，明确定义需求，什么是客户期望的最佳结果？什么是客户接受的最大限度？

（二）识别产品价值流

选择典型产品（族），观察从原料投入到产品输出的每一个活动过程，识别哪些是增值活动，哪些是非增值活动，不断消除浪费。

（三）按节拍持续流动

研究生产、物料流动过程，是否是按照合理的节拍，有规律地、持续地流动，找出呆滞、不均衡、迂回等不合理现象。

（四）让用户拉动价值

实行拉动系统，让需求拉动生产，后工序拉动前工序，消耗拉动供给。追求快速响应、库存最低。

（五）追求尽善尽美

价值流改进不是一蹴而就的，也不是一场运动，而是一个持续的日常工作，是不断地消除浪费，增加价值的过程。

四、企业价值流图

企业价值流就像一条河流，看上去气势澎湃、奔腾不息。可是深入了解就会发现：河流有曲折、有暗礁、有漩涡、有深潭；有时干涸断流，有时洪水泛滥；有时激流飞进，有时和缓平静。如果不进行改进，就可能给企业经营带来风险和损害。

价值流图是知道企业如何经营改善的系统工具，就像一幅展现在我们面前的经营管理地图，可以将企业的经营活动用价值流图直观形象地描述出来，帮助我们清楚地识别经营活动中存在的问题与瓶颈，指引企业精益的方向。

价值流图分析与改进通常包含现状调研、绘制现状图、价值流分析、设计未来图和实现未来图五个环节。

下面，以 LQ 啤酒公司价值流分析与改进为例，讲述五个环节的实践过程。

（一）现状调研

调研开始，组建跨部门的公司价值流改进小组。

为了简化调研过程，需要从企业生产的系列产品中找出最能代表价值流特点的产品（族）。小组决定将一款比较畅销的主流产品 LQ1998 瓶装啤酒作为价值流调研产品。

调研路线从产品价值流终点开始，沿着价值流相反的方向回溯，这样有利于在发现问题时，查找问题源头。小组决定从销售公司开始。

接下来，就是准备好你的笔，用脚走遍产品价值活动的每一个地方。调研过程要坚持门到门地了解产品价值的活动过程，注意在调研过程中与基层人员沟通，了解具体问题。

（二）绘制现状图

价值流图是直观描述价值流的工具。通过价值流图画出设计（工艺）流、物流以及信息流，搞清生产现状。

开始绘制价值流图，需要用到一些图符，这些图符可以在 Office 办公软件中找到。绘制过程分为以下 5 个步骤。

第一步，从了解客户需求开始。与销售部门交流并查阅历史记录，获取销售信息：LQ1998 瓶装每月销售数量 82300 件、LQ1998 灌装每月销售数量 29800 件（这个数据通过最近三个月销量取平均值获得），如图 13-1 所示。

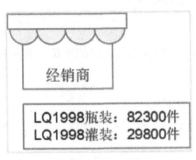

图 13-1　客户需求

第二步，绘制基本的生产过程，如图 13-2 所示。使用过程框门到门地表示产品生产的工艺过程，在生产工艺过程中常常有缓存相连。通过调研和测量获得各工艺过程的生产节拍、合格率等信息（关于生产过程的关键参数，需要根据分析的需要选取 3~5 个，不宜过多，也不宜过少）。这些参数可以通过查阅最近记录或者现场测量的方式获得，如包装线生产节拍是通过现场观察 10 件产品通过成品输送线实测的，合格率则可以通过查阅质量周报获得，成品库存则是在现场直接计数。

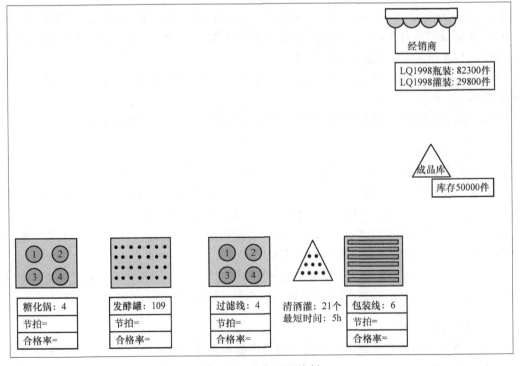

图 13-2　生产过程绘制

第三步，绘制物流过程，如图 13-3 所示。贯彻从供应商到经销商全过程的物料（成品、半成品）的流动过程。首先绘制物流节点，如供应商、仓储等，然后绘制物流线路（可用虚线代表推动物流、用实现代表一般物流），最后填充库存、配送频次等重要信息。

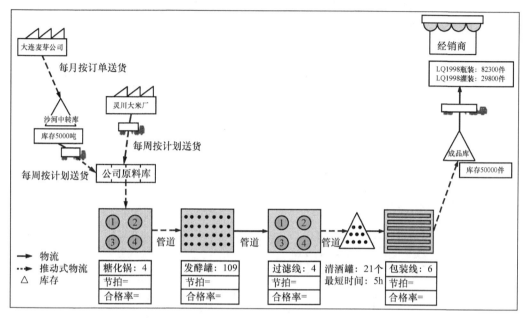

图 13-3　物流过程绘制

第四步，绘制信息流程，如图 13-4 所示。以产销流程为主线，绘制经销商与销售部门、销售部门与生产部门、生产部门与车间/采购部门，采购部门与供应商等之间的信息流图（信息流程包括电子信息和人工信息），并附注信息流周期。

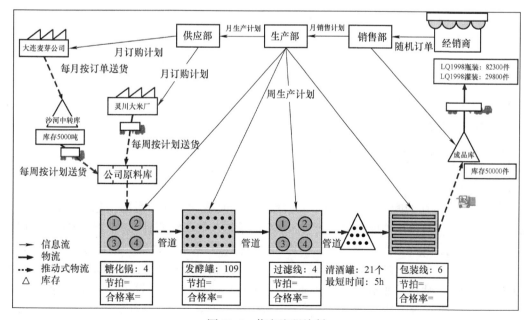

图 13-4　信息流程绘制

第五步，绘制制造周期，如图 13-5 所示。绘制从供应商发货到发运经销商全过程的周期时间（时间分为增值时间和非增值时间），并计算增值比（增值时间占制造周期的比重）。获得制造周期优先采用样本统计的方法，在本项目中，糖化选择 4 锅、发酵选择 10 罐、包装线选择每条线 10 瓶、成品库选择 10 件进行实际测量。对于不方便测量的过程，可采用历史记录统计的方法，如外部运输周期、沙河中转库存储周期等。

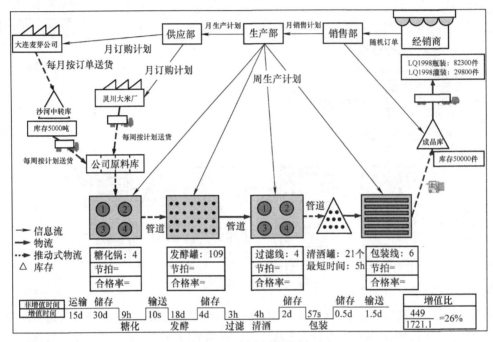

图 13-5 制造周期绘制

（三）价值流分析

价值流分析可以从以下几个方面进行。

1. 列举典型浪费

以小组研讨的方式，根据现场调研和价值流现状图，列举企业存在的浪费问题（如洗瓶机洗洁率低、酿酒罐调度不合理、库存周期过长等问题），分析问题并提出改进措施。

2. 瓶颈与变异分析

针对生产节拍和质量控制等方面问题，找出其中的瓶颈与变异，如过滤工艺与包装工艺之间节拍不均衡（瓶颈问题）、包装合格率不稳定（变异问题）等。

3. 流程分析

识别流程中存在的断点、迂回点、贬值点等不合理现象。断点是指信息传递到某一部门后，该部门不做任何信息处理，也不做任何响应的情形。如小组调研发现，储运部只是查收生产部的生产计划，却不向生产部门反馈出库和库存信息，常常导致生产计划与库存之间脱节，造成积压或缺货。迂回点是指信息传递到某一点后，未做处理即被返回到信息的发出部门或者转发给其他部门的情形。如销售部接收到经销商的订单信息后，并不与经销商做沟通，就将订单发给制造部组织生产，常常出现经销商发送虚假市场需求、打乱既有生产计划的情况，造成巨大浪费。贬值点是指因错误的方法或管理失控造成经济损失的情形。例如，成品库由于库存较高，缺乏有效的先进先出机制，常常出现啤酒过期的情况，只好进行报废处理。

4. 制造周期及其波动分析

制造周期是反映制造能力的重要指标。分析过程中，需要将增值时间和非增值时间分开，并重点分析非增值时间。因为非增值时间常常比增值时间要长得多，改进的空间更大，如物料、在制品、成品等的存储周期、运输周期等。

做完分析后，可将发现的重要问题在价值流现状图中用爆炸图标出，以直观地反映价值流分析结果，如图 13-6 所示。

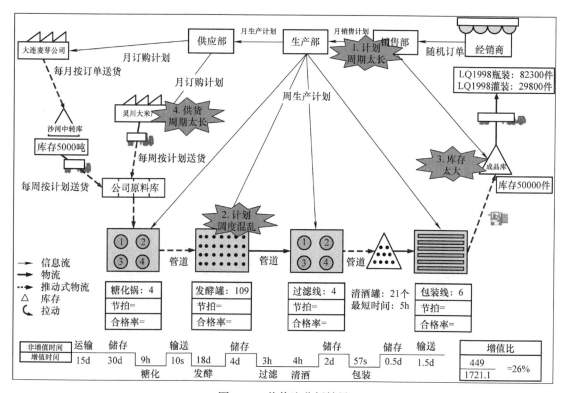

图 13-6 价值流分析结果

（四）设计未来图

未来图是企业精益化的理想蓝图，要勇于打破常规，跳出传统思维的路径依赖，建议从信息流、工艺流、物流三个方面进行设计。

1. 信息流设计

信息流以市场需求节拍为导向设计，需要重点关注以下问题。

（1）如何设计从订单到交付的信息流程？

（2）在生产链中的哪一点下达生产计划？

（3）如何构建信息管理系统及方法？

2. 工艺流设计

工艺流以均衡生产为导向设计，需要重点关注以下问题。

（1）如何根据市场需求节拍均衡生产节拍，并缩短制造周期？
（2）如何协调多品种（混线）生产？
（3）如何增强制造柔性？

3. 物流设计

物流以简洁流动为导向设计，需要重点关注以下问题。
（1）在哪里可以使用连续流动过程？
（2）为了控制上游过程的生产，需要在哪些地方建立拉动系统？
（3）如何选择合理的存储策略？

最后，按照未来设计绘制未来图，绘制步骤参考现状图，如图13-7所示。

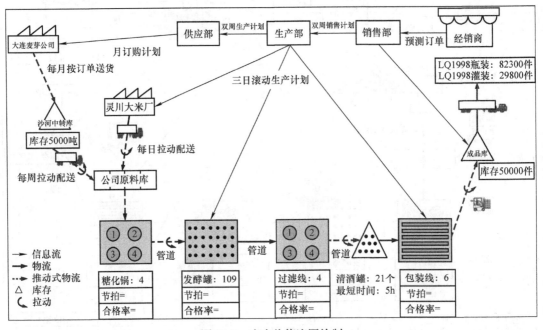

图 13-7　未来价值流图绘制

（五）实现未来图

显然，实现未来图不能一蹴而就，它是一个持续改进的过程。

1. 设计实施路线图

未来图是一个蓝图，需要结合企业现状，制订实施路线图。

通常，价值流改进需要遵循流动化、稳定化、标准化、流程化、系统化五个阶段，如图13-8所示。

第一，如果企业的工艺布局松散、孤立，生产过程就很难联系紧密，将造成大量在制品、搬运的浪费，应该通过精益布局等方法理顺工序流动，让生产流动起来。

第二，如果企业设备、物料、质量等不稳定，则应该以工位为中心，围绕"人机料法环"五个要素，消除瓶颈和异常波动。

第三，如果企业缺乏必要的标准，应该推动员工操作标准化、现场管理规范化、基层管理制度化，以巩固稳定化的成果。

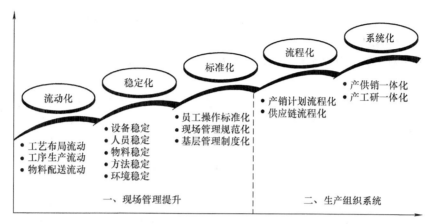

图 13-8　价值流改进的五个阶段

第四，如果企业业务流程不畅，应该以生产计划与物流控制为中心，实施从订单到交付全过程的流程改善。

第五，如果企业产销矛盾突出，应该推进产供销一体，将销售、生产、供应作为一个整体，有效处理市场需求与制造资源的矛盾，追求制造资源效能最大化。

可以根据企业现状，用五个阶段分析方法确定企业所处的阶段，并依此制订实现未来价值流的路线图。

2. 确定阶段目标

制定目标时，可以选择一个行业标杆进行比较。有条件的话，最好能去行业标杆企业考察交流，以获得第一手的知识和经验，指导企业价值流改进阶段目标的制定。

为了更加精确描述和衡量目标，还要确立一些关键指标。

（1）制造周期：缩短制造周期并减少变差。

（2）增值比：根据企业现实条件提高增值比。

（3）实际生产节拍：在不做大的投入的情况下能提升的节拍。

（4）直通率：生产流程中各主要质量确认站合格率的乘积。

3. 制订实施方案

实施方案最好包含方案演示文案、一页纸报告以及实施计划三个部分。

方案演示文案用于详细解说价值流调研、分析、改进的内容，以便让相关方清楚实施目标及思路。

一页纸报告用于向领导简明扼要地报告实施方案，用以获得领导层的正式认可与支持。

实施计划则用于详细描述工作内容、时间进度，以及参与人员等，以便指导和协调各部门、各参与人员共同行动。

方案具体制订方法可参照项目十二中的"专题改善"。

联系实际

【实例 21】谁是混乱的根源

有一家汽车制动器制造企业，随着汽车市场迅猛增长，公司的产量平均每年有超过 20% 的

增量,但是产量的增长并没有给该公司带来多大利润增长,成本却在迅猛攀升。几年来公司加班不断,员工牢骚满腹。

拓展规模,对于制造企业而言应该是件大好事,为什么会陷入规模的痛苦之中呢?

答案就在现场!

由于生产繁忙,工厂的过道、走廊到处都是物料。生产工人被埋在物料中间机械地工作,物流工人则在乱如菜市场的生产现场穿梭,面无表情、疲惫不堪。由于长期的加班加点,生产设备得不到有效的保养,不少设备因为野蛮运行而彻底罢工,更加剧了生产的紧张和混乱。

管理人员把这些归咎为人手不足、工装不够、设备不好,于是不断地向公司申请解决这些问题。

可是,当公司将新的工装投入使用后,大量工装带来的库存、场地问题更多了。

可见,混乱的根源并不在人员、设备、场地。如果不能从整个制造价值流系统思考,辨识其中的增值与非增值,单纯增加工装、人员等,只会增加混乱,掩盖问题。混乱的根源在于没有建立起一套支持变化、流畅的制造价值流。

【实例22】真功夫餐饮价值流改进

真功夫餐饮是国内最大的中式快餐品牌之一。众所周知,如何快速满足客户需求是快餐行业的核心竞争力。中午客户就餐,高峰期就在一个小时左右,如果不能以最快的速度为客户提供餐饮,机会就让给竞争对手了。

为提高出餐率,真功夫聘请顾问选择了一家店面,从客户进店就餐、前台送餐,到后厨制作的全过程进行价值流调研。结果发现,影响就餐效率主要表现在餐厅座位利用率偏低、就餐人员排队过长,以及需求量大的菜品有时会出现断货。顾问团队分析认为,借鉴工业生产中的拉动原理,完全可以有效提高响应速度并降低存货、缩短制造周期。

首先是改进客户就餐桌。组团就餐人数是有一定规律的,由于餐桌全部是四人桌,如果一个三人组团就餐的,发现现有座位已经有两人就餐,他们就会另找一桌,结果两个桌子空出来三个位置,这样不仅浪费座位,而且增加找座位的时间。于是,根据统计分析,将餐厅座位进行了重新设计,按照一定比例配置了单人桌、两人桌、四人桌。仅此一项,高峰时期客户就餐流动速度提高超过了20%。

然后是改进窗口传餐,先前是按照客户订单由后厨配餐,然后一份一份传给前台,在高峰期明显跟不上。后来,将菜品根据历史销售数据进行ABC分类,销售量占前50%的定为A类,销售量占前30%的定为B类,剩下的定为C类;然后将窗口分成三层,每层若干个格,其中AB类的菜品格按照一物一位的原则进行定置,后厨不再对AB类菜品进行配餐,而是按照缺件补充的方式往窗格中上菜,配餐工作由前台完成。这一项改进大大提高了快餐的效率,现在已经成为中式快餐店的标准作业方法。

接下来,又对后厨进行重新设计。将食材分成干货、腌制食品、即制食品,以及配料等,设立食材配送中心,让大量可以集中处理的工艺放在食材配送中心完成,并根据用量按照不同的配送频次向各个快餐店实行拉动配送。这一项改进,平均每个快餐店节约了40%的后厨空间,而制造周期缩短到原来的20%,质量也比之前更加可靠。

后来,真功夫将精益改进的经验向全国推广,为真功夫的商业拓展奠定了坚实的基础。真功夫精益改进场景如图13-9所示。

项目十三　价值流改进

a) 基于拉动的配餐窗口

b) 基于统计分析的餐桌组合

c) 后厨生产配送变革

图 13-9　真功夫精益改进场景

开始行动

【实战 15】模拟快餐店价值流改进

1. 实训目标

（1）能力：学会使用价值流图分析现状与改进价值流。

（2）知识：理解价值流制造周期、增值与非增值等含义；理解工艺流、信息流、物流。

（3）素质：树立从客户角度认识价值的观念。

2. 实训场景：模拟快餐店

模拟快餐店以真实快餐店为原型，以仿真食品为道具，模拟前厅就餐、前台配餐、后厨制作过程。模拟快餐店实训场景如图 13-10 所示。

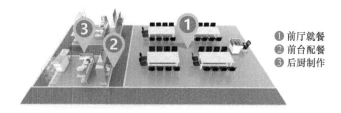

图 13-10　模拟快餐店实训场景

3. 实训流程

本实训项目以学生常见的快餐店为背景。实训过程按照现状把握、价值流分析、改进及未来价值流的逻辑，最终完成价值流现状图和未来图。在实训前老师最好提前让学生到附近的快餐店实际考察一下，或者邀请快餐店管理人员指导。图 13-11 所示为快餐店点餐服务场景。

图 13-11　快餐店点餐服务

实训过程包含六个实训任务,设计课时 120min,具体流程见表 13-2。

表 13-2 模拟快餐店实训流程

序号	实训任务	实训要点	课时/min
1	模拟快餐店认知	1)认识前厅、前台、后厨 2)认识仿真食品及流动过程 3)认识快餐店信息管理	10
2	快餐店第一次运行	1)老师分配岗位角色,讲解运行规则 2)模拟快餐店运行	30
3	现状价值流	1)按照第一次运行结果绘制价值流现状图 2)分析问题点并提出改进措施	20
4	快餐店第二次运行	1)改进快餐店运行 2)模拟快餐店运行	30
5	未来价值流	基于第二次运行结果绘制价值流未来图	20
6	实训总结	1)随机抽取学生谈价值流实训看法 2)老师点评总结	10

项目十四
班 组 管 理

思维导图

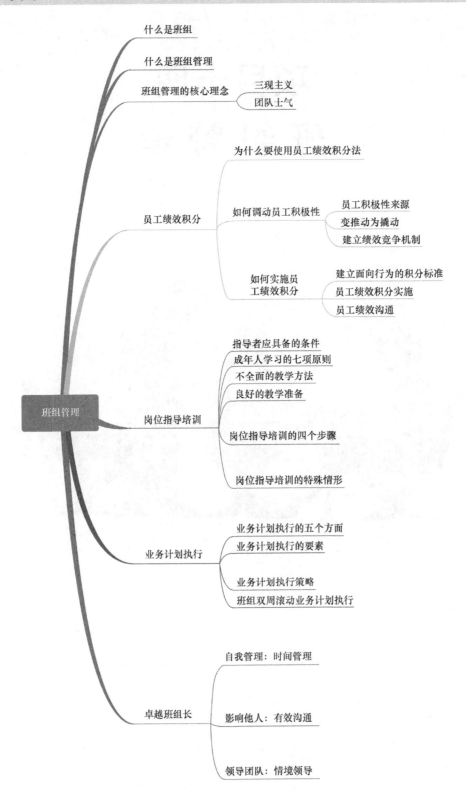

项目十四　班组管理

学习目标

1. 理解班组管理的基本理念。
2. 学习使用班组管理的常用方法。
3. 掌握卓越班组长的基本技能。

水平检测

1. 班组是企业最（　　）的组织。<单选>
   A. 高效　　　　　　B. 简单　　　　　　C. 增值　　　　　　D. 辛苦
2. 班组团队士气表现有哪些方面（　　）。<多选>
   A. 积极性　　　　　B. 协作性　　　　　C. 责任感　　　　　D. 荣誉感
3. 关于员工绩效积分，以下表述哪些是正确的（　　）。<多选>
   A. 员工绩效积分是行为导向的绩效管理方法
   B. 员工绩效积分是结果导向的绩效管理方法
   C. 员工绩效积分的关键是建立横向竞争机制，调动员工积极性
   D. 员工绩效积分的关键是区分员工的工作业绩，奖罚分明
4. 岗位指导培训的特点有（　　）。<多选>
   A. 培训地点在工作现场　　　　　　B. 强调实践训练
   C. 教授岗位知识与技能　　　　　　D. 从理论入手，循循善诱
5. 业务计划执行的特点（　　）。<多选>
   A. 是一个从目标到方法的有机整体
   B. 是指导员工开展活动的工作清单
   C. 遵循 PDCA 原则
   D. 是一个从上至下层层落实的过程
6. 以下有关卓越班组长说法正确的是（　　）。<单选>
   A. 时间管理就是管理时间，只做重要、紧急的事情
   B. 有效沟通就是让对方听明白
   C. 情境领导就是根据员工不同发展阶段的需要，实施不同的领导形态
   D. 卓越班组长应该是一个面面俱到的人

现象评析

班组长吴昆性格内向，与人为善，平时工作很认真，也因为主动积极做事积累了丰富的工作经验。但是最近吴昆遇到了烦心事，下属们对于额外的工作总是推三托四，分内的工作也是拖拖拉拉，一副懒洋洋无所谓的样子，偶尔还会听到他们私底下抱怨工作没劲、太累，每月工资都不够花。作为领导的吴昆自己也知道大家心里在想什么，其实自己也就是一个小小的芝麻官，工资也没高多少，也帮不了大家什么忙。可是工作不能不做啊！所以自己忙里忙外累得不行，还是坚持着。可是就这样还不行，昨天，上级领导发火了，问吴昆这个领导是怎么当的，说他最近工作做得一塌糊涂。吴昆郁闷得不行。

请你根据吴昆的情况，简单评析并填入表 14-1 中。

表 14-1 评析表

问　　题	评　　析
你觉得吴昆被批评的原因是什么	
请你结合吴昆的现状给吴昆提改善意见	

知识链接

一、什么是班组

班组是在企业一线工作的基层组织。

首先，班组设在一线，是直接从事增值劳动的地方，即生产现场或服务现场，因此，班组是企业最增值的组织。

其次，班组处在企业组织的最底层，是最基本的组织单元，班组长是管理的兵头将尾。

二、什么是班组管理

班组管理是精益生产成功的基石。基业长青的公司，必须以强健的班组管理为基础。

2000年初，我国的一家企业去日本丰田汽车公司参观学习。接待的人跟他们说："欢迎你们来丰田学习，其实丰田的管理思想是向你们的毛主席学来的。"当时他们感到很惊讶。

于是接待的人提出这样一个问题："通用公司和丰田公司的高层相比，哪个更强大？"大家说是通用公司。

"中层与中层比，谁强大？"还是通用公司。

"基层与基层比？"答案却是丰田公司。

"为什么呢？其道理是什么呢？很简单。"他说："你们的毛主席给了当时中国四万万同胞利益。企业是员工的，让他们动起来发挥作用，培养企业大多数人的成长，给企业大多数人利益。丰田就是这么做的，这就是丰田强大的根基。而通用呢？注重高管的培养，高管在企业只是凤毛麟角，再强大也只是个体。所以丰田管理模式是群英运动，而通用走的是精英路线，让多个人成长和让一个人成长，这是丰田和通用根本的区别。"

三、班组管理的核心理念

（一）三现主义

三现是现场、现物、现实的简称。三现主义是班组业务管理的核心，其关键是去到现场，调查现物，掌握现实并快速解决问题。

首先，当现场发生问题时，班组长需要第一时间出现在现场。然后，班组长需要亲自接触现物，获取第一手资料，把握现状问题。最后，班组长要结合实际情况，制定措施，解决问题。

（二）团队士气

团队士气是班组管理的灵魂，没有团队士气，什么事情也做不好。

在班组管理中，团队士气，概括起来有以下四个方面。

（1）积极性：员工心态积极，愿意为工作主动作为。

（2）协作性：员工之间关系融洽，团队精神好，愿意互相支持、互相帮助。
（3）责任感：团队成员关心公司发展，工作尽职尽责，在困难和挑战面前勇于担当。
（4）荣誉感：团队成员关心集体，崇尚荣誉，奋勇争先。

四、员工绩效积分

员工绩效积分就是应用积分的方法，调动员工积极性，进而规范和引导员工行为，最终达成绩效目标。

员工绩效积分是对员工行为管理的方法。因为员工是一线工作者，没有管理职权，难以对组织的管理结果负责，只能对自身的行为负责。而行为恰恰是确保良好过程的重要因素，实践证明，对基层员工采用行为激励的办法效果非常好。

（一）为什么要使用员工绩效积分法
班组长在管理员工过程中，常常有过类似下面的抱怨。
（1）某某员工真是不听话！
（2）员工的思想真是很难琢磨！
（3）现在员工的素质太低了！
（4）我叫某员工这样做，他就是做的和我想的不一样！
（5）管理人真是太麻烦了！
（6）考核员工的好坏很难判断。
而在管理日常业务时，常常有下面的困惑。
（1）员工反复出错，管理人员不断救火。
（2）员工只是简单劳动，不关心安全、质量等其他事情。
（3）5S、标准化操作、SOS等基础管理工具很难维持。
（4）员工不愿配合管理者改进工作。
产生以上问题的根本原因在于员工的目标与企业的目标不一致。因为管理者对员工的要求并没有让员工感受到与其利益有什么直接的联系，因此员工就会没有积极性，甚至抗拒。

（二）如何调动员工积极性
实施员工绩效积分就是要将员工的目标和企业的目标统一起来，从而调动员工积极性。

1. 员工积极性来源

员工的积极性来源归纳起来大致可以分为三个方面。
（1）让员工有相应的管理回报，如降低劳动强度；减少加班，甚至增加休假；改善工作环境；提供培训和成长机会等。
（2）让员工获得直接的经济回报，如涨工资、发奖金、职位升迁。
（3）让员工受到精神激励，如公开表扬、领导认可与鼓励。
总之，一句话：要让员工有获得感。

2. 变推动为撬动

找到了员工积极性的来源，接下来就是要建立一种机制来调动员工积极性。
很多企业采用"胡萝卜+大棒"的绩效激励办法，但这是一种推的办法，很容易产生对立与冲突。就像推动一个石头，推力越大，阻力越大。更好的办法是绩效激励变成一支杠杆，驱动团队和个人努力达成目标,而不是一根大棒。员工绩效积分就是这样一支杠杆,只要轻轻一翘,石头便会滚滚向前,变推动为撬动,如图14-1所示。

图14-1 变推动为撬动

3. 建立绩效竞争机制

如何让员工绩效积分成为撬动绩效的杠杆呢?诀窍就是引入横向竞争。

员工的行为往往是在组织的压力下做出的。组织压力有两种:一种是纵向的行政压力,另一种是横向的竞争压力。员工绩效积分就是建立横向竞争,让班组成员内部进行竞争,从而推动组织积极向上。组织压力如图14-2所示。

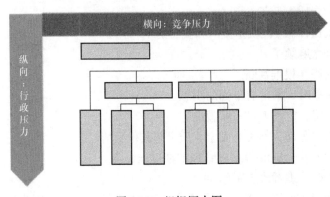

图14-2 组织压力图

(三)如何实施员工绩效积分

面对基层员工,应该面向过程,因为他们不能对结果负责。

员工绩效积分是面向过程的激励,方法在于考察员工的行为,让员工对行为负责,并从行为中直接反馈绩效结果。

1. 建立面向行为的积分标准

首先,需要建立面向员工行为的绩效标准,并及时评价,让员工的行为表现和工作业绩看得见、摸得着。积分标准制订方法有以下几种。

(1)标准以班组为单位,根据管理目标并结合自身特点制定,各班组的标准可以不同。

(2)以管理关注点作为标准。管理关注什么,标准就强调什么,不要面面俱到。管理标准在执行过程中可以根据发展不断修订完善。

(3)标准取得团队成员的认可。标准制定过程让员工充分参与进来,让他们感觉标准是由他们自己制定的。

员工绩效积分标准范例见表14-2。

表 14-2　员工绩效积分标准范例

精益方法	行为标准	加分	扣分
自我安全管理	开展危险危害辨识	5 分 / 项	
	不按要求穿戴劳保用品		2 分 / 次
	违反安全操作规程		5 分 / 次
工序质量控制	发现上游质量问题	5 分 / 次	
	产生质量问题		5 分 / 次
5S 活动	5S 评比得奖	10 分 / 次	
	检查 5S 发现不合格项		2 分 / 项
设备自主保全	自主保全评比得奖	10 分 / 次	
	遗漏自主保全		2 分 / 项
改善提案	提出改善提案	5 分 / 份	
	改善提案获得部门奖励	5 分 / 次	
	改善提案获得公司奖励	10 分 / 次	
培训	参加培训	1 分 / 课时	
	部门培训授课	2 分 / 课时	
	公司培训授课	5 分 / 课时	

2. 员工绩效积分实施

员工绩效积分实施过程中，特别需要及时评价与反馈。班组长随时记录员工绩效行为，并反馈给当事人。积分记录信息现场公开，每天班前会通报昨天员工绩效积分结果。

每月结束，班组长统计员工绩效积分。根据绩效积分排名确定 S（杰出）、A（优秀）、B（中等）、C（一般）员工，并将结果公布，将绩效积分结果纳入绩效奖励。

3. 员工绩效沟通

每月车间组织大会，主任在车间大会上对 S 级员工进行表扬。对于表现不好的 C 级员工，由车间主任与员工单独面谈；连续两次得 C 级的员工，由人力资源部门与员工面谈，面谈过程重点包括以下几个方面。

（1）了解员工工作意愿。
（2）了解员工工作情绪。
（3）了解员工工作技能。
（4）回答并解决员工提出的问题。
（5）对员工进行指导和教育。

五、岗位指导培训

（一）指导者应具备的条件

岗位指导培训（Job Instruction Training）是对岗位知识与技能进行现场指导的培训方法。岗位指导培训的指导者应具备以下五个方面的知识和技能，如图 14-3 所示。

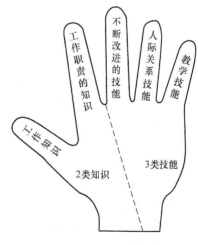

图 14-3　指导者应具备的条件

1. 工作知识
指导者需要全面了解其所在区域的所有特别设施，能够有效地监督并指导生产作业。作为领导永远不能满足于现有的知识水平，必须不断努力提高知识水平。

2. 工作职责的知识
指导者需要了解员工在公司中的作用和职责，让学员遵循公司的规章制度、条约规定、方针政策、安全条例、计划，并了解各部门之间的关系，因为这些因素直接影响着班组成员的工作。

3. 不断改进的技能
指导者在所指定的区域有着广泛的经验，要能够找出在哪些方面可能有所改进，并且知道如何采取步骤进行改进。同时，还必须培养学员们不断改进的精神，鼓励他们提出想法和建议。

4. 人际关系技能
指导者需要保持顺畅的人际关系，能够与下属进行良好的沟通交流，听取他们的意见，了解他们的需要。

5. 教学技能
无论一个指导者拥有多少知识，如果没有培养起教学技能、知识共享和团队精神，就不能教会学员如何工作。学员没有学到的也就是指导者没有教会的。指导者必须对学员缺乏知识承担责任。

（二）成年人学习的七项原则

1. 有意义的学习
成年人觉得所学习的内容是有意义的，感兴趣的，跟他们需要相关的，他们就会去学。如果所学的内容与学员的需要无关，他们就会失去兴趣，并产生厌烦，最终中断学习。因此，我们应该做到以下几点。

（1）了解学员们已经掌握了多少内容。

（2）确定你没有遗漏任何重要的内容，也没有浪费时间去向学员讲授他们已经掌握的内容。

（3）解释你的教学内容，讲明理由。

2. 主动学习
认识和知识可以通过阅读或教学指导来积累，但是实际技能和相关的理解只有通过亲身实践才能获得。例如，只有反复进行实际性的培训操练才能掌握生产中的实际技巧。

就像学开车，我们可以从教科书上学到理论知识，如驾驶程序、交通规则。但是，如果没有实际的练习，我们永远也学不会开车。

在工厂里，有下面两种情况，需要进行实际训练。

（1）针对人员有以下三种情况。

① 新员工，对工作方法不熟悉，没有经验。

② 工作习惯不良的员工。

③ 重新安排的员工，有公司内的工作经验，但是对于新指定的工作没有经验。

（2）特殊事件有以下几种情况。

① 引进新机器设备。

② 车型变更，产品标准修订，公司内因生产改进而改变工序或工艺等。

③ 通过不断改进对标准化工作进行修正后。

3. 多感觉并用的学习

成年人在多种感觉并用学习的情况下会学得更好。这也意味着，在课堂学习时，尽可能多地让学员动手实践，也就是要让学员自己去感受，当按动按钮或扳动工具时是怎样的感觉。多感觉并用的学习如图 14-4 所示。

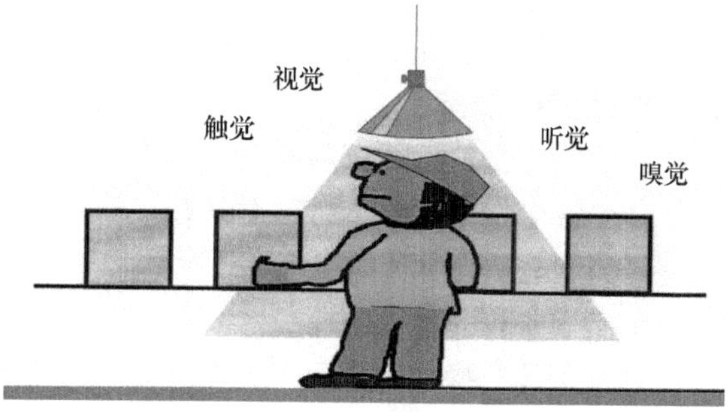

4. 反复实践

我们要向学员提供足够的机会去实践和练习向他们演示和传授的内容，这样他们就可以熟悉所有的步骤，轻松自如地操作。

大多数人在学习之后需要尽快地进行实践，很少有人会第一次就做得非常完美。

图 14-4　多感觉并用的学习

5. 反馈

当成年人得到反馈时，他们能学习得更好。无论是教员还是学员，他们都需要通过信息反馈来判断他们正在进行中的培训效果到底如何。所以应确保学员向你提问时感到轻松自如，要让他们知道你希望他们提问，而且你不会因为他们提问而小看他们。通过鼓励他们提问，你能够获得以下检验成果。

（1）他们知道了什么，不知道什么。

（2）你的教学是否获得成功。

（3）他们是否感到迷惑不解。

（4）他们是否感到工作难做。

6. 奖励

成年人往往更乐意去做、去理解那些曾获得奖励的事情。我们可以根据个人情况给予适当的精神鼓励、表扬或增强自尊等方面的奖励来调动他们的积极性。

7. 先入为主与最近为新

先入为主意味着"首先"，而最近为新意味着"最近"或是"最新"。研究表明：人们倾向于将较多的精力放在学习开始的时候，因为此时他们既新鲜又好奇；或者将需要强调的知识放在学习快要结束的时候，这样容易被人记住。

基于这条原则，从一开始就应当向学员演示正确的方法，主要的信息应当在较早阶段就传达给学员，这一点很重要。如果在开始时向学员演示的方法是错误的，他们很难改过来，也很难重新学习正确的方法。

（三）不全面的教学方法

认识不全面的教学方法是非常重要的。岗位指导培训是一种全面的教学方法，它能确保使用最有效的教学方法。不全面的教学方法包括下述情况。

1. 只有讲述

有许多操作技巧只用语言表述是不能解释清楚的。大家在平时的操作中也有这种体会，我们很难用适当的术语将工序、工艺之类实际操作中的内容解释清楚，所以也很难判定学员对你所讲述的内容是否已经理解了。

2. 只有演示

在我们的培训中，很多动作看上去很简单，但实际并不好操作，学员表面上是看懂了，但这个动作里面所包含的技巧，如果你不把它们解释清楚，学员是很难模仿的。所以我们要在动作中解释其中的关键点，还有这些关键点为什么要这样做的理由，学员就很容易掌握要领了。

3. 不经意使用行话

要记住学员也许不熟悉该项操作的技术"行话"，要仔细解释所有术语或行话。

4. 遗漏要点

很容易忘记演示或解释某些关键点，以为学员已经全面理解了，后来却发现他们并没有理解。你也许会发现，由于自己对某些操作程序过于熟悉和了解而跳过或遗漏了一些要点，因为你理所当然地认为学员们也理解了这些概念。

5. 凭直觉操作

你很可能对操作太熟悉了，有时完全凭直觉来操作。你很难记得第一次开始操作时的情形是怎样的，但你的学员可是在进行第一次操作。

（四）良好的教学准备

准备得越充分，岗位指导培训就会完成得越成功。

（1）制作班组柔性图表，列出期望班组成员掌握的技能。

（2）准备工作分解表，列出各要素、主要步骤和关键点。

（3）准备好教学用的物品：教具、教材、用品。

（4）确保工作场所的有序安排。

1. 柔性图表

柔性图表是一种工具，它使班组的"弹性"程度变得很直观，这对于休假的安排、人员的调整和工艺的改变都非常重要。它有以下用途。

（1）分析工作的要求（每项工作所培训的班组成员的人数）。

（2）计划岗位，指导培训。

（3）处理影响人员的生产变化（如产量增加、选装件）。

（4）处理人员的变动（如人员发展、人员调动）。

柔性图表主要内容如图 14-5 所示。

图 14-5　柔性图表主要内容

A. 在这部分中写车间 / 部门、工段 / 室、班组和图表的制作人。这用来表明是谁制作了该柔性图表，在什么车间或部门，在什么班组及工段。

B. 在这部分中填写你所在班组的工作。

C. 该部分填写所有工人都要进行的培训或特殊的培训。例如，需要对全厂范围的工人进行安全意识培训、PDCA 培训。

D. 填入你所在班组的班组成员姓名。

E. 考察并记录操作人员能够完成的工作（涂圆圈）。通过让员工在不同的岗位工作，对员工进行考核，按员工熟悉工作的程度填入不同的图表符号。

F. 工段长和车间主管主任进行每月的检验和签名。

柔性图表的图表符号如下。

◔ 认识阶段（培训过程中）。第一个四分之一填满，意味着该班组成员知道工作步骤，刚刚开始学习该项工作。

◐ 能够有质量安全地完成工作，但不能按单位生产时间完成。这意味着该班组成员能够进行生产操作，但在速度上仍有问题，需要班组人员的帮助。

● 能够有质量安全地完成工作，不需要监督。这意味着该班组成员能够在单位生产时间内有质量地自己完成工作。

⊕ 能够利用岗位指导培训向他人传授。这意味着该班组成员对工作有透彻的理解，而且知道如何传授该项工作。

⊕ 能够进行修理。这意味着该班组成员对工作有透彻的理解，而且能够进行修理工作，已经成为专家。

该图表符号循环逆时针读，从右上方四分之一开始。

2. 工作分解表

在向其他人讲授某项工作之前，你也许对该工作已经非常了解，但首先必须将你的思路进行逻辑归纳。工作分解表是一种很好的工具，它能帮助你对这项工作进行分析，并按照它的顺序分解成较小的部分。

工作分解表的作用是帮助班组长按自己的思路，阐述在执行某项工作过程中所涉及的各种不同的步骤。换句话说，它作为一种教学辅助手段，可帮助指导者确定学员是否能按照这些步骤执行某项特定的工作。

我们在按照自己的思路做准备工作时可以使用这个工作分解表，用它来记录所需讲授的主要步骤和关键点，并且作为一张检测表，用来确保采取的教学方法是正确有效的。工作分解表如图 14-6 所示。

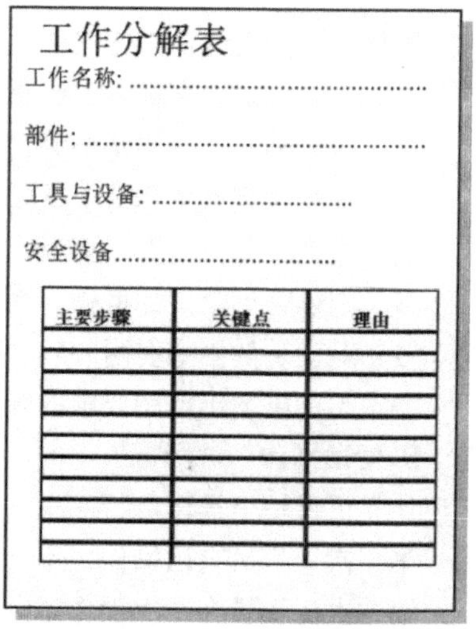

3. 工作场所的有序安排和准备

在培训前，应对开展培训的工作场所提前准备。

（1）为自己和学员准备好个人防护用品，指导者必须始终以身作则。

（2）不要使用临时性的设备或工具。如果你为使用的不良设备寻找借口，将丧失学员对你的尊敬。

图 14-6　工作分解表

（3）准备好副本，培训过程中如需要对程序、文件进行修订，需要准备好副本，以便培训后及时恢复。

工具未得到良好的维护，一个组织无序的区域，或者任何不良的工作习惯，都将导致无效的演示，而且，以后还会产生问题。

（五）岗位指导培训的四个步骤

有效教学有四个步骤，它们反映了计划、执行、检查和行动这个循环。

第一步：准备学员。让学员放松，并用一般术语解释工作。

第二步：演示操作。至少将操作演示三遍，并说明主要步骤和关键点。

第三步：尝试操作。让学员操作该项工作至少四次以上，并向指导者复述主要步骤和关键点。

第四步：跟踪考核。让学员独立操作该项工作，定期检查，以确保其动作和结果正确。

在循环的中心是我们的重要工具，即有效教学工作分解表，如图14-7所示。

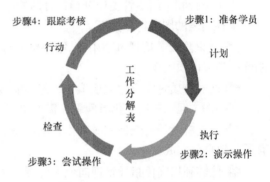

图14-7　有效教学工作分解表

1. 准备学员

引导学员进入良好的学习状态，为正式培训做好准备。

（1）让学员放松。

（2）陈述将要培训的工作内容。

（3）了解学员已经知道的内容。

（4）让学员对所学的工作感兴趣。

（5）让学员处在有利的位置。

2. 演示操作

指导者分三次演示生产操作。

第一次演示重点解释一个要素及其主要步骤。

第二次演示重点强调每个关键点。

第三次演示重点解释每个重要步骤及关键点的理由。

演示操作过程要完整、清晰，并耐心地指导。

（1）不仅告诉学员如何做，而且告诉学员为什么这样做。

（2）对学员的困惑要耐心解释。

（3）不要讲超出范围要求的知识。

3. 尝试操作

让学员将整个操作进行四次。

第一次让学员自己操作，不要说话，并自己纠正错误。

第二次让学员在二次操作时向指导者解释每个要素和主要步骤。

第三次让学员在再次进行操作时，解释每个关键点。

第四次让学员解释理由。

继续进行操作直至你认为学员已经懂得为止,注意一次不要传授太多学员掌握不了的内容。指导过程必须有的放矢,并包括下一次他们将怎样改进操作的详细内容。当指导过程中不得不说一些含有消极内容的话时,一定还得说一些积极内容的话,以鼓励学员。

4. 跟踪考核

让学员自己操作,同时指定他可以寻求帮助的人。

跟踪期间要经常检查,并给予必要的额外辅导,然后逐渐减少跟踪。可以使用岗位指导培训检查单(见表14-3)进行跟踪考核。这个工作单既可以作为提示,也可以作为培训的评价。

在工作单的上部,填入操作和学员的名字,必要的零件及工具。表格的其余部分填入各步骤序列。准备区域提醒指导者做好各项准备工作。其中:步骤1中的各个关键点都标明了,可以用来评价这个步骤进行得如何;步骤2由指导者填写,作为操作演示过程中的提示,按照工作分解表上的内容填写;步骤3让指导者得以在学员进行第四步尝试的过程中对其做评价;步骤4是培训最后阶段的检查。

表 14-3 岗位指导培训检查单

操作	卷线接线柱的组装			指导者		
零件/工具	电线、接线柱、卷线钳			培训学员		
准备	将各物品准备就绪			○		
	合理安排工作场地			△		
步骤1	让班组成员放松			△		
	陈述工作内容			○		
	找出班组成员对操作的学习兴趣			○		
	使班组成员对操作的学习产生兴趣			○		
	使班组成员处在正确的位置			○		
步骤2				步骤3		
主要步骤	关键点	原因	动作	主要步骤	关键点	原因
要素1						
(1)剥电线	① 6mm	不能正确卷曲				
	② 3根曲线	避免电线受损				
(2)将电线插入接线柱	接触接线柱	质量标准				
(3)将电线插入接线柱	① 流出 3cm					
	② 顶部					
(4)检查卷曲点	紧					
步骤4	让班组成员自己做					○
	指定其寻求帮助的对象和场所					○
	经常检查					○
	鼓励提问					○
	给予必要的额外指导并逐渐减少跟踪					○

注:表单中"○"代表达到效果,"△"代表仍需改进。

5. 四个步骤的总结

步骤总结如图 14-8 所示。

（六）岗位指导培训的特殊情形

1. 如何教授历时较长的操作

有不少操作比较难教，所花的教学时间较长。有些操作需要几个小时，甚至几天的时间来教授。这里就包含了很多班组成员不能一次理解掌握的东西。即使对于指导者而言，要将每一项内容都有条不紊地记在脑子中也是有一定困难的。

在教授一项历时较长的操作时，第一件应当做的就是将其进一步细分。但是即使我们已经细分了操作，指导者仍需要选择先教授哪一部分。

在这里我们强调的是：教授时没有固定的规则，一切由实际情况来决定。

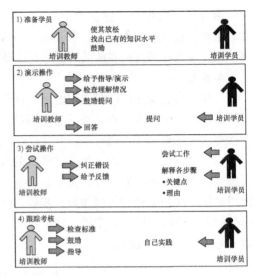

图 14-8　步骤总结

假设某项操作已被分割成某种合理的阶段，并已经排成最佳的顺序，就可以按照岗位指导培训的四个步骤进行培训了。

2. 如何教授"点子"

在培训中可能遇到的一个挑战就是教授"点子"。许多操作涉及"特殊点子"或"行业诀窍"。由于这些往往是通过多年的经验而获得的，很难向他人教授。指导者必须面对这样一个现实——学员需要相当长的一个阶段才能掌握这些诀窍。但是，如果向他们指出这些诀窍，会使工作变得更简单，使得学员在掌握操作的过程中更有头绪。

这就和你在家里习惯操作某个设备是一样的道理。例如，你把钥匙插入门锁时，你可能需要以一定的方式来晃动。你对此已经习惯了，几乎熟视无睹。但是其他人需要用这把钥匙开门时，你将如何解释这个晃动动作呢？

教授"点子"有三个方法。

（1）试着以一种可以将诀窍解释清楚的方法来描述。

（2）创立某种情景，使得学员能够在做对或做错时，感觉到诀窍的存在。

（3）尽可能多地创造机会让学员反复实践这个诀窍。

教授这些诀窍的一个重要意义就是：学员能够更快地学习和掌握该项操作，以较短的时间赶上生产线上其他人员的工作速度。

3. 在有噪声的环境中教学

由于岗位指导培训不是在教室中进行的，所以车间现场的噪声有可能影响我们演示或操作的效果，使我们很难同时描述和演示一项新工作。在一个嘈杂的环境中进行培训时，有必要使用手势、图画或其他一些辅助性提示来补偿噪声对于语言指导所造成的困难。同时培训的节奏需要放慢，重复的次数需要增加。记住，如果实在有必要与班组成员进行语言交流，培训就应当转移到一个较为安静的地方进行，讨论之后再回到实际的工作场所。

六、业务计划执行

业务计划执行（Business Plan Execution, BPE）是一种企业根据公司业务规划，理清思路与方法，协调各部门遵循PDCA管理原则开展业务，步调一致地去实现企业在安全、质量、效率、成本、人员五个方面总体目标的标准化业务管理流程。

业务计划执行的目的是在组织内部实现横向和纵向的统一，使我们能够以有效的方式来实现同样的目标。其结果是我们作为一个整体而共同工作，推动业务不断改进。业务计划执行宗旨如图14-9所示。

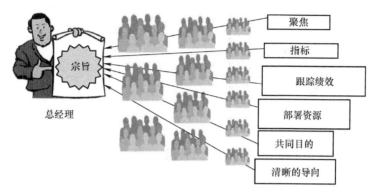

图14-9　业务计划执行宗旨

（一）业务计划执行的五个方面

业务计划执行BPE包含安全、质量、效率、成本、人员五个关键目标。这些目标均是长期性的，在一定时间内不会改动太多。这样，每个部门、每个区域、每个班组都有相同的总目标。

例如，五大目标的要求可以表述如下。

第一，安全。一切事故都是可以避免的。

第二，质量。次次做事都合格。

第三，效率。在规定的时间完成规定的任务。

第四，成本。同一计量单位资源发挥最大化。

第五，人员。培养大量的团队人才。

（二）业务计划执行的要素

业务计划执行是一个贯彻战略与经营的业务管理纽带。业务计划执行的要素包括从宗旨、目的、目标、指标到方法五个要素。

首先我们必须有一个好的团队宗旨。为支持宗旨，我们必须有现实的、具体的经营目的。这些目的在执行中将被分解成特定的业务目标。同时建立明确的指标来衡量我们是否达到了目标。最后需要科学有效的方法来达到我们的指标。

所有这些通过正式的目标展开与资源协调贯穿起来，通过定期持续的回顾与评审来检查自己的工作，并逐层协调指导。因此，业务计划执行要素的互为关系是层级分明且紧密相连的，如图14-10所示。

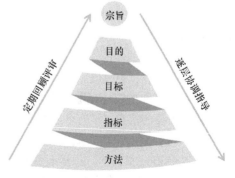

图14-10　业务计划执行要素互为关系

1. 团队宗旨

宗旨是我们想要成立一个企业、公司或团体时在头脑中形成的一幅画面，是用以建立目的、目标的理想状态。宗旨或称之为"精神画面"，与事物的现实状态可能并不一致。

公司的任何一级部门均可制定自己的宗旨，甚至一个班组都可以有自己的宗旨。而且公司、职能部门（例如：人力资源部）和工厂必须制定自己的宗旨。工厂的宗旨应直接支持公司级宗旨。

宗旨必须满足以下几点。

（1）清晰的、现实的、明确的。

（2）便于记忆的。

（3）是内外环境的反映。

（4）长期的。

2. 经营目的

设定目的是对宗旨加以分解描述来实现宗旨的第一步。

经营目的应该满足以下几点。

（1）直接支持宗旨。

（2）由团队领导确定并提供支持。

（3）提供焦点区域以确定具体的目标。

（4）可归入安全、质量、效率、成本、人员五个方面。

（5）每年都有可能改动，但不会改动太多。

3. 业务目标

目标就是通过一项特定的业务活动所要达到的成效，其支持目的的实现。

业务目标应该满足以下几点。

（1）直接支持经营目的，并征得公司各级人员的同意。

（2）比经营目的更具体，与公司业务体系紧密相关。

（3）记录在年度计划中。

（4）进行跟踪和定期评审。

4. 衡量指标

原则上，所有的目标都需要用指标来跟踪进展，并提醒我们是否达到目标。指标是衡量计划是否很好实施的工具。指标必须满足以下几点。

（1）可实现的。如果指标太高，员工将会丧失信心，他们不会努力工作来完成他们认为不能完成的事。

（2）具有挑战性的。如果指标太低，问题就不容易暴露。指标应具有挑战性，问题才能暴露出来让我们有机会改进。

（3）有可靠的统计跟踪系统。对于所有的指标，都必须有一套有效的跟踪系统，它能给我们提供所需要的信息。没有可靠的统计跟踪系统，就不能衡量目标的完成情况。

（4）符合 SMART 要求。

- Specific= 具体的，指标不是笼统的而是精确的。
- Measured= 可衡量的，至少有两种衡量标准。
- Agreed= 同意的，征得所有负责实施的人的同意。

- Realistic= 现实的，通过努力，指标是可以实现的。
- Timed= 有时限的，指标经常根据形势每月进行更改。

5. 精益方法

方法是为实现目标而设定的，并以指标来衡量的若干相关联的业务活动。一个特定的目标以包含 3~5 个方法为宜。方法过多，不容易突出重点；过少，则不足以明晰思路。

方法必须满足以下几点。

（1）具体、可以操作的。

（2）有时限和进度的。

（3）责任到人。

（三）业务计划执行策略

1. 从目标到方法

我们经常看到，有的业务计划可能只有目标，显得抽象空洞；有的业务计划强调方法，罗列了一大堆方法，却不知为何而用。这些，都是不好的业务计划。

业务计划执行实质是一个经营导向的绩效管理方法，它包含实现绩效的三个要素：目标、指标、方法。在业务计划执行中，绩效的定义靠目标，绩效的执行靠方法，绩效的衡量才需要指标。业务计划执行三要素与绩效管理的关系如图 14-11 所示。

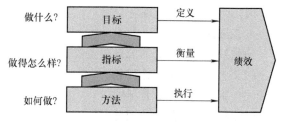

图 14-11　业务计划执行三要素与绩效管理的关系

2. 遵循 PDCA 原则

PDCA 循环是业务计划执行 BPE 中必不可少的。除非 PDCA 循环的每个阶段都被采用，否则业务计划执行 BPE 将不会取得成功。PDCA 是我们做每一件事时在头脑中形成的思维定式，无论是业务计划执行、项目规划，还是解决问题的时候。我们在启动 PDCA 循环之前有必要了解发生了什么事情，这就提醒我们要认清形势。

（1）这样我们就可以制订一个好的计划（计划 Plan）。

（2）然后我们如期实施计划（实施 Do）。

（3）我们定期对计划实施进行评估，确认我们实现了预期的结果同时对计划进行了检查（检查 Check）。

（4）然后我们将对计划进行修改或采取补救措施，对检查的结果进行处理，对成功的经验加以肯定，并予以标准化。对于失败的教训也要总结，引起重视。对于没有解决的问题，应提交给下一个 PDCA 循环中去解决（行动 Action）。

由于每一项业务活动都需要制订一个新的计划，循环再一次开始。

PDCA 主要内容如图 14-12 所示。

3. 层层落实的机制与流程

业务计划执行需要将公司宗旨和战略目标转变为公司各级组织的共同行动，就像我们进行传接球一样，必须建立从上至下、层层落实的机制与流程，如图 14-13 所示。

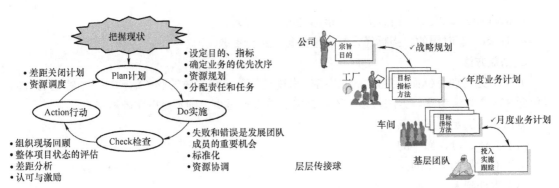

图 14-12　PDCA 的主要内容　　　　图 14-13　业务计划执行的机制与流程

（四）班组双周滚动业务计划执行

班组业务计划执行通常选择双周滚动的方式进行。双周滚动计划就是制订双周的业务计划，每周总结、修订一次。

双周滚动的计划方法一方面有利于与工作实际紧密衔接，一方面有利于及时根据情况调整，以使计划更加适应现场变化。

1．双周滚动计划

班组双周滚动计划需求来源主要有以下四个方面。

（1）上级安排的工作任务。

（2）班组重要的日常活动。

（3）班组存在的主要问题。

（4）班组重点改善课题。

班组双周滚动计划是针对基层现场管理的，有两条基本准则：一是问题导向，即从问题入手制订计划，将问题看作改进的机会；二是抓主要矛盾，现场问题比较繁杂，需要从中发现主要问题，提纲挈领，不要"眉毛胡子一把抓"。

班组双周滚动计划每周修订一次，并在班组周例会上总结与发布。班组双周滚动计划格式见表 14-4。

表 14-4　双周滚动计划参考格式

序号	业务方法	指标/说明	30日	31日	1日	2日	3日	4日	5日	6日	7日	8日	9日	10日	负责人	支持人	状态
1																	
2																	
3																	
4																	
5																	
6																	
7																	
8																	
9																	
10																	
11																	
12																	
13																	
14																	
15																	

2. 班组业务计划执行看板管理

班组业务计划执行需要制作成管理看板，以便员工及时了解计划执行情况。管理看板按照安全、质量、效率、成本、人员五个方面，以及 PDCA 循环两个维度设计制作。

P 计划栏：张贴五个方面的双周滚动计划表格。

D 执行栏：张贴五个方面班组关键绩效指标运行趋势图，如日产量统计表、合格率趋势图等。

C 检查栏：用三种符号直观标识班组业务计划执行状态。绿色表示良好，黄色表示需要改进，红色表示不达标。

A 改进栏：张贴发现的问题或改善成果。

班组长每天更新管理看板，每周组织成员在管理看板前开会，了解业务计划执行情况。

七、卓越班组长

卓越的班组，必须有一个卓越的班组长。卓越的管理，往往从班组管理开始。一名卓越的班组长，必须长期修炼自我管理、影响他人、领导团队三个层面的能力。

（一）自我管理：时间管理

自我管理的一项基本功就是时间管理。时间管理不是去管理时间，而是指对"如何使用时间"进行"自我管理"。

我们做事情，总有个轻重缓急。如果处理不好，就会造成无谓的忙乱，结果费力不讨好。有的班组长工作缺乏预见性、计划性，不能将重要的事情提前安排好，结果对于重要而紧急的事情，成天忙于"救火"；有的班组长工作不善于抓重点，事无巨细，面面俱到，忙乱不堪；也有的班组长不懂得分工，什么事情都揽在自己身上，让自己不堪重负。这些都是时间管理不好的表现。

1. 时间管理矩阵

良好的时间管理，需要按照事情轻重、缓急构建时间管理矩阵，将事情合理地归纳到不同的象限，采取相应的应对措施。时间管理矩阵见表 14-5。

表 14-5 时间管理矩阵

	紧急	不紧急
重要	Ⅰ 危机 设备故障、生产停顿 发生安全事故 员工打架 客户上门投诉	Ⅱ 防患未然 工作计划制订 员工技能培训 团队建设活动 健康体检
不重要	Ⅲ 不速之客 朋友来电话 来访接待 临时顶岗	Ⅳ 烦琐工作 填写档案资料 帮助员工完成工作

对于重要而紧急的事情，班组长要亲自快速响应现场并解决。对于重要而不紧急的事情，班组长要做好预判和计划管理，避免让重要不紧急的事情变成重要而紧急的事情。对于紧急但不重要的事情，班组长要善于取舍，不要什么事情都有求必应。对于不重要不紧急的事情，班组长要学会放弃，或者交由班组成员去做。

2. 班组长日工作清单

为高效利用时间，班组长可以制订一个日工作清单表（见表14-6），将重要的例行工作列入工作清单，避免遗漏、凌乱，或者超时。

表14-6 班组长日工作清单

序号	时间	内容	使用表格
1	7:45 以前	巡视现场；查看交接班记录	生产计划表；交接班记录表
		生产计划确认；部分设备预热	
2	8:00～8:05	早会；考勤；安排生产任务	考勤表
		传达通知事项	
3	8:05～8:15	5S；生产准备	5S核对表
			最新版标准一览表
			设备、计测仪器点检表
			材料出库申请单
	8:15	生产开始	
4	8:15～8:30	工程品质确认	工程品质确认表
5	8:30～10:00	巡查确认	
		生产进度管理	
		生产异常处理	生产异常表格
		品质异常处理	品质异常表格
		作业指导	
		作业改善	
		其他管理内容	
	10:00～10:10	休息	

（二）影响他人：有效沟通

沟通是为了实现管理目标，传递信息、思想和情感，并且达成共识的过程。管理专家德鲁克有一句名言：管理就是沟通。研究表明，我们工作中70%的错误是由于不善于沟通，或者说是不善于谈话造成的。

1. 班组沟通的主要技巧

（1）选择适当的沟通情境。沟通的环境、时机，以及方式是有效沟通的重要前提，如选择安静的会谈室、选择他人情绪较好的时候，或者单独沟通等。

（2）站在对方的角度进行沟通。树立客户观念，用对方容易理解和接受的语言进行沟通。

（3）主题明确，突出重点。沟通要有中心意思，并且简单明了，力戒长篇大论、高谈阔论、随性漫谈。重点要突出，要么在沟通开始时优先讲，要么在最后重点强调，这样对方容易记住（先入为主，最近为新）。

（4）先沟通情感，再沟通事情。有效的沟通中，让别人愉快地接收比让别人听明白更加困难，也更加重要。因此，在沟通过程中，必须随时注意对方的情绪变化。如果只是将事情讲清楚，却不注意别人的情感，很可能适得其反。

（5）注意语音、语调、情感以及肢体语言。语言的表达是丰富的，必须根据表达的内容适当配合语音、语调及肢体语言，以起到引起共鸣、增进感情的效果。

（6）善于倾听。"我说你听"是最不好的沟通。一个善于说的班组长，一定也是一个善于听的班组长。要通过倾听，了解对方是否清楚你的意思，了解对方对你表达内容的态度，并且获得更好的建议。

（7）基于事实的沟通。无论什么沟通，内容必须真实。事实胜于雄辩，身教重于言传。用事实说话，才能令人信服。欺骗和隐瞒是对沟通的最大伤害。

2. 如何召开高效的生产班会

生产班会是班组长每天都要面对的沟通，是班组长的一项基本功。

首先，需要明确生产班会的目标。

（1）规范日常行为习惯。

（2）通报生产信息和下达生产任务。

（3）振奋工作精神。

其次，需要掌握生产班会的议程及方法。

（1）整齐队伍操练，像军队操练一样，规范动作。

（2）检查着装和考勤，严肃公司纪律。

（3）通报昨天生产情况，让员工了解生产成果及存在问题。

（4）下达今日生产任务，让员工明确今日的工作目标。

（5）表扬和处罚，对昨天发生的好人好事进行表扬，对错误进行适当处罚处理。

（6）呼喊班组口号，以提振士气和增强班组凝聚力。

（7）解散会议。

组织生产班会要注意以下几点。

（1）提前整理安全、质量、生产等方面的班会资料。

（2）班前会尽量以表扬、通报问题和提醒员工为主，避免在会议上进行人身攻击。

（3）所有人员的声音要洪亮、干脆、有力。

（4）注意观察员工的精神状态，及时发现员工的异常情况，如生病、开会注意力不集中等问题。

（5）避免不当的肢体语言，不要说粗话。

（三）领导团队：情境领导

兵无常势，水无常形。领导一个团队，往往需要根据员工的成长状态实施相应的领导方式，才能取得"四两拨千斤"的效果。

情境领导是管理专家保罗·赫塞（Paul Hersey）创立的一种用于人员开发和领导员工自主实现工作目标的规范化方法。这是使员工在组织中能以最大的热情和创造性进行工作，并把个人目标与组织目标结合在一起的策略。情境领导者与他们的员工将更有能力以更强的适应性面对新的挑战。

情境领导理论认为，领导者需要根据不同情境，即员工在不同发展阶段的需要，实施不同的领导形态。领导者的行为要与被领导者的准备程度相适应，才能取得有效的领导效果。也就是说，领导方式不是一成不变的，而要根据环境及员工的变化而改变。

情境领导分析模型（模型中的领导者行为与被领导者状态垂直对应）的运用分三步：第一步是识别对员工的任务和要求；第二步是了解并判断员工的准备程度；第三步是选择适宜的领导方式。

1. 员工发展阶段

管理情境可以从意愿和能力两个维度来观察。意愿是指员工是不是积极主动地想做该项工作，他有没有信心，意愿如何。能力则是对完成该项工作所具备的特定知识和能力。特别提醒，观察员工的意愿和能力必须针对某个工作或工作领域，因为工作或工作领域不同，其意愿和能力也会完全不同。

根据意愿和能力这两项属性，可以将员工发展划分为四个阶段，如图14-14所示。

第一阶段（初始期）：热情高涨的初学者（D1）。刚刚参加工作的人，对新工作热情很高，信心十足，非常愿意从事这项工作。

第二阶段（学习期）：憧憬幻灭的学习者（D2）。学习者从事工作以后遇到一些失败、挫折。在失败和挫折的打击下可能丧失信心，对原来的期望破灭，这时候可能就要打退堂鼓，想撤出去。

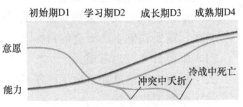

图14-14　员工意愿和能力发展阶段示意图

第三阶段（成长期）：有能力但谨慎的执行者（D3）。如果他能从第二个阶段过渡到第三个阶段，继续努力学习，那么他的能力就提高了，但是他的能力还不是十分强。所以他在工作的时候，情绪波动比较大：如果工作比较顺利，他的热情就比较高，信心十足；遇到挫折的时候，他马上又变得比较保守、比较谨慎。

第四阶段（成熟期）：独立自主的完成者（D4）。这时员工的能力已经非常高了，自信心、积极性也大为增强。

2. 选择合适的领导形态

不同的情境，需要不同的领导行为。针对员工的能力问题，需要领导提供指导，就是告诉被领导者应该做什么、在哪做、如何做以及在什么时间内完成，这是一种上对下的单向行为。针对员工的意愿问题，需要领导与员工建立良好的关系，而关系行为是一种双向或多向的行为，强调沟通与倾听，并提供相应的支持，而不是直接命令。指导行为与支持行为的组合，就是情境领导形态，其构成包括以下四种，如图14-15所示。

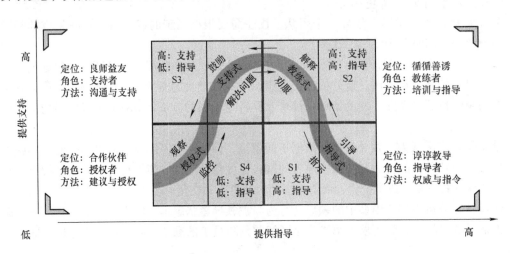

图14-15　情境领导形态构成

第一种：高指导、低支持（S1）。当员工处于 D1 阶段时，班组长需要明确地告诉他们做什么，哪里做，什么时候做，以及怎么做。这一阶段不应给予员工过多的支持与双向沟通。过多的支持行为会使员工产生误解，认为班组长容忍或接受不佳表现。而员工由于对工作不熟悉，技能不足，既不掌握窍门，又提不出创造性意见，过多地让其参与决策，反而会造成他们的惶恐不安，甚至增加思想负担。比较合适的做法是进行少量的沟通，这种沟通以促进员工对工作指令的理解为目的，班组长需要做出详细的指示，是一种"指导式"的直接管理。

第二种：高指导、高支持（S2）。当员工进入 D2 阶段时，他们虽然掌握了一定的知识与技能，但仍然能力不足，班组长还要进行较多的工作指导。随着工作的深入，工作的新鲜感逐步消失，由于缺乏经验，突如其来的问题和挑战常常让员工产生挫败感，班组长还要给员工以支持或鼓励，让其树立信心，迎难而上。这一阶段班组长需要循循善诱，让他不仅知其然，而且知其所以然，是一种"教练式"的全面指导。

第三种：低指导、高支持（S3）。当员工达到 D3 水平时，员工具备足够的能力，但缺乏信心和动机。他们不需要大量的有关工作的指导和指示，但需要班组长在心理和氛围上予以支持和鼓励。班组长要做员工的良师益友，对具体任务可以放手，同时强化沟通和激励，鼓励员工参与决策，激发其工作意愿，建立信心，是一种"参与式"的工作关系。

第四种：低指导、低支持（S4）。当员工处于 D4 状态时，员工有足够的能力、意愿和信心。在工作实践中，员工的知识和技能已经全面胜任工作，不需要具体的工作指导，并且他们有信心并主动地完成工作，也不需要过多的鼓励与沟通。班组长基本上可以放手，要做的主要是对其工作结果进行合适的评价，是一种"授权式"的伙伴关系。

联系实际

【实例 23】让员工动起来

如何让员工从"要我做"转变为"我要做"，是很多企业头痛的问题。

一家管理咨询公司与燕京漓泉合作之初，就面临这样的问题：员工上班懒懒散散，迟到早退的不少；干活也不认真，管道经常清洗不干净，甚至出现开错阀门，将整整一锅糖化液倒进下水道的事情。

管理人员想了很多办法，检查、罚款、考核，样样都试了，效果都不明显。

我们研究发现，这些措施都是针对事后结果，只能被动反应。而且有些考核如微生物指标，因为影响的因素比较复杂，很难具体到每个人，硬性考核到人，员工心里不服。于是我们决定改变思路，不再考核结果，而是评价行为。这些行为包括是否按时到岗、工具是否摆放正确、提了几条改善建议等，让员工可以完全做到并负责的行为表现。

评价项目确定了，如何让员工产生积极性呢？我们的办法是建立一种机制，让班组员工互相竞争。首先，将评价项目按照影响程度大小确定相应分值，并由班组成员讨论通过；然后，班组长每天将评价项目要求的员工行为表现进行记录，并在第二天班前会公布；最后，班组长每月统计员工得分，对排名靠前的给予绩效奖励，排名靠后的进行批评或处罚。

这一招很管用，实施三个月，员工面貌焕然一新。迟到早退的问题基本解决，对待班长安排的工作积极多了，主动想办法改进工作的员工也多了起来。因为他们知道这些都会直接影响他们的工资。

开始行动

【实战 16】模拟班前会

1. 实训目标

（1）能力：有效计划、组织、控制班前会。

（2）知识：掌握班前会的流程及方法。

（3）素质：培养团队士气。

2. 实训场景：互联网+精益实训工厂

具体参见【实战 5】编写车模装配标准化操作单。

3. 实训流程

本实训模拟企业班前会，开展队形操练并点名、回顾昨天学习任务、安排今天学习任务，最后呼喊口号解散。图 14-16 为在班组园地召开班会情形。

图 14-16　班组园地召开班会情形

实训过程包含三个实训任务，设计课时 80min，具体流程见表 14-7。

表 14-7　班前会实训流程

序号	实训任务	实训要点	课时/min
1	班前会准备	1）将全班同学分成 8~10 人一组 2）选举班组长 3）小组讨论昨天班级课堂纪律、学习成果，作为班前会通报材料 4）确定本班组的团队口号	20
2	班前会实战 （每组一次）	1）队形操练并点名 2）昨天工作总结 3）今天工作安排 4）呼喊口号解散	40
3	实训总结	1）各小组评比 2）各小组总结 3）老师点评	20

项目十五
筑梦先进制造

思维导图

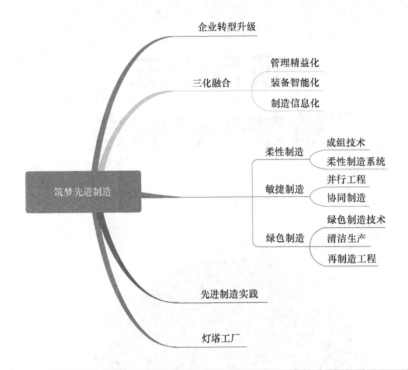

学习目标

1. 理解先进制造在当代制造业的意义。
2. 理解三化融合的内涵和关系。
3. 熟悉先进制造的主要应用。

水平检测

1. 先进制造包含（　　）。<多选>
   A. 先进管理体系　B. 先进信息技术　C. 先进制造工程　D. 先进工艺流程
2. 三化融合是指（　　）。<多选>
   A. 精益化　　　　B. 绿色化　　　　C. 信息化　　　　D. 智能化
3. 柔性制造系统包含（　　）。<多选>
   A. 数控加工设备　B. 自动化技术　　C. 物料储运装置　D. 计算机控制系统
4. 三化融合贯穿于以下哪些先进制造阶段（　　）。<多选>
   A. 先进制造现场　B. 先进制造工厂　C. 先进价值链　　D. 先进制造模式

现象评析

在"第十五届中国制造业国际论坛"上，中国工程院院士谭建荣对火热的先进制造发表了以下观点。

很多企业要打造数字化车间，要运用机器人技术和人工智能技术，这些都非常好。我认为运用机器人技术搞人工智能技术,首先要把数字化、网络化技术用好。

智能制造是很好,但它也不是医治企业百病的良药,它并不能替代制造技术的本身,它可以提升设计的水平和产品质量。要做到这一点,精益生产、质量工程是贯穿始终的。

精益生产和质量工程是智能制造的前提和基础。如果我们的生产是粗放型的,就没办法搞智能制造。所以,我们首先要精益生产,才能用这些先进的技术。

精益生产既是智能制造的基础,又是智能制造的目标。

请你根据谭建荣院士的观点,简单评析并填入表 15-1 中。

表 15-1 评析表

问　　题	评　　析
谭建荣院士的观点对你有什么启示	
结合本课程的学习,谈谈你对未来工厂的设想	

知识链接

一、企业转型升级

进入 21 世纪以来,国际化和信息化进程的加快发展使企业竞争更加激烈,以量取胜的规模型发展模式越来越不适应市场竞争和未来发展。工业企业必须由数量扩张的粗放式发展模式转变为以质取胜、创新驱动的内涵式发展模式。

为改变经济发展方式,中共十六大提出了走新型工业化道路:坚持以信息化带动工业化,以工业化促进信息化,走出一条科技含量高、经济效益好、资源消耗低、环境污染少、人力资源优势得到充分发挥的新型工业化路子。

对于工业企业而言,走新型工业化道路,就是推动企业从以依靠资源为主的规模发展方式转变为以依靠能力为主的增值发展方式,其核心是"转型升级"。转型就是变革管理,提升资源效能,其关键是精益管理;升级是创新优势,提升平台能力。

先进制造是全球制造业发展的共同追求。打造先进制造模式,就是要建设集先进管理体系、先进制造工程、先进信息技术为一体的工业企业,如图 15-1 所示。

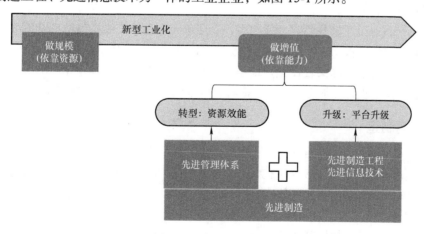

图 15-1 先进制造模式

二、三化融合

先进制造可以形象地概括为管理精益化、装备智能化、制造信息化,并将三者有机结合、协同推进,融为一体。

管理精益化就是以精益理念为指导,全面推进企业管理精益化转型。

装备智能化就是面向产品、制造升级,引入机器人、人工智能技术装备,推进工厂智能化。

制造信息化就是以工业互联网为引领,推进计划、执行、控制三层信息系统的建设。

先进制造是智能互联时代生产方式的最新发展,包含柔性制造、敏捷制造、绿色制造等方面。

三、柔性制造

柔性制造(Flexible Manufacturing,FM)由英国的 Molins 公司于 1965 年首次提出,它是为适应市场需求多变和市场竞争激烈而产生的市场导向型的按需生产方式,目的是增强制造适应市场变化的能力。发展到今天,柔性制造逐步形成了成组技术、柔性制造系统等。

(一)成组技术

成组技术是充分利用零件之间构成要素的相似性,将许多具有相似信息的零件归并成组,并用大致相同的方法来解决这一组零件的生产技术问题,从而发挥规模生产的优势,达到提高生产效率、降低生产成本的目的。

例如,在机械加工中,利用成组技术的原理将若干种零件按其工艺的相似性分成零件族,这样每一族零件都具有相似的加工工艺,同一零件族中零件分散的小生产量汇集成较大的成组生产批量,然后按照大批量加工的方法对零件进行加工,从而获得接近于大批生产的经济效果。

(二)柔性制造系统

柔性制造系统是基于自动化技术,由数控加工设备、物料储运装置和计算机控制系统构成的智能系统。

按照规模大小,柔性制造系统分为柔性制造单元、柔性制造产线和柔性制造工厂。

柔性制造单元由一两台加工中心、工业机器人、数控机床及物料运送存储设备构成,具有适应加工多品种产品的灵活性。

柔性制造产线是处于非柔性自动线与柔性制造单元之间的产线。其加工设备可以是通用的加工中心、软件式数控机床,也可采用专用机床或硬件式数控机床。

柔性制造工厂是将多条柔性制造产线组合起来,配以自动化立体仓库,用计算机系统进行集成,采用从订货、设计、加工、装配、检验、运送至发货的完整柔性制造系统。

四、敏捷制造

敏捷制造(Agile Manufacturing,AM)是由美国通用汽车公司和里海大学的雅柯卡(Iacocca)研究所联合研究,于 1988 年首次提出来的。它旨在通过缩短制造周期、快速迭代,以快速应对快速变化的市场与高速发展的技术。

与柔性制造强调适应能力不同,敏捷制造强调反应能力,突出"快"和"准"。敏捷制造的主要方法有并行工程、协同制造等。

（一）并行工程

并行工程 (Concurrent Engineering) 是对产品及其相关过程（包括制造过程和支持过程），应用并行、集成化处理的系统方法和综合技术。

并行工程把计算机辅助设计、制造、管理和质量保证体系等有机地集成在一起，实现信息集成、信息共享、过程集成。这种工作模式力求使产品开发者在设计阶段就考虑到从概念形成到产品报废（甚至销毁）整个产品全生命周期中的质量、成本、开发时间和用户需求等所有因素，而不是传统的设计、制造、销售、改进的串行工作模式，从而大大缩短制造周期和提高产品迭代速度。

（二）协同制造

协同制造是基于互联网技术，建立组织间的生产、物流、信息等协同管理，以共同目标、共组流程、共享资源，发挥协同效应，提高制造的快捷性、精准性。协同制造通常包含三个层次。

第一是工厂内部的协同制造。提高生产、质量、设备、仓储、人员等不同的生产元素之间的管理协同性，避免制造过程中出现信息孤岛。

第二是工厂之间的协同制造。在企业各工厂之间建立业务与信息协同，以均衡各工厂的制造资源，优化公司制造流程，进而提高制造计划指导性、降低物流保证成本，提升人员工作绩效。

第三是企业之间的协同制造。以核心企业为主导，整合供应链，降低整个供应链制造、物流成本，缩短制造周期，提升供应链竞争力。

五、绿色制造

绿色制造（Green Manufacturing）是综合考虑环境影响和资源消耗的现代制造，是一种环境友好、能源清洁、资源集约、生产经济的制造理念。目的是让产品从设计、制造、包装、运输、使用到报废处理的整个产品生命周期中，对环境的损害最小，对资源利用效率最高，并使企业经济效益和社会效益协调优化。

绿色制造主要内容包含绿色制造技术、清洁生产和再制造工程。

（一）绿色制造技术

绿色制造技术主要有节能技术、环保技术、绿色包装等。节能技术涉及使用清洁能源、降低能源消耗等技术，如新能源技术、变频节能技术、能源回收技术等；环保技术涉及环保材料和环保工艺等，如绿色材料技术、三废处理技术、降噪技术等；绿色包装是对生态环境和人类健康无害，节约资源，能重复使用和再生，符合可持续发展的包装，如减量化包装、可重用包装、可降解包装等。

（二）清洁生产

清洁生产是不断采取改进设计、使用清洁的能源和原料、采用先进的工艺技术与设备、改善管理、综合利用等措施，从源头削减污染，提高资源利用效率，减少或者避免生产、服务和产品使用过程中污染物的产生和排放，以减轻或者消除对人类健康和环境的危害。

在企业实践中，清洁生产可归纳为"三清一控"，即清洁的原料与能源、清洁的生产过程、清洁的产品，以及贯穿于清洁生产的全过程控制。

(三) 再制造工程

再制造工程(Again Manufacturing)是引入全寿命周期的设计理念,利用表面工程等再造成形技术,恢复和提高废旧产品零部件的尺寸、形状和性能的途径制造新产品,从而为解决资源浪费、环境污染和废旧装备翻新创造了一个最佳方法和途径。再制造工程应用比较广泛的领域有商用汽车、工程机械、国防装备等。

六、先进制造实践

先进制造是企业转型升级的目标模式,是一个伴随企业成长的持续发展过程。根据对企业先进制造实践的研究,先进制造可以划分为先进生产现场、先进制造工厂、先进价值链、先进制造模式四个阶段。精益化、信息化、智能化三化贯彻其中。

先进生产现场是围绕安全、质量、效率、成本、人员五大目标,突破现场瓶颈、夯实管理基础,将先进的管理、技术融入"人机料法环测"六个要素。

先进制造工厂是以生产、质量、物流为核心,打造贯彻全员参与、流畅制造、制造质量、标准化、信息化、持续改进六项原则的现代工厂。

先进价值链是以企业竞争力为导向,建立覆盖企业各业务单元和支持系统的人员、技术、流程为一体的核心价值链。

先进制造模式则是以企业文化为引领,提炼企业先进制造实践经验,形成先进制造理论体系、育人体系、运管体系三位一体的成熟管理模式,指导企业持续发展。

表 15-2 为先进制造各阶段建设内容的框图。

表 15-2 先进制造各阶段建设内容的框图

阶段	精益化	信息化	智能化
先进生产现场	标准工位 精益布局 班组管理	工位管理系统 过程控制系统	智能设备 智能工装
先进制造工厂	生产管理 质量管理 物流管理	制造执行系统	智能产线 智能工厂
先进价值链	精益研发 精益供应链 精益人力资源	企业资源计划 产品生命周期管理	智能产品技术 智能决策系统
先进制造模式	精益经营系统	协同制造系统	工业互联网

七、灯塔工厂

"灯塔工厂"项目是由世界经济论坛与麦肯锡咨询公司合作发起的评选全球先进制造最佳实践工厂的活动。它旨在遴选出在第四次工业革命尖端技术应用整合工作方面卓有成效、堪为全球表率的领先企业。

建设"灯塔工厂",目的在于建设精益化、信息化、智能化的全产业价值链,通过一系列技术赋能后,实现商业模式、产品研发模式、生产模式、质量管理模式和客户服务模式的全方位变革,让产业链的价值链接形式随着消费者需求灵活变化。

"灯塔工厂"昭示着全球制造业正迎来前所未有的转型,向企业展示了制造业未来的样子。

联系实际

【实例 24】三一重工"灯塔工厂"

三一重工是中国基建装备的中流砥柱,为打造先进制造示范,三一重工将新一代信息技术与制造业深度融合,在"数字化转型新基座"之上构建了重工行业的首座"灯塔工厂"。

依托"数字化转型新基座",三一重工完成了 5.5 万个"三现四表互联"。其中,"三现"指现场、现实、现物,"四表"是水表、电表、气表、油表,而"互联"则是围绕以上"三现",将"四表"的交流管理搬到云平台,同时将"厂内设备"的加工设备、加工中心等,销售出的 71 万台挖掘机、装载机等"厂内""厂外"设备搬上了云平台进行管理。

在工厂中,机器视觉 + 工业机器人的组合,给工厂安上了一双"慧眼"。借助 2D/3D 视觉传感技术、AI 算法以及高速的 5G 网络,让更加安全、规范的高效生产得以实现。双 AGV 联动重载物流,让物料搬运高效精准。

针对工厂内 8000 多台设备进行高效采集数据,结合 AI 分析与大数据建模,为每一道工序、每一个机型甚至每一把刀具等匹配最优参数;针对厂外开机率、作业率、利用率等的大数据分析方式,辨别冗余、瓶颈、呆滞等设备并给出更高效的解决方案,优化生产节拍,"算"出设备作业效率最优解。最终以大数据驱动自身、客户与政府研究部门的分析与管理,最终实现降本增效、高质量发展的目的。

基于这样的生产与管理,三一重工"灯塔工厂"的部件加工已由原来的 11.5h 下降到 3.5h,可见工厂"智能化"带来的无限潜力。图 15-2 为"灯塔工厂"现场。

图 15-2 "灯塔工厂"现场

"灯塔工厂"落地有三个关键要素。第一是要优先重视技术方面的推进,以技术人员的意见为指导,而不是以管理者的诉求来指导。第二是将技术人员和现场人员的绩效实现捆绑,从而从组织层面实现技术人员与现场人员的高效协同与配合。最后就是领导要躬身入局,推进智能化升级绝对不是技术人员单独的事情,除了解决问题、协调组织外,更重要的是传递在智能升级方向上"勇闯无人区"的决心与信心。

【实例 25】模拟工作环境生产实训体验

模拟工作环境(Simulate Work Environment,简称 SWE)是通用汽车公司开发的一个培训平台。该平台以木模车为载体,模拟汽车生产过程,用于通用汽车内部员工开展精益生产培训。

模拟工作环境内容涵盖标准化工作、全员生产维修、实际问题解决、班组管理等诸多企业真实应用的方法、工具,是一个麻雀虽小、五脏俱全的模拟工厂。模拟工作环境如图 15-3 所示。

图 15-3 模拟工作环境全景

模拟工作环境有一个为期半天的生产运作实训,是让学员分别扮演工厂生产、质量、物流人员,共同完成一个生产任务,发现问题并改进。

实训体验过程按照 PDCA 原则分为四步:第一步为走进岗位了解实训工厂岗位构成及岗位角色;第二步为初始体验生产过程;第三步为交流初始体验发现的问题并研讨改进;第四步为重新挑战生产目标。

1. 走进岗位

模拟工作环境有生产、质量、物流以及管理等共计 9 类岗位,可满足 30 名学员同时参训。

安全是精益生产优先的目标。实训伊始,教练给学员介绍劳保用品穿戴,以及各岗位的安全注意事项,让学员迅速意识到,自己现在是一名即将进入工作状态的员工。

接下来，教练带领学员进入每一个岗位，按照工位栏板的文件描述，教授工位5S标准、标准化操作、岗位自主保全、暗灯系统使用等，并让学员互相学习指导，熟悉岗位知识。在学习过程中，学员认识到，要成为一名优秀的岗位员工，仅有专业知识是远远不够的，必须全面了解岗位知识及相应管理方法。

最后，教练将学员分成四组，并分配到模拟工作环境的相应岗位。

2. 初始体验

开始生产了，教练下达30min生产20台车的生产任务，在计划控制中心将任务编辑成生产任务，并打印产品二维码（作为派工指令）交给工厂厂长。

随着教练一声哨响，工厂厂长起动了生产线，生产正式开始。

大家信心十足，铆足劲生产。可是没一会儿，就有工位响起了暗灯音乐，生产线停下来了，班组长迅速赶到工位支持。这个问题还没解决，另一个工位的暗灯音乐也响起来了，于是班组长进入忙乱中。就这样，生产线走走停停。8min了，才下线了2台车，工厂厂长急得团团转。

祸不单行，由于线旁物料的消耗增加，岗位开始出现了缺料现象，物流人员顾头不顾尾，物料暗灯此起彼伏。30min很快过去，教练一声哨响，工厂厂长关停了生产线。产量定格在11台，生产任务仅仅完成一半，可是大家已经满头大汗。

模拟工作环境体验场景如图15-4所示。

图15-4 模拟工作环境体验场景

3. 研讨改进

教练将学员带回到班组园地。让各班组长报告安全、质量、效率、成本、人员等精益生产

五大目标执行情况。

结果是全部不合格!

于是,教练让学员按照小组研讨初始体验存在的问题,并提出改进意见。

问题实在太多了。有错漏装的、有工序不合理的、有装配干涉的、有来回走动的、有工作分配不均的、有配合不默契的等。

问题找出来后,教练开始引导学员结合精益生产知识想办法。刚开始,大家思路放不开,主要集中在作业方法、工作分配等比较明显的点进行改进。后来,教练提出以消除浪费为核心,从工艺流、物流、信息流等方面打破常规。终于,大家开始从节拍平衡、方法改进、团队协作等方面进行系统思考。效果非常明显。

方案出来后,学员开始在现场实施改进。改进总体比较顺利,但还是发生了零件掉落、物料标识错误等细节问题。看来,要做到精益求精真是不容易。

4. 重新挑战

一切准备妥当,教练重新下达了 30min 生产 20 台车的生产任务。

由于实施了比较良好的改进,生产线运行明显比第一次顺畅,暗灯停线少了、零件掉落少了、物料缺件杜绝了。

30min 到了,生产看板显示下线 18 台,合格率 94%,基本达标。

班组报告安全、质量、效率、成本、人员五大目标,只有效率待改进,其余几项全部合格。

学员们洋溢着成功的喜悦,热烈鼓掌。

5. 体验心得

这是一次新颖而独特的实训体验,给人留下了深刻的印象。总结起来,主要有以下几点。

(1)真实的工厂运行文档

模拟工作环境所用的运行文档,如产品质量标准、标准化操作单、设备点检基准书等,全部采用通用汽车工厂真实应用的工具、表格,完全做到了所训即所用,学校所学内容可以直接用于企业实践。

(2)巧妙的实训陷阱设计

在模拟工作环境,甄选了许多工厂常见的典型问题,将其设计进实训情境中。例如:设计零件安装方向,如果安装时不注意识别,容易造成错装;设计狭窄空间,如果零件装配顺序反了,就难以装配,浪费作业时间;按照工艺性质将前灯和后灯分配给同一个员工,让员工前后走动,造成多余动作浪费;岗位工作分配设计不合理,造成忙闲不均等。

这种让学生在实训过程中自主发现问题、研讨问题、解决问题,并以问题引导实训层层深入,加深精益管理的理念和方法的理解方式,将传统的老师传授知识转变为学生自主探索知识。

(3)职业能力融入实训过程

岗位角色、有效沟通、团队精神等职业能力素养,是培训的难点。在模拟工作环境中,可以将这些职业能力素养潜移默化到实训过程,效果也非常好。

首先,各个岗位紧密联系,学员必须明确自己的岗位职责,并与其他岗位角色配合,才能高效达成工作目标。让每个学员具象地理解岗位角色与职责。

其次,为了解决问题和改善工作,大家必须积极、充分地沟通,将每个人的智慧奉献出来,才能获得更优方案,有效解决问题,提高绩效。如在研讨问题过程中,为了获得更好的解决方案,大家会为了共同的目标,热烈地讨论问题。

最后，学员分成四个独立的班组，彼此之间互相竞争。为了战胜对手，每个班组会紧密团结起来，为团队而战。在这样的氛围中，每个人都不希望自己拖团队的后腿，自然就有了协作性、凝聚力、荣誉感等团队精神。

开始行动

【实战 17】互联网 + 精益实训工厂运行实训

1. 实训目标

（1）能力：掌握精益工厂运行流程，以及工作平衡、制造执行系统应用。
（2）知识：结合实训工厂现场，全面理解客户需求，深入理解精益生产理念和方法的应用。
（3）素质：培养团队协作、实际问题解决、有效沟通等职业素养。

2. 实训场景：互联网 + 精益实训工厂

具体参见【实战 5】编写车模装配标准化操作单。

3. 实训流程

互联网 + 精益实训工厂运行实训模拟汽车工厂生产运作过程，让学生扮演工厂生产、质量、物流、管理等岗位角色，共同完成生产任务。实训按照认知—实训—研讨—改进—再实训的流程，采用问题导向，在实践中发现问题、研讨问题、改进问题，从而在实训中深入理解精益生产理念与方法的应用。实训现场如图 15-5 所示。

图 15-5　互联网 + 精益实训工厂实训现场场景图

实训过程包含 11 个实训任务,设计课时 320min,具体流程见表 15-3。

表 15-3　互联网+精益实训工厂实训流程

序号	实训环节	实训要点	课时/min
1	实训工厂认知	1)安全须知 2)实训工厂简介 3)计划控制中心 4)全面客户评审中心 5)模拟产线 6)物料接收配送中心 7)班组园地	20
2	班组园地讲解	1)培训安排 2)教练团队介绍 3)岗位分配 4)产品系列及配置件介绍 5)劳保用品穿戴 6)戴岗位牌登录系统 7)实训目标任务	20
3	产品及零件认知	1)教练分组讲解零件特性 2)教练分组进行产品介绍	20
4	教练标准工位讲演	一、教练指导:操作和质量岗位 1)工位认知讲解 2)工位暗灯讲解演示 3)工位自主保全讲解演示 4)标准化操作讲解演示 5)产品跟踪操作讲解 6)质量控制操作讲解 二、总教练指导 1)班组长及质量巡检岗位指导 2)物流岗位指导	30
5	学生标准工位实训	1)扫码进入系统 2)自主保全实训 3)标准化操作实训	20
6	第一次实训走线	1)总教练宣布实训开始 2)学生走线操作 3)总教练宣布实训结束	30
7	小组研讨	1)班组业务目标考核 2)问题研讨记录 3)现场改善	60
8	第二次实训走线	1)总教练宣布实训开始 2)学生走线操作 3)总教练宣布实训结束	30
9	实训总结	各小组总结 老师点评	60
10	实训恢复	实训现场及物料恢复	30

参 考 文 献

[1] WOMACK J P, JONES D T, ROOS D. 改变世界的机器 [M]. 沈希瑾，等译. 北京：商务印书馆，1999.

[2] 毛清华. 精益经营：比对手做得更好的法则 [M]. 北京：机械工业出版社，2009.

[3] HERSEY P. 情境领导者 [M]. 麦肯特企业顾问有限公司，译. 北京：中国财政经济出版社，2003.

[4] 邵辉. 安全管理学 [M]. 北京：中国石化出版社，2014.

[5] 涂高发. 图说工厂目视管理 [M]. 北京：人民邮电出版社，2011.

[6] 高福成. TPM 全面生产维护推进实务 [M]. 北京：机械工业出版社，2009.